A GUIDE TO FINANCIAL
REGULATION FOR FINTECH ENTREPRENEURS

监管科技

重塑金融安全

[英] 斯特凡·勒施（Stefan Loesch）　　著

林华　等　译

狄刚　　校译

中信出版集团 | 北京

图书在版编目（CIP）数据

监管科技：重塑金融安全 /（英）斯特凡·勒施著；
林华等译 . -- 北京：中信出版社，2019.10
书名原文：A Guide to Financial Regulation for
Fintech Entrepreneurs
ISBN 978-7-5217-0945-2

Ⅰ. ①监… Ⅱ. ①斯… ②林… Ⅲ. ①欧洲联盟—金
融监管—金融法—研究 Ⅳ. ① D950.228

中国版本图书馆 CIP 数据核字 (2019) 第 176576 号

监管科技：重塑金融安全

著　　者：［英］斯特凡·勒施
译　　者：林华　等
出版发行：中信出版集团股份有限公司
　　　　　（北京市朝阳区惠新东街甲 4 号富盛大厦 2 座　邮编　100029）
承 印 者：北京诚信伟业印刷有限公司

开　　本：787mm×1092mm　1/16　　印　张：19.75　　字　数：269 千字
版　　次：2019 年 10 月第 1 版　　　印　次：2019 年 10 月第 1 次印刷
广告经营许可证：京朝工商广字第 8087 号
京权图字：01-2019-4886
书　　号：ISBN 978-7-5217-0945-2
定　　价：79.00 元

版权所有·侵权必究
如有印刷、装订问题，本公司负责调换。
服务热线：400-600-8099
投稿邮箱：author@citicpub.com

译者团队

主译 林华

校译 狄刚

译者 肖飒　　许余洁　徐坤　　吴飞龙

　　　　刘建斌　郝玉超　蒋莉薇

金融科技的重要性已成全球性共识，金融科技的出现改变了信息获取和管理的方式，正在重构金融业发展模式，成为改变金融业竞争格局的重要因素。在金融科技的助力下，突破传统的商业模式，重构业务体系，改进服务流程，优化产品设计，提升服务效率，推动金融服务业的结构变革，是解决我国金融系统的供给与需求错位的有效途径之一。

我国的金融科技行业从线上支付起步，历经多年发展，目前已经覆盖支付、信贷、投资、保险、征信等业务，尤其是移动支付领域的发展已经领跑全球。一方面，越来越多的科技企业加入金融的行列；另一方面，传统的金融机构通过金融科技子公司的模式，摆脱传统模式的束缚，将科研部门由传统的成本中心转化为利润中心，也拓展了盈利范围。例如，银行将各种不同的商业生态嫁接至开放银行平台之上，再通过这些商业生态间接为客户提供各类金融服务，从而形成了共享、开放的银行模式。

由于金融科技不是简单的金融与科技的结合，而是科技与金融的全面融合，所以其风险特征既有传统的金融风险，也有底层技术造成的风险。传统金融风险与底层技术风险的交汇融合，也产生了全新的问题。例如，在支付领域，如何明确数据所有权和使用权的边界？怎样在支持金融创新的同时兼顾数据安全与隐私保护等社会责任？脸书发布的加密货币 Libra 该如何解决数据安全、反洗钱、反恐融资等问题？如何解决拥有大量信息流、资金流和产品流等数据的科技巨头公司，借助技术优势形成新的金融寡头？对科技巨头呈现出的向全能型金融机构模式转变的趋势，该如何监管？

　　显然，当前的分业监管模式可能已不能有效控制这些风险。在未来相当长的一段时间内，为防范金融科技的相关风险，监管机构一定要紧跟技术、市场和商业模式的发展演变。监管科技就是一个很好的紧跟技术、市场和商业模式的监管金融科技的模式。业界对于监管科技的定义基本达成共识，即通过科技手段，服务监管需求、提高监管效率。我个人认为，监管科技有助于金融科技回归本源，主要表现在如下三大方面。

　　第一，积极发展监管科技是新形势下防范化解金融风险的有力支撑。在人工智能、区块链、物联网等技术的支持下，金融科技的业务、技术、网络、数据等多重风险呈现出交叉叠加效应，使金融风险具有传染快、隐蔽性强、波及面广的特点。利用监管科技提升风险信息采集分析的实时性、准确性、全面性和可追溯性，能够解决当下金融风险早期预警难、穿透识别难、防控覆盖难等问题。

　　第二，监管科技把对传统金融的监管与对科技服务的监管合理区分又有机结合，完善了现代金融监管体系。利用科技的力量，监管科技合理地区分金融业务和金融信息服务业务，对于那些涉及资金运用和信用的信息处理业务，必须"持牌经营"，从而可以适当地利用比例原则和均衡原则，防范金融科技领域中新金融寡头的出现。

　　第三，从技术层面来看，监管科技是降低监管成本的有效途径。2008 年的金融危机引发了全球金融监管体系的重大变革，《巴塞尔协议》等新的监管措施显著增加了监管成本和合规成本。以人工智能、区块链、大数据等金融科技技术为基础，建立起以金融部门为中心、金融机构为节点，数据驱动的监管结构，使监管规则数字化、监管应用平台化、监管数据采集自动化、风险态势分析智能化、合规分析综合化、监管模型开发自助化。这都将显著降低监管成本，增强金融监管体系的自我完善、自我更新、自我迭代能力，有效缓解监管落后于科技的问题。

阅读这本书，有助于让金融科技公司的高管们，尤其是那些来自技术和单一产品背景的高管，能够了解他们所面临的总体监管环境，并制定相应的监管策略，特别是在公司扩张规模阶段所需要的策略。很多人，特别是科技领域的人，将监管看成是一个阻碍，或者最多看成是不得已需要遵守的东西。从某种程度上来看这种看法是对的，毕竟遵守相应的法律法规是冗长乏味的，而且任务量很大。然而，从战略的角度来看，这并不是一件坏事，因为从某种程度上说，如果一家公司能够比其他公司更好地适应监管环境，那么它就具有竞争优势。而且，金融市场是一个高度关联的系统，如果不对整个金融市场及其提供的产品和服务的范围有一个深层次的了解，就不可能真正理解金融监管。而这本书有很大一部分内容就是对金融市场及其相适用的监管条例的描述。

总而言之，中国的监管科技发展仍处于起步阶段，许多方面的应用尚在探索阶段。梳理国外的经验成果，系统分析国外的发展经验尤为重要。林华教授团队翻译的这本《监管科技：重塑金融安全》在此时面市恰逢其时，能带来一些对我国监管科技发展有益的思考。

蔡鄂生

2019 年 7 月于北京

　　金融科技公司正在彻底改变金融服务的运作方式。其主要优势是拥有卓越的灵活性、系统性和始终以客户为中心，但传统金融服务仍然有其强大优势，因为它们知道如何应对监管法规。本书会告诉金融科技公司的高管们如何在监管领域攻击现有企业，同时对其他金融科技公司建立壁垒。

　　当一家公司刚成立时，监管要求很低。然而，当一家公司开始成长，监管机构开始密切关注它时，或者当其他司法管辖区的监管机构介入时，风险就会迅速增加。监管机构的能力有限，如果一家公司想在不受监管机构阻碍的情况下实现规模扩张，提前规划应对监管策略是必不可少的。

　　阅读监管文本是件困难的事：即使是最基本的金融服务，相关法规也有数千页枯燥的法律条文，每一条都为你详细描述了一棵"监管树"的样貌，但看完通篇你也无法对整个"监管森林"形成清晰的认识。如果你是一名金融科技公司的高管，那么本书就会为你提供一幅监管的"森林地图"，让你快速识别出对你重要的特定树木。它清楚地解释了监管环境的目的和结构，并为你提供框架，使你能够制定有效的监管应对策略。

　　本书的第一部分解释了为什么存在金融服务监管，它的目标是什么，以及金融科技公司高管如何利用监管为自己的公司赢得战略优势。第二部分是金融科技公司必须遵守的关键规则的详细阐述，我们首先识别出最相关的监管规定，然后将这些规定的数千页内容浓缩到本书约 100 页的篇幅中。

所有欧盟法规均为欧盟 1995—2017 年颁布的法规，并基于引用政策进行引用。相关引用政策可在网址 https：//ec. europa. eu/info/legal-notice_ en 上找到，政策声明为"在确认来源的前提下，可以授权引用"。欧盟委员会的引用政策根据 2011 年 12 月 12 日的决定执行——欧盟委员会文件的引用。

第一部分

金融科技监管与战略

第一章　金融科技公司的监管策略

尽管现在金融科技公司的数目在市场中的占比仍然较低，但和几年前的科技领域一样，金融科技领域也正以极快的速度发展着。我们有充分的理由说明，金融服务行业是一个重监管的行业，因为金融服务是现代经济的命脉，而且还涉及人们的生活财富。但是，由于金融科技公司规模还不够大，所以迄今为止基本上都没有受到监管。不过，与其他金融服务相似的是，随着金融科技逐渐发展成为金融业的主要组成部分，这种没有监管的状态也将很快结束。

很多人士，特别是在科技领域的人士，将监管看成一个阻碍，或者最多是能勉强遵守的东西。从某种程度上来看这种想法是对的，毕竟遵守相应的法律法规是冗长乏味的，而且任务量很大。然而，从战略的角度来看，它并不是一件坏事，因为从某种程度上来说，如果一家公司能够比其他公司更好地适应监管环境，那么它就具有了竞争优势。

这种竞争优势对科技公司来说是相当重要的，因为它们以此来分割相关市场：目前的银行体系主要是基于这样一种假设，即客户希望得到一站式服务，来满足他们所有的银行服务需求，甚至满足他们所有的金融服务需求。即使科技公司往往只在有限领域内提供服务，甚至常常只关注特定的目标客户群，它们也明白规模扩张对它们的重要性：对于许多科技性商业模式来说，如果能率先在其细分领域中达到显著规模，就不容易被市场新进入者攻击。因此，迅速有效的规模扩张是一家科技公司战略的关键部分。

这个世界上没有几个国家（尤其是西方国家），光靠国内市场就能提

3

供足够大的市场空间以供科技公司成长的。这意味着科技公司不得不在早期就考虑国际扩张的问题。尤其对于金融科技公司来说，它们必须在其运营的每一个地区市场上都要处理监管合规问题。合规成本是一个需要考虑的问题，但从规模化的角度来看，更重要的是，遵守监管意味着延期：在和第一个客户交易之前，公司就必须确保自己能够遵守相应的要求，形成书面文件，并在相关机构处注册或得到授权。尤其是在搞错了方向的时候，这一过程可能非常耗时。因此，那些将监管合规视为事后考虑而非核心战略技能的金融科技企业，将被更加擅长应对监管的竞争对手远远超越。

本书的目的是为了让金融机构和金融科技公司高管们，尤其是那些来自技术和单一产品背景的高管能够了解他们所面临的总体监管环境，并制定相应的监管策略，特别是在公司扩张规模阶段所需要的策略。

金融市场是一个高度关联的系统，如果不对整个金融市场及其提供的产品和服务的范围有一个深层次的了解，就不可能真正理解金融监管。因此，本书的很大一部分是对金融市场及其相适用监管条例的描述。

本书第一部分对监管进行了概述，具体包括以下内容：

1. 简单介绍监管条例及其目的，以及这些条例是如何影响一家公司的战略规划的。
2. 概述金融服务监管，我们一起来看看有哪些监管类型（按目的分类），以及监管的分支机构情况（按实际组织方式分类）。
3. 讨论对金融科技公司最重要的领域，详细描述相关规定、探索其来源和讲解各种监管模型。
4. 概述金融服务业在传统产业链上提供的服务，并讨论其适用的重要法规。
5. 概述金融服务业在零售领域提供的主要产品，并讨论其适用的重要法规。
6. 概述金融服务业在批发领域提供的主要产品，并讨论其适用的重要法规。

本书第二部分详细介绍了金融科技公司适用的重要法规，对每一项监管规定都给出了简要阐述，指出了其在金融科技领域的战略重要性，并在旁边标注了可以相互参照的监管文本，使读者能够快速、方便地查看准确的监管要求。所有监管文本都配有网站的链接，便于读者访问。为了避免重复，我必须在美国和欧盟之间，选择一个提供这些监管规定的司法管辖区。我最终选择了欧盟，是因为它的监管结构更加清晰。尽管如此，美国绝大多数的法规与规则都与欧盟非常相似，只是在不同的参考资料中找到各自不同的立法而已。

监管

虽然人们普遍认为市场在许多情况下运转良好，但还是有人认为市场存在失灵的情况，任由市场自生自灭可能导致不理想或者说糟糕的结果。在很多情况下，市场失灵都可以归因于一方比另一方获得了更多信息，这倒并不是因为另一方没有"好好做功课"，而是因为从交易结构上来看，另一方就不可能或者说至少需要付出高昂代价来获取信息。

监管有益的例子：出租车

金融服务是复杂的，所以我想从一个市场失灵非常明显的例子开始讲起，那就是出租车服务。首先，让我们来定义一下典型的街头出租车服务：乘客可能并不是住在这个城市，但他必须从这个城市的A点到B点，而该出行也不是经常性的。从A点出发，他会去最近的繁忙街道或下一个出租车站，搭乘出租车去B点。乘客想要的是：（1）不受伤害；（2）合理情况下足够快；（3）以合理和可预测的成本到达那里。但遗憾的是，如果乘客只是站在路边挥手，出租车停了下来，他将没有办法获得能够让他评估上述3点的信息。例如，为了确保（1），他想知道司机是否患有精神病、是否有足够的能力开车、汽车状况是否安全；为了确保（2），他想知道司机是否对路况熟悉到能在城市间顺利穿行；为了确保（3），他想知道司机是否诚实，或者说他需要一个标准来获取出租车的公平价格应该是多少。

幸运的是，科技就能解决这些约束。例如，由于GPS（全球定位系统）装置已经无处不在，因此在城市中穿行已不再是一个大问题，非本地居民也可以轻松预估一次旅行的长度，以及价格是否合理。但我们还忽略了一点：即使现在的街头出租车都使用智能手机应用程序，仍存在司机诚实度、熟练性和汽车安全性的问题。当一辆出租车在路边停车或在出租车站等候时，潜在的乘客无法获得他需要的所有信息。这就是一个出租车服务市场失灵的例子，如果没有一个机制来解决这个问题，那么潜在乘客就可能会产生"坐出租车太危险"的想法，也就不会产生互惠互利的交易。

从根本上说，有两种不同的方式可以解决这个问题：监管和声誉。先说声誉，在出租车行业没有得到很好的监管的国家，出租车市场往往由较大的公司主宰。例如，不久前我去印尼的雅加达时，我认识的人都强烈建议我只使用特定公司的出租车，并且一定要通过电话预定出租车，避免让无良司机掌控该公司的出租车所带来的诸多问题。这样做的后果之一是，在没有可靠朋友或诚实礼宾员的地方，很难叫到一辆出租车；此外，出租车公司之所以能够收取较高费用，是因为它们拥有审核司机是否可靠的准垄断能力。

在大多数城市里，出租车是受监管的。出租车很容易被识别，汽车和司机都必须持有有效牌照。正规出租车都配备了一个乘客和司机都能看到的官方计价器，这是收取车费的唯一依据。会有专人定期对计价器进行核查，确保计价器工作正常。警方也会对运营中的出租车进行抽查，对不符合上述要求的违规者处以罚款。在这种环境下，乘客不必担心他们在街上拦下的出租车是否符合前面提到的（1）~（3）的要求。如果一辆出租车是有牌照的，那么乘客就可以确信司机和车都是经过审查的，乘坐这种出租车时就不必太过担心。如此，市场失灵就解决了。

关于金融监管

在前一节中我们已经看到,信息不对称会导致出租车市场的失灵。这意味着市场崩溃,当潜在消费者对他们的潜在服务提供者不满意时,就会选择不参与交易。在金融服务业,情况是相似的:当个人无法评估金融机构实力时,他们就不会将资金存入这些机构,或者他们会选择在第一次出现危机时就撤回资金。这两者都是可能出现的,也都将导致市场失灵。

我们已经看到,有两种机制可以避免市场失灵:

- 服务由规模和市场份额足够大的公司提供。这些公司有很好的品牌/资质,但缺点是它们有理由收取较高的费用。
- 服务由小公司或个人提供,并且由少数私人权威机构审查这些公司和个人的品牌/资质,看它们是否够格提供这些服务。

在银行业早期,银行大多采用第一种解决方案,品牌和声誉是解决这一问题的主要手段。一个佐证是,银行会建立富丽堂皇的分支行,来表现其财务状况良好。举个例子,你可以去位于巴黎歌剧院旁的法国兴业银行最老的支行看看,该支行今天仍在营业,显然是为了给人留下兴业银行成功的深刻印象而一直存在。然而事实证明,这种策略在金融服务领域并不是非常成功;一旦每个人都想立即取回自己的存款,富丽堂皇的哪怕是总部,也无法阻止银行挤兑。

现代银行业还有第二种解决方案,那就是所有主要银行都由信誉良好的评级机构进行评级。在主要发达经济体中,大多数银行的评级都是 AA 级,最差的也达到了 A 级。尽管机构评级是评估银行信誉的重要数据,但似乎在实践中,让人们在金融危机时期还能将存款留在银行的最终方法是确保:(1)银行受到严格监管,风险处于可接受的水平;(2)存款得到保障,并且有高效的业务连续性流程,以确保危机不会通过金融体系扩散。

监管战略框架

当一个行业受到监管，就会从根本上改变其战略格局。监管的战略影响很难被普遍理解，必须在个案基础上进行分析。例如，在自然垄断的市场（如公用事业或运输业）中，监管往往是维持竞争的唯一途径。但在其他市场，监管的目的不是竞争，甚至在用户安全或系统稳定时，监管往往成了竞争的阻碍。一个普遍的事实是，在受监管的环境中，能够很好应对监管是一家公司的关键竞争优势，尤其是对那些试图打进现有市场的新进入者而言。对于科技公司来说，这一点尤为重要，因为它们的重点是如何迅速有效地扩大规模。监管就像一条护城河，对在护城河里面的公司来说是保护、是优势，而对护城河外的公司来说就是障碍。

框架 1：监管创造护城河

所有的监管，即使目的是增加竞争，也都会创造一条护城河。护城河至少对那些站在监管护城河内侧的公司来说是有利的。在一个成熟的行业中，护城河保护着现有的企业。在一个瞬息万变但监管严格的业务领域，创建和利用监管护城河可能是新进入者的关键能力。

理解这一点非常重要：虽然监管是开展业务的障碍，但监管并不一定对企业有害，至少对那些发现自己处于监管护城河内侧的企业而言就并非如此。甚至它们处在很糟糕的监管环境下也是如此：与监管良好或没有监管的情况比，即使消费者可能会支付更多费用、获得的服务体验更差，甚至市场规模可能还要缩小，那些能将监管转变为优势的公司仍然会感觉自己处在一个非常舒适的境地之中。

下面我用一个在优步（Uber）出现之前纽约出租车公司的例子来帮助大家理解这个问题。出租车公司处在一个强监管的市场中：有固定的服务产品（标准的黄色街头出租车），有固定的价格。该市场具有非常大的护城河：出租车标识的数量是固定的，所以市场新进入者只能在监管机构拍卖新标识才有可能进入市场，或者从当下要退出市场的出租车司机那里购买标识来进入市场。在优步出现之前的几年里，二级市场出租车标识的价格不断飙升，这表明在纽约开出租车是有利可图的。然而，乘客却并没有比在开放市场上获得的福利更大，因为在纽约的上下班高峰期或下雨的时候，每个人都想打到车。所以在这个案例中，监管创造了一个不错的护城河，它限制了整个市场的规模，还为在这条护城河内的出租车公司创造了一个非常舒适的环境。

框架 2：热切创新的监管者是财富

　　监管机构自然是不情愿创新的那一类。因此对想要在受监管的市场中站稳脚跟的企业来说，如果能有一个热切创新的监管机构，无疑是自己的战略部署中的一笔巨额财富。

从本质上说，监管者自然是没有动力进行创新的：他们有保护市场的义务，而这些对整体经济或绝大部分人口都很重要的市场通常也需要保护；尽管这些受监管的市场可能并不完美，但它们往往运转得不错。在这样的环境里，创新具有一种不对称的风险；创新的负面影响是摧毁人们生活中必不可少的东西，正面影响却仅仅是带来渐进式的改进，即使这种改进有效，价值往往也是不确定的，甚至还有点不好理解。所以监管机构天生倾向于观望，而不是跟着市场快速变化。

此外，监管机构通常资金不足，工作人员的个人激励结构不对称，一旦出问题，他们会被指责，这对于边际改善来说并不是很好。同时，许多情况下受监管行业往往在政治和监管层面会有很多资源可用来影响监管，有经验的被监管机构常常可以通过强有力的经济资源使监管行为转向。这使得监管机构对被监管机构往往产生了更大的偏见。还有，总是存在监管俘获问题，如果监管机构与被监管机构的关系过于密切，那么它们就会开始捍卫被监管机构的利益，也就会特别针对该行业的市场新进入者。

一般认为，监管界有两种完全不同的类型，一种是默认允许，另一种是预先批准。在前一种类型下，监管机构对企业运营和创新更放心，也不考虑这些事情最终是否会得到监管。而在后一种类型下，监管机构希望自己能从一开始就预先审批可能需要监管的一切。不过，当人们认为市场不能正常运作时，这些风格也可能暂时转变。比如信贷危机后，监管机构往往更愿意帮助新进入者进入市场，放松监管或者在"监管沙箱"环境中积极帮助它们。监管机构愿意提供帮助的情况通常是暂时和有区域限制的，因此在正确的时间出现在正确的地方是一个重要的战略优势。

框架3：监管规模

只要业务规模低于监管规模，公司面对监管时就会享有规模优势。因此监管会形成一种壁垒，一旦公司业务规模变得大于监管规模，这些规模优势就会消失。

积极的监管策略可以减少或增加这种壁垒。适当的监管制度会减少壁垒，而如果存在牌照或对等制度，或者一些共同的监管规则，允许市场大型参与者在多个受监管的市场获得规模经济，那么壁垒就会增加。

存在这种监管规模问题的根本原因是，合规成本与业务量的关系不大，也就是说合规具有固定成本。例如，银行监管机构可能需要某些报告。处理报告中数字的工作实际是由计算机完成的，而运行报告的成本与编程计算机的成本相差无几。但不是所有的时候合规成本都

是固定的：任何报告都会有一定数量的例外情况，而这些例外情况必须手动跟进，如此一来，成本将与业务量成正比。在金融服务领域，监管合规无论如何都会产生很高的固定成本，这就造成了壁垒。

适度的监管制度不仅承认高昂且固定的合规成本的存在，而且还承认这些成本往往是没有必要的。例如，在监管小型银行时，如果银行违约可以被系统轻松地吸收，那么这些规则就可以保证整个系统的安全。另外，无论银行是大还是小，保护银行客户的规则仍然同样重要。因此，适当的监管制度允许小型银行不在第一个目标上花费很多资源，但不会减轻第二个目标的负担。

但共同监管框架、牌照制度、同等认可制度则不一样：它们允许参与者在多个司法管辖区内获得规模经济，从而从监管壁垒中受益。解释一下这些术语的含义：共同的监管框架要求是一致的，公司可能仍必须向其业务所在范围内不同地区的所有监管机构分别提交报告，但报告可以相同或至少很相似。

在牌照制度或同等认可制度下，一国主要监管机构认为，公司所在地监管机构做得很好，并允许其负担主要监管责任。牌照制度或同等认可制度之间的区别在于程度。牌照制度专用于欧盟，指的是在一个市场中居住和受监管的公司，拥有在整个欧盟第一市场中运作的无条件权利；而同等认可制度是协议，公司在签署协议的两个监管辖区之间可以获得同等监管，但协议也可以在短时间内撤回。

框架 4：市场开拓者和紧紧跟随者

考虑到成本、精力和上市时间，监管市场开拓者很难。因此对于监管者来说，最佳策略是做监管紧紧跟随者，除了市场开拓者的商业模式具有的那些难以复制的特征以外，可以设法将行业特性都纳入监管规则中去。保持距离的跟随者会发现合规最容易，因为规则已经确定了，但规模和市场份额的缺乏可能会阻碍他们发展。

在每个商业模式中，成为市场开拓者都很难。在提出最终的正确解决方案之前，开拓者花了很多时间在"死胡同"上。然而，解决这些商业问题后，知识产权法、版权法或基本制度都为市场开拓者创造了一条保护他们的护城河。与监管磨合的过程需要费不少劲儿，市场开拓者需要花很多时间和精力来说服监管机构：首先要说服监管机构认为他们这种新的和还没测试的商业模式是一个好主意；接下来监管机构就需要看到文件、分析报告、达成一致意见；更笼统地说，监管框架应该成为什么样，需要付出多少努力。所以监管机构往往会依靠公司来做初步工作，因为它们自己缺乏资源和激励措施。

然而，一旦所有这些问题得到解决，就不再需要谁去花时间和精力来说服监管机构，并且文件要求和监管框架已经到位。市场开拓者的竞争对手们所要做的就是与监管机构联系，监管机构就将指导他们完成后续的授权流程。如果市场开拓者能够以一种发挥自身优势和削弱竞争对手的方式塑造规则，那么就会对自己有一点儿好处，但这对于一个优秀的监管机构来说又是不可能的。

框架5：先例的力量

当监管框架还没确立时，先例是非常强大的。主要先例按其力量降序排列如下：

1. 在同一司法管辖区做同样事情的，由对应的监管机构监管。

2. 在不同的司法管辖区内做同样事情的，由该司法管辖区的监管机构监管。

3. 在特定司法管辖区或有足够声誉的司法管辖区，实施明显延伸的相似监管。

4. 对可能存在的监管问题予以理解和同意，并有一个书面监管草案框架来解决这些问题。

> 5. 业务以不可忽视的规模运行，并且受到公众的喜爱，和/或符合当前的公众舆论（例如"金融系统已经失败，需要更新"）。

在一个没有既定最佳实践，还具有显著的下行风险和更少的上行空间的新领域，没有什么能比让监管机构相信它们正在采取的措施实际上并不新鲜而且风险有限，更能安抚监管机构的心情了。总而言之，这是先例的力量：理论论证是好的，但现实生活经验更好。

最后的解决方案——先运行后监管，看起来很奇怪，但它的确可以发挥作用，特别是在监管较松的行业，或者说在监管机构对相关公司影响力不大的行业。举个例子，假设公司是全球性的并且在许多地方运营，而监管机构是地方性的，当公司失去在特定地点的经营权利时可能损失并不是灾难性的，但如果该服务在这个地方受欢迎，那么监管机构可能会面临公众的强烈抗议。这种策略特别允许在没有监管机构愿意先行一步的情况下启动监管的案例：一旦一家监管机构通过某一监管计划，该公司就会从先例5升级到先例2。然而，这是一项相当冒险的工作，在金融服务领域并不建议这么做，即使某些部分，尤其是加密货币，有时就是以这种方式运作的。

> **框架6：娴熟的监管互动**
> 监管互动是一种能够在成本、精力和上市时间等方面产生重大影响的技能。

每个初级咨询师都能很快明白，和高级合伙人讨论新幻灯片时会非常艰难。当你自认为已经把所有事情都安排好并完成了以后再去见他是很危险的：你会发现自己的工作做得不能令他满意，也许是你误解了什么，也许是你在收到给你的任务描述时没有得到关键信息，也许只是合伙人感觉自己游离在外，需要在你的幻灯片上留下自己的印记。无论如何，你都需要做许多多余的工作，甚至必须重做。但过早去见合伙人也是危险的。首先，这会损害你的声誉，因为这样一来，你就会被视为一个技能不高、需要大量帮助的人。其次，合作伙伴会把这看作是一个头脑风暴会议，而不是一个解决问题的机会，他可能会提出许多不同想法，你都得往下探索，但最后大多数想法都是错误的、多余的，或者根本不重要的，也没法在项目的有限时间内完成。

以上完全适用于监管互动：如果你已经有了很多进展，监管机构可能只是不同意你的观点，也可能生气它们没有在更早阶段参与进来。但如果你来得太早，对你认为合适的监管方式没有什么清晰的概念，那么监管机构对你产生的第一印象就会是：你在这方面不是特别有能力，且需要额外监管。它们把这次会议当作一次头脑风暴，而你可能在会议结束时发现，自己除了得到一份超长清单以外什么也展示不了，清单上又全是监管机构希望在下次会议上看到的更多分析和报告。所以这里要强调一下：为了减少工作量并使过程保持正常，正中要害非常重要。

框架 7：地方法规很重要

即使在牌照制度下，地方法规仍然很重要，如果不是法律上的，就是事实上的，因此所有地方监管机构都应该随时了解情况并参与其中。

在牌照制度和较弱的同等认可制度下，如果监管机构觉得一家公司没有遵守重要的当地规定，即使牌照制度意味着它们不需要遵守这些规定，当地监管机构也总是能够给它们设置障碍。即使当地监管机构这么做不合理，最终被监管公司在上诉过程中纠正了这一点，这也是一项代价高昂且耗时的工作，而且对于资源有限的初创企业来说，这可能不是一个好策略。最好的策略通常是尽早解决此类冲突，并在成本合理的情况下遵守当地的监管要求。

框架 8：制度选择很重要

对受监管的初创公司来说，牌照制度下的司法管辖区可能提供了两种选择：一是遵守监管宽松的本地框架，二是遵守更复杂的但可以获得牌照的跨司法管辖区框架。

让我们来看一个具体例子，假设有一家不接受存款也不向个人提供贷款的特别贷款公司。在英国，这家贷款公司可以选择遵循监管宽松的本土模式，或者获得银行牌照。在德国，每家贷款公司都需要一张银行牌照，所以这家公司要么去申请一张银行牌照，要么与银行合作。如果这家英国的贷款公司持有银行牌照，当它希望在德国开展业务时，只需出示牌照即可。但如果它只有一个本地牌照，有可能是因为即使它想办银行牌照，也根本办不了，那么它就需要一个当地的银行合作伙伴，也意味着它可能需要为此重新设计许多流程和系统。

这个选择最终取决于个人情况，初创企业的高管们应该认真考虑，且最好是与称职的顾问一起考虑。地方政府可能会允许更快、成本更低的上市时间，如果需要的话，还会允许更容易的市场转向。另外，牌照制度可以节省扩大规模的时间，更重要的是，它可以避免陷入无法扩大规模的商业模式的风险。

最后这个框架并不是一个真正的框架，而是我们前面讨论过的所有框架的交互作用（参见图 1.1）。

框架 9：相互依赖性

前面提到的所有框架都是相互依赖的，重要的是要联系地而不是孤立地看待它们。

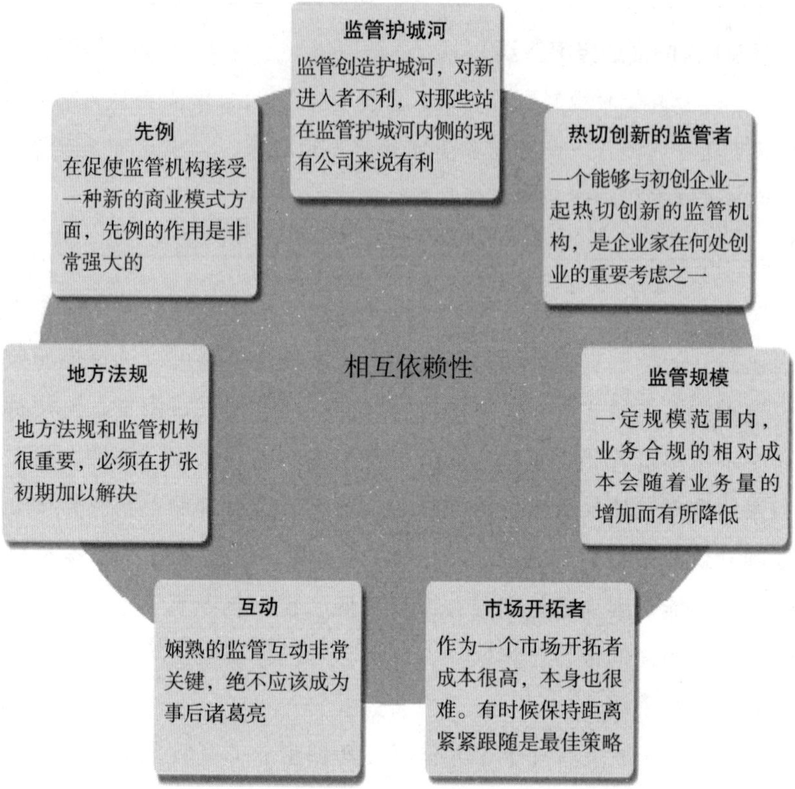

监管护城河

监管创造护城河，对新进入者不利，对那些站在监管护城河内侧的现有公司来说有利

热切创新的监管者

一个能够与初创企业一起热切创新的监管机构，是企业家在何处创业的重要考虑之一

先例

在促使监管机构接受一种新的商业模式方面，先例的作用是非常强大的

相互依赖性

监管规模

一定规模范围内，业务合规的相对成本会随着业务量的增加而有所降低

地方法规

地方法规和监管机构很重要，必须在扩张初期加以解决

互动

娴熟的监管互动非常关键，绝不应该成为事后诸葛亮

市场开拓者

作为一个市场开拓者成本很高，本身也很难。有时候保持距离紧紧跟随是最佳策略

图 1.1　监管策略框架

第二章　金融服务监管概述

监管类型

　　监管的目的是解决市场失灵问题。由于在金融服务领域内市场失灵现象频发，因此有必要根据其不同的监管路线进行有效分类（参见图2.1）。

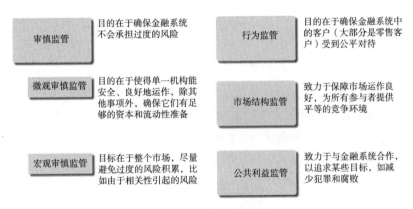

审慎监管	目的在于确保金融系统不会承担过度的风险
微观审慎监管	目的在于使得单一机构能安全、良好地运作，除其他事项外，确保它们有足够的资本和流动性准备
宏观审慎监管	目标在于整个市场，尽量避免过度的风险积累，比如由于相关性引起的风险
行为监管	目的在于确保金融系统中的客户（大部分是零售客户）受到公平对待
市场结构监管	致力于保障市场运作良好，为所有参与者提供平等的竞争环境
公共利益监管	致力于与金融系统合作，以追求某些目标，如减少犯罪和腐败

图2.1　不同监管类型

- 审慎监管（prudential regulation）：微观审慎监管解决的是单一机构有过度冒险动机的问题，而宏观审慎监管则针对整个市场的这一问题。其目的在于规避金融机构倾向利用破坏性的繁荣和萧条周期来违规运作。
- 市场结构监管（market structure regulation）：市场结构监管致力

于解决比如由信息不对称等原因导致市场无法顺利运作的情况。

- 行为监管（conduct regulation）：行为监管致力于解决由于客户无法正确评估金融产品各自的风险和回报，一旦套牢后无法预知他们能否被公平对待的问题。

- 公共利益监管（public interest regulation）：公共利益监管致力于解决非法操控金融系统的事件，比如洗钱或恐怖主义融资。

审慎监管

银行及广义的金融体系对经济运作至关重要，因此一旦要推广某个重要方案，当局便会始终介入。所有参与者对此现象已经熟知并反映在日常行为中了。例如，银行股东知道他们可以从银行进行的任何高风险投资中获益，且承担的损失是有最大限度的。有了这张免死金牌，他们就有动力将存款尽可能投资于更高风险的产品来获取最大限度的利益。如果存款人相信一旦出现问题，政府会出面纾困，那他们对此也不会介意。因此只要有足够的理由相信，政府会拯救濒临破产的银行或其投资者或其存款持有人，国家就必须施行严格的监管，以保证风险处在可控范围内。像这样旨在确保金融机构和金融基础设施安全的监管通常就被称为审慎监管。

审慎监管分为微观审慎监管和宏观审慎监管两类。前者在不考虑其背景的情况下处理单一机构的稳定性，这是在金融危机爆发之前审慎监管的主要焦点。在此之前人们普遍认为，如果所有银行都被认为是安全的，那么金融体系也可以被认为是安全的。自危机以后监管机构意识到事实并非如此。举个例子，银行可能会选择持有一定量的流动资产投资组合以防遭遇流动性风险问题，监管机构可能会认为这种准备是充足的，因为它们在市场上具有足够的流动性。但是，如果很多银行都拥有类似的资产，并且假设存在流动性兑付压力，那么所有机构可能会同时尝试出售这些证券，从而导致市场陷入困境。宏观审慎监管就是旨在发现并解决此类风险事件。

微观审慎监管

在微观审慎方面，监管者期望单一机构能安全、良好运作。银行主要的审慎要求如下：

- 持有足够的资金以确保存款人和其他高级债券持有人在危机时免受任何损失。
- 持有足够的流动资金以确保它们在债务到期时有能力偿还。
- 足以胜任评估、管理和缓解它们面临的所有风险，包括操作性风险。

最后一点包括经营持续性计划。银行倒闭不会中断客户的业务，这一点非常重要。因此，即使一家银行正在清盘，也必须保证其客户能正常支付，直到他们的账户转移到另一个有效实体为止。

对于银行以外的其他参与者，即使考虑到它们的具体情况，审慎要求也仍然非常相似。例如，对于保险公司而言，所有这些要点均适用。对于基金公司而言，保障其运营安全的主要的审慎要求包括健全的风险管理流程、适当的资产隔离，尤其是不与自身的自营资产混合，而且一般来说，基金的运作是安全的。另外，对于支付系统和其他基础设施项目来说，操作风险尤其是业务连续性管理，是重中之重。

微观审慎监管的关键目的是保护企业的客户。这就意味着不存在监管对象的优劣之分，不管是一个建在小镇上的小银行，还是仅一个分支机构就服务上百名客户的大银行，抑或是一个服务上千万客户的大型国有银行，在微观审慎的监管下，每一个单独的客户都会受到同样的保护。监管理论上是一视同仁的，但是在许多情况下，由于小银行的产品和流程更简单，其监管负担也更轻。

在金融科技领域出现了一个重要的延伸：即使初创公司只有几千名客户，只要其提供的产品或服务仅由受监管实体提供，这些属于被监管业务的客户就可以受到同样级别的保护，除非其客户和监管者有过明确表示。因此，对于金融科技初创公司来说，了解适用于受监管竞争对手的法规至关重要。此外，对于初创阶段的金融科技公司而言，存在公司停止运营的真实风险，因此监管者希望其预备应急预案以实现连续性经营。

宏观审慎监管

宏观审慎监管是为了保护整个互联系统，而不是个体参与者。规模的大小至关重要：宏观审慎监管者通常会忽略一个只有几千个甚至几万个客户的机构，同样也会忽略规模对于全局而言微不足道的单一初创企业。

然而，这一规律也会存在一些例外。在某些情况下，有许多彼此相似或共享资源的小型参与者，例如服务当地社区的小型信用合作社。监管者将会在其中寻找系统性风险，以及集中数据或支付基础设施等单一故障。从初创企业界中找个类似的例子就是挖掘比特币：即使矿工不像现在那样集中，系统监管者也需要考虑可能导致系统崩溃的因素，例如采矿池的依赖性、用于更新挖掘软件的中央服务器或者是联合攻击的情况。

此外，增长和增长潜力也很重要。在传统的实体金融领域，事物发展缓慢。但是在现代环境中，市场可以在几年间从微不足道发展为具有系统重要性，例如 21 世纪初的信用违约互换（简称 CDS）和证券化市场的发展。我们现在还没有在金融科技领域看到这一点，但是当它们的服务产品热销后也会面临同样的大规模增长潜力。每当有大规模增长发生时，宏观审慎监管者就有充分的理由开始担忧了。

对于银行而言，最重要的考量因素是规模和相互关联性。

危机过后，金融稳定委员会决定强制在全球具有系统重要性的银行（简称 G-SIBS），后更名为在全球具有系统重要性的金融机构（简称 G-SIFI），服从更高要求的监管和资本要求。监管者通常不担心对于银行有系统重要性的核心贷款业务，而更担忧它们的证券和衍生品交易业务，以及其与同业间的关联性。

虽然在谈及系统性风险时，银行总是首先被考虑到的，但也绝不是唯一需要考虑的。系统监管者会监督金融基础设施中所有重要的组成部分，比如清算机构、主要支付系统、股票和衍生品交易所。如果系统性监管机构在未来几年着重关注金融科技公司，那它们会更关注于上述监管领域，而非贷款领域。如果初创企业直接或间接地连接于一个银行间核心支付系统，那么监管机构就希望确保初创公司的系统足够安全或实现系统隔离，从而在任何情况下都不会造成严重破坏。

宏观审慎监管者大多利用具有分析功能的工具包来采集、分析数据，如果他们遇到特殊的问题会要求公司出示具体报告，或者在他们担忧的场景下进行压力测试。使用有效工具包，监管者可以要求具有系统重要性的机构持有更多资本；在严重的情况下，还可以要求对他们认为过多的头寸进行有序减少。还有一个重要工具是"生前遗嘱"和"清算计划"：被认为具有系统重要性的公司必须制订详细计划，以确保在它们破产时不对整个金融系统构成风险。它与业务连续性计划类似，但更为详细，而且是在与监管者紧密互动的情况下创建的。

市场结构监管

市场结构监管的目的是确保市场尽可能地高效运转。各式伪装下的信息不对称是亟须解决的首要问题。然而，这个观点有些许微妙：现实世界里的信息都不是免费的，需要用资源互换来得到。由于有助于价格发现，提供资源的人也期望自己的投资获得同等回报。当价格发现起作用时，市场价格具有公平性，每个人都可以用市场价格买入和卖出。相反，如果一个市场充斥过多私密信息，尤其是私密信息只掌握在少数人手中时，对那些没有私密信息和流动资金的人来说市场会变得毫无吸引力，此时市场可能会濒临崩溃。

因此，市场结构监管尝试解决一些参与者处于结构优势地位的情况。比如禁止内幕交易，把使用非公开信息来交易证券的行为定义为刑事犯罪。其他监管法规也禁止参与者从不同渠道获取市场关键信息。例如，某些参与者不允许比其他人更早地看到订单，或者公司必须同时向所有投资者发布年度报告及临时消息等。

这还能解决由于部门监管漏洞导致金融服务中经常出现的自然寡头垄断问题，确保小规模参与者可与大规模参与者公平竞争，被监管者能以公平、不被歧视的方式使用各关键基础设施。此类监管法规的一个重要的例子就是《支付服务指令（第二版）》（简称 PSD 2），它要求银行和其他支付机构（包括较大的金融科技公司）必须同意其他参与者提供他们的账户查询和支付 API（应用程序接口），从而有效允许客户用第三方供应商或聚合商来替代大银行的电子银行系统。

行为监管

金融市场虽然重要，但对很多人来说难以理解，外加许多开发项目需要经历较长的周期，增加了理解的难度，这就使人们难以从过去中吸取经验教训。

我们就以存款储蓄为例。在市面上有许多投资项目看上去非常相似但都比定期储蓄存款更有吸引力，比如一些银行发行的债券。虽然债券看起来相似但可能差别很大，特别是在涉及一级或二级资本债券时，然而许多个人投资者并不知晓其中的差异。首先，债券是不包含在存款保护计划中的，所以银行一旦违约，购买这些债券的人就会遭受损失。其次，这类债券造成的损失可能会远高于资本类债券，但在客户购买时可能并不知晓这样的风险。他们可能只是因为单纯地看到同一家银行提供的债券收益率很吸引人，就购买了债券。除非最近发生过风险事件，否则只看往期收益率也无助于恰当评估风险。就像很多债券持有人在危机中才醒悟一样，现在没有风险并不代表将来不会有风险。

行为监管的目的就在于确保客户能被公平对待。虽然这会视具体监管板块而定，有些机制会比其他的更具保护性，但原则上是让客户能够就其财务状况做出明智的决定。例如，有些司法管辖区可能只简单地要求提供客户充足的信息，有些辖区可能会要求金融服务公司确保其客户理解他们获得的信息，还有些辖区可能会防止某些客户完全获得某特定金融工具，甚至有些辖区可能最终要求企业有义务按照客户的最佳利益行事。

一个典型的监管系统会把客户分为三层：

- 私人客户。
- 专业客户。
- 市场交易对手。

第一层是不以专业身份在金融市场运作的客户。这包括大多数的零售客户、中小型企业和公共机构等。第二层是定期在金融市场运作的专业客户。这主要指涉猎资金业务的大型或一些中型企业、投资经理、保险公司等。值得注意的是，其划分是根据其每个不同业务在市场上的情况而进行的，比如某机构的资金运营业务经常使用外汇对冲手段而鲜少用利率互换工具，那在外汇交易产品中就被认为是专业客户，但在利率互换交易中被当作私人客户。第三层是指其他金融机构，一般被认为是相关的且具有竞争性的平等贸易伙伴，而非客户。

层级之间的不同之处在于，金融机构会根据它们的需求而产生不同的价格。在许多情况下，金融机构与私人客户打交道时，必须努力了解他们的需求与处境，并确保产品适合他们。此外，金融机构还受制于非常具体的信息透明化要求，比如它们可能必须要使用很容易理解的术语来提供关键事实清单，并涵盖客户评估产品所需的所有重要考量因素。对于专业客户而言，通常就不存在对产品实用性评估需求，信息透明化要求更低。比如，我们认为专业客户可以基于投资意向书和交易文件理解交易内容。除了以诚实行事为目的而设立的普通商业规则，市场交易对手最后不会因任何特殊的保护而获利。

分类通常是由金融机构和其交易对手共同完成的。富有经验的客户更希望被视作专业客户类型，因为这样他们就可以用更优惠的价格来交易，接触到种类更为丰富的产品与服务。然而，金融机构不能只凭借客户的一面之词来判断其身价，必须通过合理的分析来确定客户是否在其需要交易的领域有资格被认定为专业客户层级。

直接行为监管还包括数据保护和隐私规则，以规范受监管机构及其合作伙伴在该领域可以获得的保护级别。这对客户的权益保护起到了很大的作用，因为客户没有权限来审核供应商的相关系统和流程，更可能无法确认公司章程中提供的保护措施是否充分。

公共利益监管

金融机构的行为也受到公共利益的监管，比如有的监管目的是预防犯罪或类似的公共政策。重点监管的领域包括反洗钱（简称AML）、反恐金融（简称CTF）、反贿赂腐败（简称ABC）和政治曝光者（简称PEP）的领域。从广义上来说，由于存在网络安全和网络犯罪两个不同角度，因此与数据保护监管存在一些重叠之处，不然的话这些规则都应该主要用于行为的规范。

以反洗钱为例，问题在于犯罪分子可以利用正规金融体系来洗钱，把其伪装成来自合法企业的收益，从而让他们随心所欲地从这笔钱中获益。在反贿赂腐败和涉及政治公众人物参与的案件里，调查目的是相似的，不同的是其主要目的在于打击腐败而非聚焦犯罪分子，而不论腐败在该国是否构成犯罪，也不论其是否支持出于政治动机的禁运。但是反恐金融类犯罪行为与此相反，恐怖分子可能会利用正规金融系统来调动他们准备活动所需的资源。

所有这些条例都将金融体系作为打击犯罪、腐败和恐怖主义的代表，并支持出于政治动机的行动，尤其是禁运。它对于每个参与者都承担责任并保持警惕，包括在众多观察名单内检查客户数据，并在适当场景下描述其交易行为。所有这些流程的核心要素就是基于"了解你的客户"（Know Your Customer，简称KYC）原则：金融机构必须了解它们的客户，并在必要时了解其背后的最终受益者，从而判断它们观察到的资金流是否与合法活动一一对应，而且参与人员没有出现在任何一个相关名单上。

网络安全和网络犯罪方向虽与以上讨论内容相独立，但它们的共通点都是强调企业必须出于维护公共利益的目的来履行一些超出它们自身利益的职责。比如，一些企业出于对系统安全的花销考量，可能甘愿承受在某些不寻常的情况下遭受黑客攻击的风险；而监管机构出于对金融体系和其客户利益的考量，可能希望企业加强对网络黑客的打击。

监管链

如今大多数金融服务都受到了监管。随着时间的推移与现实原因的考量，监管机制在监管部门的指导下逐步发展。即使在过去，发展的道路也不是一帆风顺的，尤其是遇到行业重组的情况。比如，过去流行发展全能银行或金融集团，这就意味着同一家公司（或公司集团）可能会提供比如银行、保险、基金管理、经纪业务等各项服务。然而，在集团中不同的项目将由不同的实体部门来分别运作，因此银行分部将由银监局监督，保险分部由保监局监督，以此类推。然而，关联效应依旧存在，比如，银行和保险分部可能会有共同运作的资金业务，或者依赖于必须在集团层面处理的自营资金。此外，公司成为金融集团的关键原因之一就是增加交叉销售能力，这就意味着理想情况下销售队伍将在IT（信息技术）系统内整合。

对于金融科技而言，公司的发展策略开始逐步变得更加聚焦到一点上。这种聚焦可能是针对产品而言的，这种情况下的公司运作可能就完全符合传统监管领域的适用范围了。比如，对一个智能投资顾问的监管类似于对人工投资顾问的监管，对一个允许朋友分享账单的应用程序监管可能类似于银行体系的监管，除非在支付领域存在对非银机构的服务供应商有特殊的监管条例，比如欧盟这种情况。然而，也会有产品更加难以融入现有的监管类别，尤其是当它们与市场契合时。比如，个人对个人的借贷或众筹就不能融入前金融科技的类别，因为这些类别未能真正预见到个人投资者会大规模地为彼此提供融资。此外，可应用的监管法规可能部分来自银行领域（比如洗钱、消费者保护等），而有些部分可能来自市场基础设施领域（比如要平等对待所有客户等）。

企业的重点也可能是以客户为中心。例如，企业可能致力于为一类很窄的客户群提供一整套金融服务。这家企业可能专注于代销，意味着它可能不会自己创造产品而是依赖于合作伙伴，比如银行、保险公司、资产管理人，它们将符合准入标准的产品销售给自己的客户。如果像监管金融集团一样来监管这家企业显然是不可行的。但是如果完全靠监管后端的产品供应商也不会起作用，因为至少有一些适用的监管法规（比如洗钱、数据保护、操作行为）也是与前端供应商相关的。

在继续讨论之前，我想用一个对比案例来总结上述观点：一个产品（都拥有标准银行账户）可能有两个很类似的功能，但是属于不同的监管领域（比如货币市场基金和礼品卡）。

监管产品与监管机构

示例：活期存款账户与货币市场基金

活期存款账户是以允许持有者参与国家支付系统（卡、支票、转账）并持有必要资金为主要目的的账户。尽管许多货币市场账户也能够实现同样的功能，但它们仍存在许多重大差异：

- 银行存款是受存款担保计划保护的，而货币市场基金没有。
- 存款是一般性负债，银行用于整体资产负债表内的流动；而货币市场基金是用于投资特定的高质量、高流动性资产。
- 存款账户通常可以从透支贷款中获益，避免支付退票；而货币市场基金不能做此操作。

货币市场基金投资的许多证券都是银行的短期债或资产支持证券，这些证券又可以用来为贷款融资。因此，它们整体上很相似：客户的存款通过资产负债表或资产支持证券向其他的客户提供金融贷款。此外，如果货币市场基金的投资者期盼在他们遇到金融危机时政府会出面救助，那他们可能不是很在乎货币市场基金没有存款担保机制。

从监管角度来看，银行和基金是截然不同的，因为它们受到的监督完全不同。比如，银行有明确的制度规定其存款与贷款的比例，而对于基金没有类似的要求。此外，不管是事前还是事后，银行会在真实事件发生前提前准备一些存款保障金。正是因为同样的产品会在经济上面临不同的监管需求，所以构成了监管的套利空间。

示例：储蓄账户与礼品卡

现在让我们来看看另一种常见的产品——礼品卡。客户可以使用这张卡在特定的商店里购买指定产品。在某些情况下这种限制可能很明显，比如只允许购买音乐或智能手机的应用程序。然而，也存在限制较少的礼品卡，比如由百货公司发行的卡，可以购买各类商品，包括食物和其他日常用品。这种卡使用起来几乎和现金一样，或者作为预先充值的借记卡。

现在监管机构陷入两难境地：一方面，它们不想监管发行礼品卡的零售店，如果它们是真的用于商品的购买且涉及的金额不是太高时可以不去理睬；另一方面，当礼品卡发展得更像现金时，甚至可能本身具备一定价值时，监管就变得必不可少了，特别是在反洗钱和打击资助恐怖主义的领域。

监管产品

综上所述，我们通常很难设计基于产品的监管法则。在以上案例中，我们看到有些基金和礼品卡会和存款账户看上去很相似，然而也不是所有的基金和礼品卡都是这样的。虽然很多监管机构尝试应用类似于"鸭子理论"——像鸭子一样走路，像鸭子一样嘎嘎叫的，可以判断这一定是只鸭子，来监管上述产品，但总是不能做到精准监管。

首先，法律的本质使得监管机构难以基于功能或产品层面编写监管体制，因为其中存在使法律具有明确性和预测性的矛盾体，况且要使法律具有足够的灵活性来允许当市场提供本质类似而在重要细节上不同的产品时应采取的变化，尤其要注重法律的形式。

问题通常是如何设置监管的边界线，以礼品卡为例：有一系列设计路线可以选择，一方面来说它具有不可转移性，只有非常狭小的适用范围，可能还有时间限制，因此它几乎不能被认定为电子货币；而另一方面它是基于卡片的，可以在各种各样的商店中使用，那它几乎可以被认定为电子货币，因为它与常规的提前预付卡存在极小的差异。

对上述情况立法很难，尤其是事前的监管：我们能够通过考察现有产品和服务来正确制定法律条款，然后明确其适用及不适用的范围。然而，当立法完成，新产品的设计可能会最终无意或有意触碰到监管的底线——这个过程通常被称为监管套利，或者在偶然情况下，现有的监管体制也可能会阻碍产品和服务的创新开发。

尝试解决这一两难问题的一个方法就是延续原有的监管路线，这与传统基于规则的监管路线相反，也意味着允许监管体制拥有更多的灵活性。在实践过程中，不能使用二分法，而是相当于一个连续光谱的相反两端，就像少数基于原则的监管体制也有一些硬性规定一样，反之亦然。基于原则的监管能够解决一些问题，但需要付出一定的代价：比如由于监管确定性更低，监管机构变得权力更大，因此监管垄断甚至腐败可能会成为另一个问题。

其次，除了法律之外，还有一个更平凡的问题，即组织监管（这部分内容请参见图 2.2，图 2.3 给出了典型的监管协调方式）。在监管公司时，了解整个公司的性质以及产品层面的详细情况都很重要。因此，监管团队必须囊括有水平的产品专家。监管机构的组织结构应当可以反映被监管行业的组织结构，这很容易理解：一般来说，有银行团队、资产管理团队和保险团队。在银行团队中，将有专家负责贷款、付款和存款，他们将共同努力以获得整体视角。然而，最近我们看到既有基金支票账户，也有专门的支付机构，所以支付专家突然也需要在基金方面工作了，甚至可能还需要成立一个独立的支付监管部门。

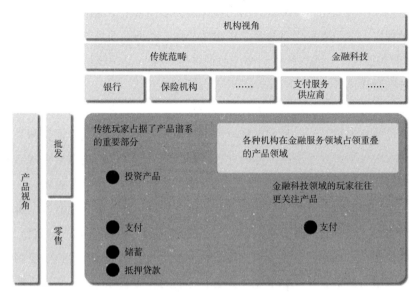

图 2.2　公司分类：产品与机构网格

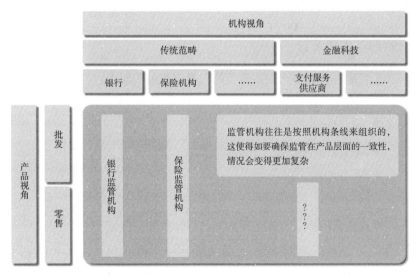

图 2.3　典型的监管协调方式

这看起来似乎并不太复杂，但问题在于，金融科技的本质意味着商业模式以不同的方式被解构和重建，且新兴公司不再属于相互排斥的范畴。监管是一项挑战，因为监管机构必须跟上市场的变化。在某种程度上，监管机构将与多学科团队合作。然而众所周知，矩阵报告（两条报告线）难以操作，多维数据报告结构（三条或更多条线）更难以操作。

最终，监管机构将能够找到一个既可在内部管理，又适合其外部环境的新组织结构，我们已经看到了这种转型的发生，监管框架和最佳实践等举措就是证据。然而这也需要时间，监管的结构是始终落后于市场的。只要市场的商业模式在发展，监管机构就将持续更新。

这在实践中意味着，例如，存款接受者将作为银行受到监管，货币市场基金将作为基金受到监管，而许多礼品卡可能根本不受监管。但仍然会出现一些监管不到位甚至监管扭曲的情况，监管机构将监测这些扭曲的重要性。如果在业务量上它们的意义变得很大，监管机构将试图解决这些不到位的情况。虽然这需要时间，但所有金融科技公司都在现有法规下运营和竞争。

金融服务的监管链

金融服务监管通常按照传统的行业部门组织起来：

- 银行和支付。
- 保险和资产管理。
- 市场基础设施。

在这些部门中，有许多线路可以分开监管，例如：

- 审慎（机构和系统的稳健性），行为（例如客户的公平待遇），市场结构（例如产品创新和可用性）。

- 分部门监管（例如银行、支付；保险、共同基金、养老金提供者等；交易所、结算所）。

还有一些法规涉及所有部门，最重要的有：

- 洗钱。
- 恐怖主义融资。
- 金融犯罪。
- 数据保护和隐私。

全球监管链

金融体系已经非常全球化了，因此监管也正在变得全球化。有一个原因是，公司更容易扩展到其他国家的市场，从而增加竞争并改善客户选择。所以全球统一监管可以避免监管套利，这样可以从业务角度而非监管壁垒最薄弱的地方定位和监管。

银行业

全球协调非常先进的一个领域是银行业，巴塞尔银行监管委员会（Basel Committee for Banking Supervision，简称 BCBS，是由国际监管机构创建的委员会）制定了所谓的《巴塞尔协议》。我们已经进行了《巴塞尔协议》的第三次修订，第四次修订正在进行中。

证券市场和资产管理

在其他领域也有一些国际协调组织，但不是那么强大。例如，在证券市场和资产管理领域，有国际证券委员会组织（International Organization of Securities Commissions，简称 IOSCO）。它们在与证券领域相关的许多领域提供技术指导和建议。还有一些建议更为正式，其中最重大的一项是 2010 年的 "38 种证券监管原则"，包含针对监管机构及其相互作用的部分，涉及审计师、评级机构、发行人、投资基金和中介机构。该监管原则已得到 G20（20 国集团）和 FSB（金融稳定委员会）的认可。它们还发表了一些权威工作人员感兴趣的工作文章，例如 2014 年关于众筹行业的论文。

保险

在保险领域，有国际保险监督协会（International Association of Insurance Supervisors，简称 IAIS）。用其自己的话说，IAIS 是：

> 国际标准制定机构，负责制定监督保险部门的原则、标准和其他辅助材料，并协助实施。IAIS 还为会员提供了一个论坛，分享他们对保险监管和保险市场的经验和理解。

"他们"指的是保险核心原则文件的作者，该文件列出了保险公司应如何运作的 26 个核心原则，有将近 400 页，比 IOSCO 的"38 种证券监管原则"文件简明扼要的十多页更接近《巴塞尔协议》的水平。

欧盟的监管链

在欧盟内部，有许多适用于所有行业的法规，特别是数据保护和隐私领域的法规，这些法规由《通用数据保护条例》（General Data Protection Regulation，简称 GDPR）涵盖，该条例于 2016 年进行了第二次修订。《反洗钱指令》（Anti Money Laundering Directive，简称 AMLD）于 2015 年进行了第四次修订，涵盖了洗钱、恐怖主义融资和金融犯罪领域。

此外，1993 年的《消费者合同指令》（Consumer Contracts Directive，简称 CCOD）还规定了包括金融服务合同在内的所有消费者合同的一般规则。

银行和支付

在银行方面，欧盟实施了自己的"巴塞尔协议"。

当前有效实施的是《资本要求指令（第四版）》（Capital Require-ments Directive 4，简称 CRD 4），其中包括 2013 年出台的《资本要求条例》（Capital Requirements Regulation，简称 CRR）和《信用机构指令》（Credit Institutions Directive，简称 CID）。《资本要求指令（第四版）》也基于 2010/2011 年的《巴塞尔协议Ⅲ》。《巴塞尔协议Ⅳ》正在商议中，尽管已经有了一些巴塞尔级别的出版物，但对于这是否以及何时会影响欧盟立法几乎没有什么可预见性。

在审慎监管方面，2014 年出台的《银行复苏与处置指令》（Banking Recovery and Resolution Directive，简称 BRRD）涉及银行倒闭。在消费者方面也有许多行为规定，2008 年出台了《消费者信贷指令》（Consumer Credit Directive，简称 CCD），2014 年出台了《抵押贷款指令》（Mortgage Credit Directive，简称 MCD）。此外，《存款担保计划指令》（Deposit Protection Scheme Directive，简称 DPSD）在 2014 年进行了第二次修订，在这个领域也非常重要。

在付款方面，有截至 2015 年第二次修订的《支付服务指令》（Payments Services Directive，简称 PSD）。2009 年出台了《电子货币指令》（Electronic Money Directive，简称 EMD），涵盖预付费支付卡等内容。2009 年出台了《跨境支付条例》（Cross-Border Payments Regulation，简称 CBPR），涉及以欧元计价的跨境支付费用。

保险、养老金和基金管理

在保险审慎方面，相当于银行业的《巴塞尔协议》（或者说资本要求指令）的规定是《偿付能力条例（第二版）》（Solvency Directive 2），即 2009 年发布的《偿付能力条例》的修订版。在退休金方面，《职业退休机构规定指令》（Institutions for Occupational Retirement Provision Directive，简称 IORPD）从 2003 年开始实施。

在资产管理领域，《可转让证券集合投资计划指令》（Undertakings for Collective Investment in Transferable Securities Directive，简称 UCITSD）已于 2014 年进行了第五次修订，涵盖以零售为主的共同基

金。此外，《另类投资基金管理人指令》（Alternative Investment Fund Manager Directive，简称 AIFMD）涵盖对冲基金、私募股权和风险投资等其他投资。还有 2014 年出台的《零售产品投资组合监管条例》（Packaged Retail and Insurance-based Investment Products Regulation，简称 PRIIPR）。

市场

市场领域的重要条例是《金融工具市场指令》（Markets in Financial Instruments Directive，简称 MiFID），涉及市场、中介、顾问等，截至 2014 年是其第二次修订，包括《金融工具市场条例》（Markets in Financial Instruments Regulation，简称 MiFIR）和 MiFID 2 指令本身。该指令监管涉及的核心实体是投资公司，与银行和保险公司一样，都是大多数终端客户最有可能与之互动的受监管实体之一。

2012 年还出台了《欧洲市场基础设施监管条例》（European Market Infrastructure Regulation，简称 EMIR），该监管涉及清算所（也称中央对手方，central counterparties，简称 CCP）以及收集贸易数据的贸易储存商。《市场滥用行为监管条例》（Market Abuse Regulation，简称 MAR）于 2014 年进行了第二次修订，取代了之前的 MAD 条例。2009 年的《评级机构监管条例》（Rating Agencies Regulation，简称 RAR）涉及了评级机构。

第三章　监管实践

我们常说，法规是指由国家机关制定（政府部门）、执行机构实施，并由司法机构监督执行的规范性文件。

与其他法规的立法流程基本相同：立法机构进行初级立法。这一初级立法明确赋予了其他机构（通常是执行机构）权利，使其在初级立法的框架内制定二级立法，用于定义那些过于琐碎而且不方便在初级立法中制定的细节。在立法的过程中，尤其是在初级立法层面，并不是特别关心这些问题。立法在不同司法管辖区之间以及负责立法的机构之间是如何协调的，我将在下一个章节里讨论这个有趣的问题。

金融监管对经济的运行非常重要，每个领域都有多个执行机构监督执行。欧盟立法将它们称作"主管当局"，通俗点说就是"监管者"。我主要指第二种称呼。但是我们必须牢记它既可以指专门的监管机构，也可以指其他在这一领域被赋予行政职能的权威机构，比如一个国家的财政部门或者中央银行。我将在后续章节中讨论这些监管者以及它们是如何在多个司法管辖区相互合作的。

讨论负责的司法机构并不是特别有趣，因为结构非常简单：最终，所有争议解决都应通过全国的法院系统，欧盟的欧盟法院（Court of Justice of the European Union，简称 CJEU）也是如此，通常缩写为 ECJ，ECJ 与 ECHR（欧洲人权法院）不同，是一个完全不同的法院。许多具体的监管领域也在法院系统下创建了许多争议解决机制，例如针对客户投诉的特定监察员类型服务，以及在监管机构与被监管实体或监管机构之间存在分歧时向欧洲机构（欧洲银行业管理局、欧洲保险和职业养老金管理局及欧洲证券和市场管理局）提出申诉的机制。我将在执行机构一节中讨论其中的一些机制，因为这通常是那些主持争议解决机制的机构，我会在具体规定的描述中提到这一点。

最后，在本章的最后一节中，我将讨论有关金融科技公司监管的若干细节。

监管起源

监管是围绕已在适当层级实施的主要立法进行的。默认情况下是国家层级，但也有一些重要的例外情况。例如，在美国，保险监管基于州一级，银行监管可以是州或联邦级别，具体取决于银行是否有州一级或联邦一级的特许经营执照。在欧盟，许多监管在国家层级之上，而对于稍微复杂的国家级的立法过程，我们将在后面讨论。

监管立法既复杂又具有很强的技术性，必须对宽泛的原则进行解释，以确保实际应用中的一致性。因此，初级监管立法一般将大量的技术细节留给二级立法。只要立法者制定法规，都会有一个或多个机构负责实施这项立法，被宽泛地称为"监管机构"，而这些监管机构通常也负责制定二级立法。一线监管任务与制定二级立法的责任之间的平衡可能会有所不同。例如在欧盟，欧洲银行业管理局（简称EBA）、欧洲保险和职业养老金管理局（简称EIOPA）及欧洲证券和市场管理局（简称ESMA）主要负责提出欧盟委员会颁布的欧盟二级立法，并且很少进行现场监督，而当地监管机构则主要实施监管，很少把时间花在自己管辖区的二级立法上。

金融体系在各个层面都是高度相关的，因此在各级协调和统一监管也很重要。我已经提到了两个涉及两个层级立法的例子，即美国的州和联邦层级、欧盟的欧盟和国家层级。然而，这些例子是非同寻常的，因为在这两个司法管辖区内，监管和真正的立法权都掌握在这两个层级，而且有一个完善的体系来协调这两个层级。在国际舞台上没有这样的协调体系，因此它必须从头开始建立这种体系，通常涉及参与的各利益相关方。

接下来，我将首先在国际层级上讨论监管的协调和统一，然后讨论美国内部和欧盟内部层面。最后，我将从立法和执行的协调角度讨论监管的起源来作为本章的结尾，特别是监管的单一牌照互通权与同等认可。这两个框架，都是公司在一个司法管辖区得到授权便可以在另一个司法管辖区内运营，而无须通过全面的当地授权程序。这个话题对于想要扩大规模的金融科技公司非常重要，我将在后面进一步详细介绍。

国际协调

统一规则

国际监管协调发生在许多跨国论坛上，在这些论坛上，各国的监管机构和立法者，尤其是欧盟作为一个独立的参与主体，开会讨论应在何种程度上协调一致。在政治层面上，解决这一问题的最高级别团体是 G20 国家元首或财政部部长论坛，在其高级监管机构的支持下，这些国家领导人决定他们希望国际监管走向何方的高级路线图。焦点往往是避免危机。G20 只是偶尔召开一次会议，而且得到了 FSB 的支持，该委员会是在会议之间推动 G20 议程的常设机构。

在更强的技术层面，有 3 个组织在各自领域负责全球监管的协调一致：针对银行的巴塞尔银行监管委员会、针对保险公司的国际保险监督协会和针对市场的国际证券委员会组织。在它们必须合作的情况下，例如对金融集团的监管，它们就有共同论坛。所有这些委员会都会定期制定政策文件，发布在各自的网站上。有些文件比其他文件更具影响力，例如，巴塞尔银行监管委员会制定的"巴塞尔银行监管协议"现在成为所有主要国家银行监管框架的基础。

另一个重要的国际组织是金融行动特别工作组（Financial Action Task Force，简称 FATF），负责协调全球范围内打击洗钱、恐怖主义融资以及更普遍的金融犯罪的斗争。这是一个在这一领域制定统一规则的论坛，金融行动特别工作组定期审查和评价各国的做法是否符合这些规则。

公司层面和监管联盟的协调

在抽象层面协调规则很重要，但对于跨国公司来说，更重要的是理解适用于它们的规则是什么。默认情况下，每个子公司都受其所在司法管辖区的规则的约束。然而，不能孤立地看待这件事，还需要考虑集团层面的观点。为了解决这个问题，监管机构为每个主要金融集团建立了一个所谓的"监管联盟"，所有国家监管机构都是该集团的重要参与者，并由该集团控股公司所在管辖区的当地监管机构，即牵头监管机构领导。

关于这些监管联盟如何运作有许多公约和国际协议，但基本上它们必须就各自的责任达成一致，特别是在控制、检查和信息共享方面，以及在必要时如何处理制裁和紧急情况。由于参与者的利益分歧，这一过程可能变得非常具有挑战性，这也是欧盟监管对本国和东道国监管机构各自的权利和责任划分非常具体的原因之一。

欧盟内部的协调

上述国际组织只具有咨询权，各自的立法者应根据具体情况实施这些规则。另外，欧盟具有真正的规则制定权力（参见图 3.1）。如果它属于欧盟的职权范围，欧盟就可以制定成员国的法律，并且在不同程度上制定一些联盟国家如欧洲经济区的法院以及这些法院必须遵守的法律。为了简洁起见，我将不再区分这一点。当我提到会员国时，在许多情况下可能会包括相关国家，但应具体问题具体分析。

欧盟拥有两项主要法律文书，即法规和指令：

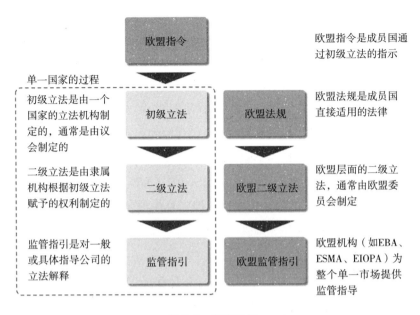

图 3.1　制定法规

- 欧盟法规（EU Regulations）：欧盟法规是欧盟层面的法律，一旦生效，就会自动被视为任何成员国的当地法律；所有地方法院可以直接依赖它们，在发生争议时，欧盟法院是最终仲裁者。

- 欧盟指令（EU Directives）：欧盟指令是欧盟层面的法律，必须在规定时期内由成员国转换为当地立法，填补必要的空白；欧盟法院在这些方面的作用更为有限，因为必须考虑到可接受的执行差异。

欧盟是否使用法规或指令来实现立法目标取决于若干因素，例如，当地法律在多大程度上已经统一，从而使所有成员国都能实现共同监管。地方差异也是重要的考虑因素：指令允许欧盟在成员国层面留有一些它们自行补充的空间。对于大型立法项目，如实施巴塞尔银行监管框架，通常需要同时使用指令和法规来实现立法目标。

欧盟的立法程序由欧盟委员会推动，欧盟委员会准备法律文本，然后必须由欧盟议会和理事会批准，前者由成员国公民直接选出的代表组成，后者代表成员国政府。在某些情况下，法律文书需要所有成员国议会的批准，但法规通常不是这样。

在欧盟内部，欧盟委员会通常在欧盟机构的支持下负责实施二级立法，尤其是欧洲银行业管理局、欧洲保险和职业养老金管理局及欧洲证券和市场管理局这 3 个监管机构的支持。欧洲系统性风险委员会（European Systemic Risk Board，简称 ESRB）和欧洲中央银行（European Central Bank，简称 ECB）也发挥了其他重要的支持作用。欧洲系统性风险委员会的任务是研究整个系统的风险，欧洲央行也在金融稳定领域甚至欧元区以外负有一些责任。

作为实际工作的一个例子，我们来看看《支付服务指令（第二版)》，特别是"关于认证和通信的管理技术标准"，定义了支付系统中的某些安全标准。在磋商之后，这些标准由欧洲银行管理局起草，并提交给委员会，委员会将把这些标准转化为二级立法。有关这方面可在指令 2015/2366/《支付服务指令（第二版)》（第 98 条）中找到：

(1) 欧洲银行管理局应与欧洲央行密切合作，并在咨询所有相关利益相关方，包括支付服务市场中的利益相关方后，反映所有相关利益，制定针对支付服务供应商的监管技术标准草案。

(4) 欧洲银行管理局在 2017 年 1 月 13 日之前向委员会提交第 (1) 款所述的监管技术标准草案。委员会有权根据第 1093/2010 号条例（欧盟）第 10～14 条，采纳这些规则技术标准。

在某些情况下，各机构可以自行决定实施准则，而无须委员会批准。同样来自《支付服务指令（第二版)》的一个例子是监管机构应如何设计投诉程序（第 100 条）：

> （6）欧洲银行管理局应在与欧洲央行协商后，根据第 1093/2010
> 号条例（欧盟）第 16 条的规定向主管当局发布关于投诉程
> 序的指导方针，以确保遵守本条第（1）款的规定。这些准
> 则应于 2018 年 1 月 13 日之前印发，并应酌情定期更新。

美国内部的协调

美国是一个联邦体制的国家，在金融服务监管方面可以强烈地感
受到这一点，在大多数领域，金融服务最终还是在州一级层面完成
的。在产品/细分市场层面，即银行、保险公司和市场之间也存在明
显的划分，对于后者，证券市场和大宗商品市场之间也存在差异。

总体规则是，所有这些细分市场都有不同的州级法律，并且从联
邦层面进行协调。在某些地区，联邦宪章允许公司在所有的州开展业
务，但在大多数情况下，主要目的是确保当地法规之间的差异不会太
大。这通常是在自愿的基础上发生的，就像《统一商业法典》（Uni-
form Commercial Code，简称 UCC）一样，尽管是自愿的，但它被广
泛地实施了。每个细分市场都有自己的机构，州级监管机构聚集在一
起，就各自部分的示范法律和法规达成一致。

还有联邦机构致力于协调各州之间的法规，不过大多数都局限于
特定的细分市场，之后会进行讨论，但也有消费者金融保护局（Con-
sumer Financial Protection Bureau，简称 CFPB）这样的机构，它跨越
多个市场并负责消费者和小企业保护。

保险

保险监管仍然建立在州一级，对那些想要在多个州运营的保险公
司来说，忽略那些被承认的和不被承认的保险公司之间的关系，必须
在它们经营的每一个州都获得特许经营执照，并通过美国全国保险专

员协会（National Association of Insurance Commissioners，简称 NAIC）在联邦层面进行一些协调。顾名思义，该协会是所有当地监管机构聚集在一起讨论监管的论坛。全国保险专员协会开发了它所称的"示范法律、法规和指南"，这些是法律、法规和指南在州一级执行的模板。从这个意义上说，它们与欧盟法规类似，但重要的不同是示范法规的采用完全是自愿的：各州可能会按原样采用，或者根据它们的意愿进行修改，或者根本不采用。

一段时间以来，关于保险公司可选的联邦执照一直在讨论中，但它并未发生，并且看起来不会很快发生。然而，最近的几项重大金融改革法案对保险业产生了影响。特别值得一提的是，《格雷姆－里奇－比利雷法案》（Gramm-Leach-Bliley Act）确立了一些地方保险法律必须遵守的强制性最低标准，《多德－弗兰克法案》（Dodd-Frank Act）则建立了联邦保险办公室（Federal Insurance Office，简称 FIO）。除非涉及国际协议，否则联邦保险办公室目前还没有监管权力，它目前的主要任务是研究美国的监管体系，以期提出改革和协调该体系建议。

银行

坏消息是，因为有不同类型的银行提供相同或基本相同的产品和服务，但它们的监管框架略有不同，所以银行业监管比保险监管更为复杂。好消息是，银行有一个全国性的章程，最终希望跨州运营的机构可以通过在全国性的执照下运营来解决很多复杂的问题。

所有国家特许银行都必须是联邦储备系统（Federal Reserve System）的成员，因此受到其监管以及货币监理署（简称 OCC）的监管，货币监理署正在实施一定程度的监管协调。对于国有特许银行而言，国家银行监管机构（Conference of State Bank Supervisors，简称 CSBS）在保险领域扮演着与全国保险专员协会类似的角色，作为协调监管和制定各州可以采用或适应的模式解决方案的论坛。

联邦存款保险公司（Federal Deposit Insurance Corporation，简称

FDIC）负责为国内的国家特许银行和储蓄机构提供存款保险。在这个功能上它也有一个监督的作用，要求必须采取具体的规定，特别是在进行审慎监管时。

与银行体系平行的是信贷联盟体系，在这个体系中，企业可以在国家特许经营执照下运作，由全国信贷联盟署（National Credit Union Administration，简称NCUA）监管，也可以在州特许经营执照下运作。对于后者，全国信贷联盟署在地方监管机构之间具有一定的协调作用。全国信贷联盟署在信贷联盟领域的作用与联邦存款保险公司相当。

市场

市场是一个拥有许多不同运营商的广阔领域。首先要考虑的是市场上实际交易的内容。主要市场是证券市场，联邦层面的监管由证券交易委员会（Securities and Exchange Commission，简称SEC）负责。对于大宗商品期货和其他衍生品，联邦监管由商品期货交易委员会（Commodity Futures Trading Commission，简称CFTC）负责。这两个监管机构都能够在联邦层面推动一定程度的监管协调。然而，重要的是要理解即使对于大型市场运营商来说，州级监管仍然很重要，例如纽约监管机构是市场监管的重要参与者，仅仅是因为重要市场参与者在该州内运营。

市场监管不仅涉及规范市场本身，还包括规范那些提供市场准入和建议的机构，尤其是针对零售客户和基金经理。根据组织的类型，通常还有可能选择州执照或联邦执照。联邦执照一般由证券交易委员会监管。

全国保险专员协会和国家银行监管机构在市场中的同等作用由金融业监管局（Financial Industry Regulatory Authority，简称FINRA）来承担，其正式名称听起来像是一个私人公司，是由全国证券交易商协会（National Association of Securities Dealers）与同等组织——纽约证券交易所（简称NYSE）合并而成，它再次在协调美国各地的法规方面发挥了作用。

单一牌照互通与同等认可

监管协调背后的一个关键原因是让企业能够从事跨境业务，而不必在其经营所在的每个司法管辖区通过全面的监管审批程序。在目前的监管实践中，有两种不同级别的授权：

- 单一牌照互通（passporting）。监管单一牌照互通意味着两个司法管辖区的规则非常接近，只需要非常有限的当地监督，因此公司所在地的监管机构负责管理该公司的整个业务，包括在经过许可的司法管辖区。
- 同等认可（equivalence）。监管同等认可意味着，规则的相似程度足以让监管机构确信，它们所涵盖的公司可以在彼此的市场上或彼此市场的某些部分进行操作。例如降低当地的监管水平，仅覆盖成熟的投资者。

欧盟是帮助理解以上两个概念异同之处的很好的例子：欧盟实行单一牌照互通，在任何欧盟成员国常驻和授权的公司提供的大多数金融服务都是在整个单一市场上进行的。欧盟还实行同等认可制度，根据该制度，常驻在第三国的公司可以在单一市场中运营，但其经营方式受到更严格的限制，例如：

- 相对单一牌照互通制度适用的服务，同等认可制度适用的服务范围小很多，同等认可制度首先必须建立在管辖范围内，且通常可以在短时间内撤回的基础上；而单一牌照互通权是欧盟法律规定的，不能撤回。
- 在单一牌照互通制度下，大多数的决定都取决于国内的监管机构，且大多数情况下是一个公司必须应对的监管机构；在同等认可制度下，东道国的监管机构的作用更为重要。

这里需要指出的非常重要的一点是，在欧盟成立并不意味着集团总部必须设在欧盟，它只是意味着集团必须在欧盟内部设立一个涵盖所有牌照业务的子公司。然后，该子公司将由欧盟监管机构独立监管，这通常意味着合规会变得更加烦琐，可能需要提高整体资本和流动性要求。

同等认可

当监管机构在某个区域内宣布其规则等同时，这表明两套规则一样好。这取决于一些操作指南，这些指南涉及国内监管机构和东道国监管机构各自的权利和责任，以及它们将如何进行互动，尤其是如何共享数据。通常，通过同等认可制度进入的市场方位非常狭窄，产品、服务和客户几乎都是专业或复杂的交易对手，并且有理由认为它们在必要时会进行自我规范。

我想通过一个例子说明同等认可制度在欧盟某个特定领域是如何发挥作用的；虽然这不是一个普遍的程序，它还取决于地区和管辖权，但它充分利用了用于确定同等认可制度的监管蓝图。我们看到的具体例子是《欧洲市场基础设施监管条例》（欧盟条例第648/2012号），该条例涉及了中央对手方。

首先，委员会必须宣布，公司寻求同等认可的第三国建立的制度确实是等同的（第13条）：

(2) 委员会可通过实施法案，宣布第三国的法律、监督和执法安排（具有同等效力并得到有效实施和执行）。

这通常超出了公司的职权范围——同等认可制度既是一个政治决策，也是一个经济决策，建立同等认可的时间框架是不可预测的。

同等认可制度可以在短时间内撤销。事实上，如果委员会发现不再具有同等效力，其必须在 30 天内撤销同等认可制度，而且没有过渡时期或溯往原则（第 13 条）：

（4）如果"委员会确定"第三国当局对同等要求的适用不充分或不一致，委员会应在提交报告后 30 日内撤回对相当于第三国法律框架的承认。

一旦建立了同等认可制度，在这种情况下欧洲证券及市场管理局是欧盟内的相关监管机构，在其他情况下可能是欧洲银行业管理局或欧洲保险和职业养老金管理局，必须与相关监管机构建立合作协议（第 25 条）：

（7）欧洲证券和市场管理局应与相关"监管机构"建立合作安排。此类安排至少应规定：

（a）欧洲证券和市场管理局与"第三国监管机构"之间的信息交流机制，包括获取欧洲证券和市场管理局要求的关于第三国授权的中央对手方的所有信息。

（b）向欧洲证券和市场管理局迅速通知的机制；在第三国"监管机构"认为其所监管的中央对手方违反其授权条件或其所管辖的其他法律的情况下。

（c）第三国（监管机构）迅速通知欧洲证券和市场管理局的机制，其监管的中央对手方被授予向在联盟内设立的清算成员或客户提供清算服务的权利。

（d）有关协调监督活动的程序，包括酌情进行现场视察。

在监管制度层面建立同等认可制度并不会自动赋予提供服务的权利，这是一个必要的先决条件，但还不够充分。在这种特定的同等认可框架下，公司必须通过欧洲证券和市场管理局的识别过程（第 25 条）：

（1） 在第三国设立的中央对手方，只有在被欧洲证券和市场管
理局认可的情况下，方可向在联盟内设立的清算成员或交
易场所提供清算服务。

在这个过程中，想要申请成为中央对手方的公司将它们的申请发
送给欧洲证券和市场管理局，管理局将全权决定是否批准申请。欧洲
证券和市场管理局有 210 个工作日（大约一年）来做这个决定，如
果初始申请被视为不完整，则时间更长（第 25.4 条）：

中央对手方应向欧洲证券和市场管理局提交申请。欧洲证券
和市场管理局应在收到申请后 30 个工作日内评估申请是否完整。
在提交完整申请后的 180 个工作日内，欧洲证券和市场管理局应
书面通知申请中央对手方的机构，并提供充分合理的解释，确认
是否已经批准。

在这一点上，也只有在这一点上，如果申请成功，该公司才能与
在欧盟设立的交易对手开展业务。

单一牌照互通

在欧盟单一市场内成立的公司，不需要依赖同等认可制度来提供
跨境服务。由于这些规则已经是相同的，在相关指令和法规规定的参
数范围内，即考虑到不同管辖范围的允许差异，不同的制度是等效
的。事实上，它们是超级等效的，因为规则的变化远小于典型同等认
可制度下的情况。在这种情况下，公司可以在一种被称为"监管互
通"的制度下提供服务。

在同等认可制度下获得授权的公司有权根据同等条款申请授权，
这意味着在其本国获得授权是同等认可制度下授权的必要条件。另
外，在其本国获得授权的公司在单一牌照互通制度下拥有本牌照运营
的权利，这意味着在其本国获得授权是单一牌照互通制度下获得授权

的充分条件。其间需要克服许多行政障碍，但总的来说，通过单一牌照互通制度进入市场比通过同等认可制度获得市场更为可取。

公司要想在其所在国家/地区获得单一牌照互通权，必须建立在该牌照业务基础上。它们不能仅仅为了监管原因而择地行诉，在特定的司法管辖区内建立公司，而无须在那里开展实质性业务。

我以《支付服务指令（第二版）》为例来说明单一牌照互通制度，这是对在支付领域活跃、希望在欧盟境内跨境提供服务的初创企业的关键规定之一。

重要的是，与我们在前面看到的同等认可制度例子相反，希望将其授权转移到另一个成员国的公司适用于它本国的监管机构，即在本国监管它们的机构。在实践中，这极大地简化了流程——公司可以使用它们自己的语言，与它们认识的人、认识它们的人，以及曾经授权过它们的监管者沟通。谁先前授权过它们，谁就会先验地对它们进行积极的思考（第28条）：

（1）任何希望在其成员国以外的成员国首次提供支付服务的授权支付机构，在行使成立权或提供服务的自由时，应将以下信息传达给"其国内监管机构"……

要求国内监管机构在一个月内将信息转发给相关的东道国监管机构；东道国监管机构有一个月的时间来评估信息，如果需要的话可以向本国监管机构表达关切（第28条）：

（2）在收到所有资料后一个月内"国内监管机构"应将其发送给"相关东道国监管机构"。在收到资料后一个月内"东道国监管机构"应评估该信息，并向"东道国监管机构"提供相关信息，特别是与预先的约定有关的任何合理的理由。

虽然国内监管机构必须考虑到东道国监管机构的关切，但最终应由国内监管机构对申请做出决定（第28条）：

(2) 如果"国内监管机构"不同意"东道国监管机构"的评估，它们应向后者提供其决定的理由。如果"国内监管机构"的评估，特别是根据从"东道国监管机构"收到的信息是不利的，"国内监管机构"应拒绝登记代理或分支机构。

从最初提供信息那一刻开始，整个流程的总体截止期限是3个月，公司应该做好准备。请注意，它必须将实际开始运营的时间通知国内监管机构（第28条）：

(3) 在收到"国内监管机构"的信息后3个月内，应将其决定通知"东道国监管机构"和支付机构。登记时商务英语代理机构或分支机构可以在相关的东道国开始其活动。支付机构应将其开展业务的日期通知"国内监管机构"。"国内监管机构"应相应地通知"东道国监管机构"。

国内监管机构和东道国监管机构应在监管方面进行合作。然而，国内监管机构处于领先地位，不符合规定的情况将由国内监管机构处理（第30条）：

(1) 其中"东道国监管机构"认定支付机构……不遵守……应立即通知"国内监管机构"。"国内监管机构"应毫不迟疑地采取一切适当措施，确保有关付款机构终止其不正常的情况。"国内监管机构"应立即向"东道国监管机构"和"任何其他有关监管机构"通报这些措施。

虽然大多数的互动都是通过国内监管机构进行的，这里所说的国内监管机构是指一家公司成立所在国的监管机构，但公司在运营所在国对东道国监管机构负有一定的相关责任。例如，出于统计目的，东道国监管机构可以根据自己的范本要求定期报告，以期在其领土内有一个联络中心（第29条）：

(2) "东道国监管机构"可能要求支付机构应定期向它们报告在其境内开展的活动。出于信息或统计目的，应提供此类报告。

(4) 成员国可要求在其领土上开展业务的支付机构在其境内指定一个中央联络点，以确保充分的沟通和信息报告。

如果国内和东道国监管机构不同意，相关的欧洲机构（这里指的是欧洲银行业管理局）首先是充当法官和调解人的角色（第27条）：

(1) 如果成员国的主管当局认为，在某一特定事项中，跨境合作不符合这些条款中规定的相关条件，则可将该事项提交给欧洲银行业管理局（EBA）。

总的来说，单一牌照认可制度是一个比同等认可制度更精简的过程，虽然它还有一些实际的小问题，部分原因是东道国监管机构并不总是满足于将其境内的关键决定留给其他监管机构，但它在许多情况下能够让跨境业务得到很好的发展。

监管模式

监管模式可能和司法管辖区一样多，我将依次讨论其中的一些模式。这些模式大多遵循一些共同的主题。

首先，市场越复杂，其监管体系就越复杂。因此，拥有世界上最先进和最复杂的金融市场体系的美国，同时也拥有一个非常复杂的监管体系，其中包括大量的公共、私营和中间机构，它们的职责各不相同。金融市场不那么复杂的国家往往拥有更为简单的监管体系，这也体现在监管机构的数量上。

其次，一个国家的央行几乎总是参与到监管中来，尤其是银行监管。原因是中央银行控制着一个国家的货币，经常运行或者至少支持它们国家的支付系统，而且它们是地方银行的最终贷款人，所以它们对这些银行的良好运行非常感兴趣。

最后，监管通常分为 3 个主要部门：银行和支付、保险和资产管理，以及市场和市场基础设施。这种分裂可能表现为一个统一的监管机构内的部门，也可能是独立但通常是合作的不同部门的监管机构。

一个有趣的区别是：监管机构究竟是政府机构还是自治组织，或者介于两者之间。例如，美联储是一个既非完全私营也非完全公共的机构。然而，在实践中，这种区别并不像看上去那么重要，因为所有监管机构最终都在政府的监督下运作，并依据适用的国际商定规则和原则运作。话虽如此，自治组织通常会成为部分监管机构、部分行业协会，并且根据具体协会的不同，可能会朝某个方向倾斜。

美国监管模式

关于美国金融市场，首先要提到的是它没有完全整合。保险业的整合特别糟糕，保险业务在州一级受到监管。银行业有许多金融机构是在联邦一级获得特许并运营的，但是还有很多其他金融机构，是按数量计算而不是按总业务量计算的，它们的业务仅限于一个州，在州一级受到特许和监管。对于那些参与者而言，当地的州监管机构通常是最重要的，也是唯一的机构，但值得注意的是，联邦存款保险公司是个例外，它对所有接受其担保的银行都负有监管职责。即使对于联邦政府特许机构而言，州监管机构对其所在州的业务也有一定的发言权，这使得纽约州监管机构（简称 NYDFS）成为美国最强大的监管机构之一。

让我们从美联储开始介绍美国的监管环境。美联储是美国的中央银行系统，因此负责美元和美国的货币政策。它还运行了许多支付系统，该系统中的银行是私营或半私营机构，每个联邦特许商业银行必须是该系统中的一个银行的股东。美联储负责监管持有其股票的商业银行。

另一家大型银行监管机构是货币监理署。它的作用是包租，监督所有国家银行和储蓄机构，以及外国银行的联邦分支机构和代理机构。货币监理署负责其监管的银行的审慎监管和行为监管，这意味着它负责监管体系的安全性和稳健性，还必须确保银行公平对待客户。货币监理署的职责还包括反洗钱、反恐怖主义融资，以及相关法规和包容性议程，旨在确保金融体系对所有人开放。

在银行业内部，还有另外两家重要机构。第一家是联邦存款保险公司，负责管理美国联邦特许银行的存款保险业务，即从其向会员收取的费用中，向破产成员银行的储户提供赔偿。为了降低支付风险，联邦存款保险公司也有审慎监管权力，并且还对其成员银行具有行为监管作用。然而，它不包括信用社，如果是国家特许经营，则由全国信贷联盟署特许和管理，即第二家重要机构，该机构也为其成员提供存款保障计划。

美国金融体系复杂性的一个指标是"谁"在巴塞尔银行监管委员会代表它们：美联储理事会和货币监理署是作为全国特许银行的两个主要监管机构，纽约联邦储备银行是作为主要银行的当地监管机构，而联邦存款保险公司是作为许多小银行的监管机构。

金融犯罪执法网络（Financial Crimes Enforcement Network，简称FinCEN）是美国金融情报机构（Financial Intelligence Unit，简称FIU），即负责打击洗钱、恐怖主义融资和一般金融犯罪的机构。它是财政部的一部分，其职责是收集和分析数据，并与执法机构和其他有关方面一起追查这些线索。

在证券和市场领域，联邦层面最重要的参与者是美国证券交易委员会。它是美国政府的一个独立机构，其主要任务是执行联邦安全法。它积极参与规则制定过程，协助政府制定主要法律并负责该领域的一些二级立法，且在国际证券委员会组织中代表美国。美国证券交易委员会负责监管证券交易所、证券经纪人和交易商、投资顾问和共同基金，重点关注披露、公平交易和证券欺诈。它还运行了 EDGAR（电子化数据收集、分析及检索系统），这是一个电子公共存储库，用于处理上市公司的年报，如 Form 10-K。

金融业监管局是一个私人组织，由国会授权监管经纪行业，涵盖主要在零售市场运营的 4 000 多家经纪公司。它的作用是制定行为领域的标准和最佳实践，涵盖投资者保护、信息披露和适用性，以及经纪人资格和广告标准等领域。同时，金融业监管局也监管经纪商对这些规则的遵守情况，更普遍地关注市场透明度和投资者教育。美国证券交易委员会和美国金融业监管局的工作是相辅相成的，因为它们关注的是同一个市场领域，前者负责发行人的审核，后者的责任主要在于零售分销。

市政证券规则制定委员会（Municipal Securities Rulemaking Board，简称 MSRB）是一个自律组织，其联邦宪章的任务是监督美国市政债券市场。这个市场在美国是一个非常重要的市场，既有市政当局筹集资金，也有寻求替代银行储蓄账户的投资者。市政证券规则制定委员会监督整个垂直行业，制定规则并监督在该行业中运营的所有实体，目标是保护发行人和投资者，因为市政债券发行人与其他发行者不同，通常他们不是成熟的市场参与者。市政证券规则制定委员会与美国证券交易委员会紧密合作，其职责范围相互重叠。

商品期货交易委员会是联邦政府的一个独立机构，负责监管商品期货和衍生品市场。在 2008 年金融危机之后，之前不受监管的互换市场已被纳入其投资组合，以及覆盖零售市场的外汇业务。这是职责上的一个重大变化，新增市场规模是之前监管的 10 倍以上。商品期货交易委员会不仅监管这一领域的交易商和交易所，更重要的是中央对手方结算机制，以及在危机后已成为强制性的数据库。美国全国期货协会（National Futures Association，简称 NFA）是商品期货交易委员会监管市场的自律组织，其会员资格对于在这些市场上运营的绝大多数公司是强制性的。它的任务是审查和登记在该市场运营的公司，监督其对适用规则和法规的遵守情况，并在必要时采取执法行动。它还在会员公司与其客户之间执行司法外争议解决程序。

在保险业，美国全国保险专员协会没有任何有意义的监督作用，如前所述，它主要涉及规则制定。

美国消费者金融保护局是一家联邦机构，也是美联储内部的一个机构，隶属于财政部，负责监管美国金融市场各个领域的消费者金融产品和服务。该机构成立于 2011 年，整合了在此之前分散在多个不同机构的职责。其核心任务是为实施联邦消费者金融法律和保护金融市场中的消费者提供单点问责制，并为此承担了一系列监督和执法责任，如监察员服务、市场分析、金融教育等。

该指出的是，美国市场更多地受市场驱动，这意味着持有金融资产的机构越来越少，持有金融资产并将其分配给市场的机构越来越多。这在银行业市场尤其重要，因为证券化是一个非常重要的信贷来源，如果发起人是非银行机构，它们将不会受到银行监管机构的监管，而是受到市场监管机构的监管，尤其是证券交易委员会。美国财政部直接或间接监管着许多此类监管机构，在这方面发挥着重要作用，以避免监管差异过大。此外，美国消费者金融保护局倾向于不考虑关系的法律形式。

欧盟监管模式

欧盟范围内的监管机构

正如欧盟二级立法讨论中所讨论的那样，欧洲有 3 个机构，负责

监管银行和支付机构的欧洲银行业管理局，负责监管保险公司和其他
资产汇集者的欧洲保险和职业养老金管理局，以及负责监管市场和市
场基础设施的欧洲证券和市场管理局，它们在完善欧盟法规方面发挥
重要作用，并提供二级立法和技术指导。这些机构也具有一定的监督
作用，特别是在第三国同等认可制度已覆盖整个单一市场的领域，就
欧盟业务而言，这些机构通常是指定的主要监管机构。特别是在跨境
和单一牌照互通问题方面，这些机构还进行庭外申诉程序。

　　除了这3个机构之外，还有欧洲系统性风险委员会（具有分析和
咨询作用）和欧洲中央银行，两者都在做一定的经济研究工作，并
具有一定的监管权力。这5个机构共同负责欧洲范围内的宏观审慎监
管，意味着它们负责识别和解决整个体系中存在的系统性风险。对于
大多数受监管的公司而言，这些监管机构对其日常业务最相关和显著
的影响可能是压力测试，在这些测试中，各受监管公司必须评估一系
列由监管机构定义的压力情景对其投资组合及业务的影响。否则，如
果它们在单一市场中的多个国家/地区开展业务，它们将主要与其国
内监管机构进行互动，并在更有限的范围内与东道国监管机构进行
互动。

地方监管体系

　　例如，在某些司法管辖区，中央银行也负责整个金融部门的监管，
捷克就是一个例子，捷克国家银行（Czech National Bank，简称CNB）
也负责金融服务监管。在其他司法管辖区，只有一个监管机构，但这
个监管机构与中央银行不同。然而，即使在这些国家，央行通常在监
管方面的作用也很小，特别是宏观审慎监管。这方面的例子是德国，
其中德国联邦金融监管局（Bundesanstalt für Finanzdienstleistungsauf-
sicht，简称BaFin）是主要的监管者，奥地利的主要监管者是金融市场
监管局（Finanzmarktaufsichtsbehörde，简称FMA），瑞典的主要监管者
是瑞典金融监管局（Finansinspektionen，简称FI），荷兰的主要监管者
金融市场管理局（Autoriteit Financiële Markten，简称AFM）。

而在其他司法管辖区，监管机构根据主要金融服务部门的不同而划分。在这种情况下，央行通常负责银行监管。比如意大利，该国的保险监管由意大利私人保险监督局（Istituto per la Vigilanza sulle Assicurazioni，简称 ISVAP）负责，市场监管由意大利证监会（Commissione Nazionale per le Società e la Borsa，简称 CONSOB）负责，银行由意大利央行（Banca d'Italia，简称 BdI）负责。另一个例子是西班牙，各自的监管机构分别是针对保险公司的保险理事会（Direccion General de Seguros，简称 DGS），针对市场的国家证券市场委员会（Comisión Nacional del Mercado de Valores，简称 CNMV）和西班牙中央银行（Banco de España，简称 BdE）。

最后，不同机构之间可能存在职能划分。例如在英国，英国金融行为监管局（Financial Conduct Authority，简称 FCA）负责监管所有行业的行为和微观审慎监管。这包括支付系统监管已在支付系统监管机构（Payment Systems Regulator，简称 PSR）中失效的支付系统，支付系统监管机构是金融行为监管局的半独立部分。英国的宏观审慎监管主要是英国审慎监管局（Prudential Regulation Authority，简称 PRA）的职权范围，该机构与英国金融行为监管局联合监管那些被认为具有系统重要性的公司。此外，在该领域开展业务的还有英国央行金融政策委员会（Financial Policy Committee，简称 FPC）和特别决议小组（Special Resolution Unit，简称 SRU），前者提供高级金融政策指导，后者负责在不威胁系统完整性的情况下清算破产银行。这 3 家监管机构都是英国央行英格兰银行（Bank of England，简称 BoE）的一部分。

金融科技监管

所有金融服务监管规定都适用于金融科技公司，但有两点需要注意。第一点，有一个均衡原则。正如前面讨论的那样，监管本身不是目的，而是达到某种目的的手段，通常是解决市场失灵的手段。公司规模越小，其可以造成的损害就越小，受到监管的程度也就越低。这里有一个重要的区别：均衡原则主要适用于宏观审慎监管和市场结构领域，因为在这些领域，规模很重要。然而，任何公司都可能对其客户造成损害，因此即使是小公司也必须遵守行为规则、微观审慎规则，以确保客户资产的适当安全水平，以及公共利益法规，如在洗钱和恐怖主义融资领域。

第二点是，监管并不总是能立即跟上市场的变化。特别是当业务模式是新的，并且没有恰当地映射到经典的受监管业务上时，通常不清楚具体的监管规则是什么、应该如何解释，以及监管机构是谁。这是一个机会，但同时也存在一种风险，即监管机构突然跳出来施加限制，甚至罚款。最终，一家资源有限的初创公司必须权衡陷入与多家监管机构的监管讨论中的风险，这些监管机构中的大多数可能也不清楚在这方面该做些什么，同时还要承担在后期可能被关停的风险。

但是，初创企业应该对其产品所在领域的相关规定有很好的了解。特别是，如果初创企业正与受到监管的企业正面竞争，它们应该了解这些企业必须遵守的法规，并且应该花费一些高级管理人员的时间和精力来相应地调整自己的战略。

主要高级管理人员注意事项

高级管理人员应该问自己如下几个问题（参见图3.2）：

1. 是否有适用于我们业务的法规？
2. 如果法规适用于我们的业务，是否行得通？并且它们不适用的唯一原因，是否是我们的业务模式尚未达到监管的关注范围？
3. 在我们所涉及的产品领域中，是否存在适用于这些领域的法规或监管原则？
4. 是否有适用于传统竞争对手但不适用于我们的法规，它们是否真的适用于它们的案例或我们的案例？

5. 以上回答对产品设计有何影响？是否有产品特性使其更适合于监管环境？

6. 以上几点对技术的影响是什么？特别是现在采取某些设计决策或将其留待以后会更好吗？我们应该收集哪些数据？

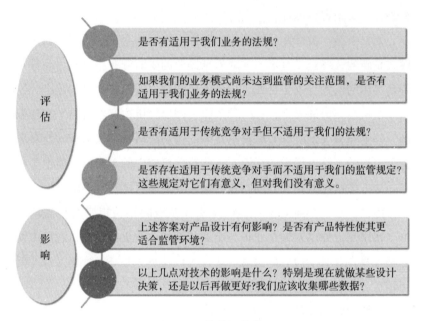

图 3.2　监管评估表

　　如果有监管规定，第 1 项的答案是"是"或"可能是"，则建议与有关监管机构进行磋商。第 2 或第 3 项的答案有任何一个是"是"，那么监管规定都应该是优先考虑的问题，因为它们几乎肯定会成为未来的要求。第 4 项下的条款更加模糊，它们可能会因为公平竞争环境的原因而被推迟开展业务，或者可能会被完全取消，所以它们应该在监管关注范围内，但不一定要付诸行动。第 5 项和第 6 项是公司在产品和系统开发方面应该考虑的关键战略问题。在这方面，公司应该谨记我们在第一章中开发的监管策略。开拓新市场时，监管机构可能会有不同的看法，而合规遵守情况越好，推广就越容易。

初创企业早期经常使用的一种工具是无异议函。经过一些初步讨论后，初创企业正式接洽监管机构，对其业务活动、流程和规模进行描述，特别是在涉及金融体系受监管部分的领域。如果监管机构已被说服，认为这些措施足够，它可能会发出一封无异议函，即在描述的环境下，表示其认为初创企业的业务活动流程足够。这封信函是有时限的，并且条件是环境与已经描述的环境没有实质性的变化，特别是在业务量方面。

一封无异议函并不能100%保证一切都是正确的，尤其是出现问题时。此外，它仅涵盖了拟备此信函的监管机构，因此它不应被视为表明已遵守所有适用法规，或所有相关监管机构都已加入。话虽如此，在大多数情况下，有一封无异议函总比没有好，并且值得高级管理人员花一些时间在它身上。

适用于大多数金融科技企业的监管

适用于金融科技业务的大多数法规取决于其运营的部门，以及其提供的产品。然而，有一些法规适用于大多数金融科技企业，尤其是：

1. 采取合理措施，避免洗钱、恐怖主义融资等金融犯罪。
2. 维护客户数据安全，并确保客户隐私得到尊重。
3. 确保足够的客户保护水平，包括确保产品适用于需要的地方。
4. 确保在业务违约时有足够的连续性和逐渐减少的计划。
5. 确保公司不会危及关键的金融基础设施。

我将逐一介绍这些内容。

洗钱、恐怖主义融资等金融犯罪

大多数金融服务企业必须考虑到它们参与洗钱、恐怖主义融资或其他非法金融活动的风险。要了解这些缩写：犯罪领域的"反洗钱"

（antimoney laundering，简称 AML）、政治领域的"反贿赂腐败"（antibribery corruption，简称 ABC）和"政治曝光者"（politically exposed persons，简称 PEP），以及恐怖主义领域的"反恐怖主义融资"（combat terrorist finance，简称 CTF）。

洗钱和反贿赂腐败主要是在金融系统边缘寻找的。例如，如果一家企业接受现金或其他不记名资产，可能包括比特币等数字资产，它必须争取确定这些资产的来源，并向央行或任何指定机构报告交易情况。这项调查有一个均衡原则：小额和偶尔的交易没有大额和频繁的交易重要。细节因管辖区而异，但重要性阈值通常在 1 000 ~ 5 000 美元或等值范围内。

恐怖主义融资，更普遍的是金融犯罪以及出于政治目的禁运，都是关于金钱被用来支持非法目标的。与洗钱不同，这是一个需要在整个系统中考虑的问题，而不仅仅是在边界。这里的一个关键要素是 PEP 程序，类似恐怖主义和犯罪领域的观察名单，其中包括涉嫌从事非法活动或因其他原因受到禁运的个人或公司，这些人或公司参与金融服务将受到限制。

所有以上这些领域的核心过程通常被称为了解你的客户：一家金融服务公司有义务知道客户的真实身份，以及他们背后有关的受益人，并争取确保自己不被误导。这意味着，在提供服务之前，它需要验证官方身份文件，如果通过互联网进行注册后的验证可能会很困难，并且通常需要地址历史记录，那就让公共资料库的人士做出适当查询。此外，它还需要了解所涉及的资金规模，如果规模足够大，它将需要确保这些资金的来源和用途是合法的。

数据保护和隐私

数据保护和隐私规则是所有金融科技公司必须遵守的最重要的规则之一，也是最难遵守的规则之一，因为监管机构正试图跟上行业的发展步伐，而这些规则目前正处于变动之中。此外，不同司法管辖区之间的监管差异也很大，部分原因是上文提到的监管滞后，部分原因是人们对这一特定领域的监管方式看法不一。因此，任何金融科技公司都应该寻求建议，看哪些规则适用于它们所涵盖的司法管辖区，以及这些规则预计将如何改变，并确保它们的产品和系统战略与之相符。

目前施行最严格的数据保护制度的地方是欧盟，因此我将其描述为目前其他司法管辖区可能遵守或不遵守的最高要求。请注意，此处的"数据"指的是可识别自然人的个人数据，因此公司数据不受本法规保护。尽管如此，范围还是很广：例如，一张脸的图片，甚至是一个文身，如果有很好的机会允许某人通过数据库搜索来识别这个人，那么就可以认为这个人是可识别的，即使这个搜索还没有进行。

每个人必须遵循的关键要求如下：

- 必须以合理、公平和透明的方式收集和处理数据主体（数据合法性、公平性和透明度）。
- 必须以指定、明确和合法的目的收集和处理数据，不得以不符合这些目的的方式进行进一步处理（目的限制）。
- 数据必须充足，并且限于与处理目的相关的数据（数据最小化）。
- 数据必须准确，并在必要时保持更新（数据准确性）。
- 数据必须以允许识别数据主题的形式保存，不得超过处理个人数据的目的（存储限制）。
- 数据必须在能确保个人数据适当安全的方式下进行处理，包括防止未经授权或非法加工、意外损失、破坏或损坏（数据完整性和机密性）。

这些规则非常笼统，因此值得研究作为二级立法予以颁布的具体技术要求。例如，数据的完整性和保密性观点可以得到广泛的解释，以及企业是否应该检查在云服务器、虚拟服务器或容器环境中的操作适合进行相关数据处理，或者说是否需要裸机环境，以及存在某些数据中心认证要求。

很重要的一点是要明白，与许多科技界人士常常认为的相反，在这项规定下，人们拥有自己的个人数据，而公司只为他们保管这些数据，并在所有者允许的范围内对其进行处理。人们有权以机器可读的格式获取数据，如果他们选择这样做，就可以将数据交给另一家公司；也有权选择消除这些数据，除非欧盟已宣布对数据处理规则有足够的管辖权，否则数据传输将受到限制。

违反规则会导致巨额罚款，最高可达2 000万欧元，或全球营业额的4%，以较高者为准。公司越无视规则，违规情况下的预期罚款就越高，这甚至可能会让初创企业破产，因此必须密切关注这些规则。

客户保护和适当性

根据所提供的产品或服务以及客户的性质，金融服务供应商可能有责任确保产品适合于个人客户，或至少适合于营销产品的客户群。如果不考虑这一点，该公司就会面临风险，尤其是如果情况变糟，正如英国的PPI（付款保障保险）违规销售案所显示的那样。这一职责主要与客户现在必须做出决定的领域有关，而这些决定在未来可能产生重大影响，例如与投资和保险相关的领域。

当然这也取决于客户。广泛使用的模型依赖于以下客户分类：

1. 零售和其他缺乏经验的客户。
2. 专业的客户和专家。
3. 市场交易对手。

总的原则是，第一组的零售和缺乏经验的客户需要特殊保护，公司有责任确保所提供的产品是适当的，只有在非常清楚情况并非如此的情况下（例如一些只执行的经纪服务）才有例外。这一职责跨越了整个生产链，这意味着在设计产品时，必须充分考虑到适当性，以及营销和销售策略。这个过程中应该妥善地进行文档记录，并且必须包括在分发过程中涉及的参与者。

对于第二组专业客户，一般有一些公平交易的要求，而对于第三组市场交易对手，则主要是"货物售出概不退换"，仅适用于针对欺诈和不诚实交易的常规保护措施。

企业应该记住，风险状况是不对称的。如果客户被出售了不合适的投资，而这些投资升值了，他们就不会抱怨；然而，在相反的情况下，他们可能会以投资不适当为由寻求赔偿。在许多时候，可接受的适当性评估与不可接受的评估之间存在细微差别。例如，依靠客户自我报告的净资产来评估承受能力通常是可以接受的。另外，不能鼓励撒谎，也不能忽视危险信号。

客户保护还有一个微观审慎的层面：他们的资金必须安全，不受所提供产品固有风险的影响。如果资金与公司自有资产混合在一起，这通常意味着公司必须作为银行进行监管，并成为存款担保计划的一部分。如果该公司不是一家银行，那么它就必须将资金从自己的银行账户中分离出来，根据提供的服务，它可能需要成为投资者补偿计划的一部分。

然而，这方面的客户保护范围更广，且不局限于客户资金。例如，一个客户进行重要支付所依赖的支付服务供应商必须确保它们的服务水平是足够的，以保证这些支付足够可靠，或者至少要保证在出现问题时仍能为客户保留其正常的银行业务关系。

连续性和清算计划

所有金融服务机构都必须与监管机构合作，制订一项具体计划，以确保即使在发生违约的情况下，关键服务也不会中断。根据这些计划，考虑连续性（我们如何继续运营这项业务的关键部分？）和清算（我们如何以最小的损失结束该业务？）。该计划从系统性角度看，即违约不应危及系统；该计划从客户角度看，即违约不应中断客户严重依赖的服务，如按时支付租金等。

对于初创企业来说，由于规模有限，系统性角度的监管可能是次要的。然而，与成熟的金融服务公司不同的是，初创企业有很大的违约风险，因此，监管机构通常要求制订适当的计划，确保一旦公司违约，客户不会面临关键服务中断的问题。举例来说，一家依赖预付资金的支付公司必须确保其客户维持正常的银行关系，并保持数据更新，确保在出现违约的情况下，资金能够及时返还。

系统保护和关键基础设施

由于初创金融科技公司的规模有限，系统性风险通常不是监管方面最担心的。话虽这么说，但监管考虑的还有一个增长角度：监管实施总需要一段时间，甚至需要更长的时间才能确信它已经正确实施，因此，考量快速增长的公司时可能需要着重考虑其系统重要性的风险。此外，快速增长使公司流程和治理模型面临压力，因此快速增长的公司不仅有很快变得具有系统重要性的风险，还存在这样一种风险，那就是当它变得重要时，它的流程已经受到了影响，因此监管部门的关注可能来得比预期更早。

此外，现代技术甚至允许小公司在技术上破坏主要系统。例如，连接到主要交易所或主要支付系统的客户端应用程序出现故障，可能会导致系统崩溃。当然，主要系统的运营商通常会负责确保不会发生这种情况，但监管机构通常不会宽容因糟糕的系统设计风险而造成严重破坏的初创公司，甚至可能同意运营商直接切断它们。

针对金融科技业务的监管

目前，金融科技企业的实际规则因国家而异，甚至在欧盟等本应同质化的环境中也是如此。其中一个原因是，欧盟指令仍然允许各成员国的制度发生重大变化。例如，在德国，任何发放贷款或吸收存款的公司都必须持有银行执照，而在其他国家，只有在公司吸收存款时才可能需要银行执照。这进而意味着，市场银行必须以不同方式组织起来，因为它们要么需要银行牌照，要么需要与银行这种合法的贷款机构合作，然后将风险转嫁给市场上的其他银行，如通过衍生品。

美国

对于一家金融科技公司来说，根据监管环境的不同，甚至很难找到对应的监管机构。尤其是在美国，每一家金融机构都必须应对大量的监管机构，而且似乎很少有监管机构愿意后退一步，在这方面依赖其他监管机构的工作。每个州都有自己的银行、保险和证券监管机构，它们可能会认为任何公司的产品或服务都属于它们的监管范围，如果这家公司的总部设在该州，或者客户的总部设在该州，那么它们就会受到监管。

此外，对于任何想跨州运营的公司，比如几乎所有的金融科技公司，都要考虑联邦一级的监管机构。对所有金融科技都感兴趣的监管机构是货币监理署，它几乎肯定会参与进来。如果产品或服务涉及消费者，美国消费者金融保护局也会参与其中；对于有洗钱或恐怖主义融资风险的企业，金融犯罪执法网络也会考虑参与监管。同时，这也取决于一家金融科技公司运营的业务。如果是银行和支付业务，当地的美联储可能也希望参与其中；如果是与证券或衍生品相关的业务，那么监管方可能是美国证券交易委员会或美国商品期货交易委员会，也可能是相关的自治组织，如金融业监管局、市政证券规则制定委员会或自由贸易协定（Free Trade Agreement，简称FTA）。

欧盟

欧盟大多数司法管辖区实行的是双层体系：第一层监管实体是在欧盟规则规定的框架下运作，第二层监管实体是在地方规则下运作。在第一层中，公司可能受到监管，包括作为贷方的信贷机构、交易所的投资公司、经纪人或财务顾问。欧盟的法规适用于这些公司，在有单一牌照互通权利范围内，它们可以利用这些权利在单一市场上建立业务。

此外，通常还存在第二层监管业务模型，允许公司提供与第一层相似的服务，这些规则是在欧盟规则中使用"退出"或"可选性"创建的，与之类似但通常不那么烦琐，或仅限于欧盟监管未覆盖的领域。第二层通常是为了满足那些历史上一直存在于市场或服务于特定客户利基市场的较小的二线玩家。第二层监管允许企业在本地提供服务，但不授予它们欧盟商业模式所具有的单一牌照通行权或同等认可特权。

对于初创企业来说，这可能是一个艰难的抉择：一方面，地方监管模式几乎可以肯定是更容易遵守的，这有利于引导业务；另一方面，扩展跨境业务规模，首先需要在欧盟标准监管模式下获得重新授权，这可能导致额外成本和延迟。至少，任何公司计划在某种程度上扩展跨境业务，都应该了解这涉及哪些业务需求和授权，并应该确保有一条符合公司商业计划中规模化目标的合规途径。

欧洲的监管机构通常没有美国那么复杂。如前所述，欧洲国家通常有一个金融监管机构，或者三个部门各有一个。英国是个例外，大公司可以由英国金融行为监管局和英国审慎监管局监管，但对小公司来说，只有英国金融行为监管局。此外，反洗钱规则规定的报告义务通常由央行承担，即使在央行不是监管机构的司法管辖区也是如此。依靠监管单一牌照互通时，相关法规中详细描述了互通程序，通常与我在前面的例子中讨论的一致：主要的监管互动是与本国监管机构进行的，而且重要的是，它们还涉及东道国监管机构的初始引入，因此在东道国，只有最低限度的监管互动是必要的。

一些司法管辖区为创新型初创企业提供它们所谓的"沙箱"。这意味着两件事：首先，在与企业相关的监管框架中，企业得到了帮助，它们的审批请求往往得到优先考虑并得以加速，以便这些企业能够更快地扩大规模；其次，公司可能会获得某些豁免，类似于无异议函，这些豁免将受到时间限制，并与不超过一定规模的业务挂钩，这使得公司可以采取一种更渐进和适度的方式来监管，并且需求的增长与业务的复杂性一致。

从功能上讲，它与无异议函没有多大区别，只是这里的方法更加制式化。然而，其他一些司法管辖区并不是特别热衷于沙箱方法，它们的观点是，监管无论如何都是相称的，而且没有必要为初创企业的早期阶段设立特殊制度。此外，在沙箱容量有限的情况下，监管机构也在积极支持它认为是赢家的初创企业。对于监管机构来说，这是一个尴尬的处境，尤其是如果未来出现问题的话。

总结

受监管的金融科技公司首先是受监管的金融服务公司，因此监管考虑因素与传统案例中的监管考虑因素并无太大差异，但也有一些例外，需要考虑这些公司处于其生命周期的哪个阶段，以及它们提供什么样的产品和服务。

除非公司规模相对较大并且发展迅速，否则宏观审慎考虑通常不会引起关注。市场结构问题有时确实很重要，但它们往往站在新进入者的一边，并支持新进入者对市场进行一些调整。不过，如果客户的资金存在风险，且客户方面有合理预期认为情况并非如此，那么就需要进行微观审慎考虑。举个例子：如果一家公司提供支付服务，并持有与自有资金混合的客户资金，那么微观审慎考虑是有意义的，事实上监管机构可能会希望公司申请银行牌照。或者，该公司可以选择不将这些资金混在一起，而是将它们存放在一家银行的第三方账户中。在这种情况下，监管机构可能对微观审慎的考虑更为宽松。

不过分关注审慎方面的又一层含义是，监管机构希望该公司为自己的失败制订计划。这可能并不完全符合《银行复苏与处置指令》所要求的"生前遗嘱"（要求金融机构拟订并向监管机构提交当其陷入实质性财务困境或经营失败时快速有序的处置方案），但应该有一些连续性的计划，以确保客户不会遭受公司违约的重大损失。例如，对 P2P（点对点）贷款或者众筹有一定的备用协议和安排，确保贷款或集资仍在服务，比如支付正在进行，或者被资助的公司有一种直接与客户沟通的方式。

对于洗钱和相关法规，同样适用均衡的原则。通常介于 1 000 美元到 5 000 美元之间会有一个重要性阈值，而那些典型客户关系涉及金额远远低于这一数字的公司，可能就不必为了解它的客户和相关职责操心了。然而，如果达到重要性阈值，那么这些规定很可能会全部适用。这对于实现现金交易的公司尤其重要，或者能够转移到反洗钱或反恐怖主义融资标准较低的国家，或者位于金融和数字资产边缘的公司，例如允许买卖加密货币的交易所。

　　无论一家公司是金融科技初创公司还是老牌金融服务公司，监管机构都会担心的问题是：它们是否公平对待客户，是否拥有做出决定所需的所有必要信息，是否拥有必要的能力和知识等。然而，有关行为的特定要求（如评估客户的金融成熟度和记录该流程方面的要求）不那么严格。在其他情况下，如英国初创企业的众筹股权，监管机构要么对该产品的投资者进行限制，要么是确认投资者为经验丰富或高净值的投资者，要么是确认他们不会投资超过其可投资资产净额的10%在这些产品中，以使该产品在易于参与和保护客户免于承担过多风险之间取得平衡。

第四章　金融服务行业

金融服务行业是所有为客户提供金融领域服务的机构的统称，无论那些客户是个人还是企业，也无论企业是中小企业或者大型的跨国公司，抑或其他实体如投资基金。在金融服务领域，存在许多细分行业（参见图 4.1）：

- 传统商业银行。
- 专业贷款机构。
- 投资银行和咨询。
- 支付行业。
- 资产管理。
- 经纪和交易服务。
- 保险。
- 其他。

我将依次阐述这些不同的行业。然而你要理解，这些行业都是人为拆分出来的。金融服务中存在很多种商业模式，机构可以专注于上述某个细分行业，也可以跨越多个细分行业。

传统商业银行

传统商业银行业务，是指吸收存款、发放贷款以及为个人和公司

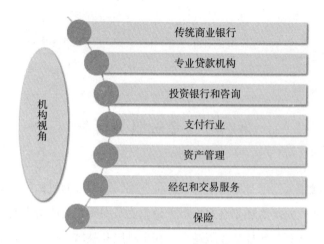

传统商业银行

专业贷款机构

投资银行和咨询

机构视角

支付行业

资产管理

经纪和交易服务

保险

图 4.1　金融服务机构维度分类

提供资金周转服务的核心银行业务。通常这些机构也会提供一些辅助业务，如经纪和托管、资产管理，甚至保险。这个领域有很多商业模式，它们只是在规模、产品、目标客户上有所区别。

银行也有许多所有权模式：绝大多数（按总规模计）是向股东发行股票，并在证券交易所上市；还有一大类是社区银行（例如房屋信贷互助会、合作互助银行），这些银行由其客户拥有；最后还有一大类是大型的国有/国家支持的银行（如储蓄银行、信用社）。许多社区银行以及国家支持银行的规模都比较小，在这种情况下，它们经常会形成在统一品牌下运作的协会，并在 IT 之类的中心服务上联合起来以节约成本。同一协会内的机构通常不会互相竞争，它们会将自己的业务范围限制在一定的地理区域范围内。

这个领域内最常见的商业模式（按总规模计）是覆盖所有客群（零售、中端市场业务、公司业务）的全能银行，并提供包括公司银行和投行业务在内的广泛产品。如果它还提供保险服务，那么有时也被称为银保公司。

由于社区银行和国家支持的储蓄银行规模较小，所以它们通常只服务于规模较小的市场，即零售客户和中小型企业。在某些情况下，它们也可以为大型企业服务，通常是通过隶属于大型联合集团的专业机构来实现的，而且这些专业机构并不为集团的核心市场零售和小企业客户提供服务。还有一些机构专注于单一细分客群，如医疗行业或航运公司。

有时银行会与大型工业公司联合，在韩国的财阀模式中，每个财阀工业集团都有一个为其提供服务的关联银行，同时银行也对外部开放业务。在西方，许多大型制造商，尤其是汽车制造商，都有向客户提供融资服务的关联银行或金融公司，我将在后文中简要讨论该问题。

监管视角：银行监管的主要框架是《巴塞尔协议》相关法规，以及其他的审慎监管法规（如《资本要求指令》《欧盟银行业复兴和清算指令》《欧盟存款担保计划指令》）。还有一些行为规范作为补充，大多都是地方性的，但欧盟层面也存在一些行为规范，如《消费者合同指令》涵盖所有消费者对象、《消费者信贷指令》（CCRD）涵盖消费者信贷，《抵押贷款指令》涵盖消费者抵押贷款。

银行也必须遵守洗钱和相关法规，如《反洗钱指令》，支付系统法规适用欧盟内部市场的《支付服务指令》以及潜在的《电子货币指令》，银行设计/分销理财产品适用的相关法规有《金融工具市场指令》和《零售产品投资组合监管条例》。这些方面的监管请参阅适用于资产经理的法规，欧盟《可转让证券集合投资计划指令》和《另类投资基金管理人指令》。

专业贷款机构

虽然很多贷款是通过银行发放的，但仍有些非银行金融机构提供借贷或信用保护的金融服务。它们与银行最大的区别是不吸收客户存款。

这个领域第一大细分行业是租赁公司（专属融资公司或非专属融资公司）或供应商融资提供机构。它们一般都以固定资产作为抵押来贷款——通常是那些可回收、可移动的资产，如办公设备（电话、电脑，甚至家具），以及汽车、重型机械、涡轮机，还有飞机和公司可比定价资产。专属融资公司与特定制造商相关联，只为购买对应制造商生产的产品买家提供融资。该领域比较典型的是汽车金融银行，它们通常也是吸收存款的银行，并且与大型汽车制造商相关联。非专属融资公司则倾向于关注一个或几个垂直细分行业，如办公设备、家具或某些类型的汽车。

第二大细分行业是保理，且在营运资金融资方面更为普遍。保理业务，也称为发票融资业务，仅以融资方的应收账款即未付款发票为抵押发放贷款。营运资金贷款机构也会以融资方的原材料或产成品等营运资本为抵押发放贷款。

第三大细分行业是贸易融资。银行经常涉足这一领域，政府支持实体也是如此。贸易融资可以运用在营运资金融资方面，例如，在运输过程中为货物融资，但这通常只是贸易融资供应商提供的确保卖方不受买方违约影响的信用担保。从这个意义上讲，这类似于常规的信用保险，如果债务人违约，保险公司会对债权人进行赔偿，这也是银行经常提供的业务。然而在贸易融资领域，贸易融资供应商在外国司法管辖区进行追索的能力比信用程度更加重要，因为国外追索对小企业来说很困难并且成本极高。

还有一种特殊形式的信用保险是单一险种保险商，这种保险与贸易融资无关。它们为证券主要是市政公债以及结构性融资工具提供信用担保，但是，自金融危机以来，它们的重要性显著下降。

> **监管视角**：涉及消费信贷的专业贷款机构，与银行适用同样的消费者保护法规。对于公司贷款则不一定：在某些司法管辖区，贷款监管非常宽松，甚至不需要执照；而在其他司法管辖区，任何形式的贷款都需要银行执照。单一险种保险公司受当地保险行业法规的监管。

最后，我要提一下抵押贷款发起机构和抵押贷款服务机构。前者是发起贷款（主要是抵押贷款），因为抵押贷款最容易承销，它们要么向感兴趣的投资者如保险公司出售这些抵押贷款，要么与投行达成协议由投行将抵押贷款证券化。购买抵押贷款的机构通常不会为它们提供服务，这意味着投资人是无法与借款人沟通完成比如接收和协调付款、在需要时取消抵押赎回权等工作的，这是抵押贷款服务商的职责。这种所谓的"贷款证券化"模式在次级抵押贷中特别受欢迎，不过在经济危机之后它的体量已经骤减。

> **监管视角**：独立抵押贷款发起机构的存在是受到当地监管的。根据管辖区要求，它们有一定义务来确保产品是适合客户的。对涉及消费信贷的贷款机构的监管与银行适用的监管是一样的。但抵押贷款服务机构与银行有一点不同，即它们在一定程度上是独立运作的，主要受适用于所有业务的一般客户保护和公平交易规则的监管。

投资银行和咨询

投资银行指的是那些广泛参与与金融业务紧密相关的商业活动的公司。两大主要业务线是并购咨询，以及市场业务咨询。

投资银行市场业务中，一个领域是资本市场，通常分为进行证券初次发行的股权资本市场，以及进行债券初次发行和资产证券化的债务资本市场；资产证券化即将资产打包给独立的特殊目的公司，然后通过发行一系列债券和股票等证券来进行融资。另一个重要领域是银团贷款业务，主要是向大公司提供可交易贷款，后者通常是次级信用评级的私人企业。

在投资银行的市场业务中，还有一种是销售和交易业务，其中包括证券二级市场交易，即交易由发行人以外的其他人拥有的证券及衍生品交易。该证券业务通常被称为经纪人/做市商，因为机构有时会作为经纪人，仅作为客户的中介撮合交易而不持仓；有时会作为经销商，在自己的账户上买卖证券以方便客户操作业务（详细信息请参阅经纪人部分）。衍生品交易在本文中始终是做市商模式的业务，即机构在整个交易过程中作为交易的对手方（例如互换或期权交易）。

> **监管视角**：如今大型投行多数都是作为银行来监管的，因此特别适用银行的审慎监管。在交易和咨询领域，规模较小的公司会作为投资公司受到监管，在欧盟适用于《金融工具市场指令》和《资本要求指令》。在它们积极交易的范围内，必须考虑到各种市场和市场基础设施法规，如《欧洲市场基础设施监管条例》《市场滥用行为监管条例》。

支付行业

支付领域有大量与银行竞争的专业服务供应商，以及处理支付系统后端的 IT 基础设施供应商。

要使用支付服务指令的术语，有以下并非相互排斥的区别概念：

- 支付机构。
- 支付服务供应商。
- 单一支付服务供应商。
- 支付发起服务和账户信息服务。
- 第三方、第四方卡计划。

支付机构（简称 PI）是对在支付领域提供服务的非银行机构的

统称。例如，它们可以运行支付账户、操作支付网络、访问标准支付系统、提供外汇服务等。因为它们仅在支付领域运行，所以与银行相比更容易监管。

支付服务供应商（简称 PSP）是为客户，尤其是线上商家客户提供支付网关的公司。它们通过一个单一 API（应用程序接口）使这些客户能够接受不同渠道的付款（如不同的卡、直接借记、可能的付款凭证），而不用连接到所有不同的付款渠道。它们还可以为客户运行付款账户，也被称为账户支付服务。

支付服务不应该与单一支付服务供应商（简称 SPSP）混淆，单一支付服务供应商运行的是自己的支付基础设施，如汇款和转账业务，或使人们能够在超市、街角商店支付的账单支付服务。

信用卡计划是众所周知的信用卡和借记卡网络。三方卡计划是整个运行由一家机构操作的垂直整合，而四方卡计划包括银行以及充当发卡银行合作伙伴和服务供应商的信用卡公司。

支付发起服务供应商（简称 PISP）是允许客户发起付款的服务供应商，客户发起付款后通过支付机构或银行来执行付款，它们的目的是在支付领域提供一个更好更特别的用户体验。账户信息服务供应商（简称 AISP）也是类似的单一用途机构。它们提供的服务是从客户的一个或几个账户中检索支付账户数据，并以更好的方式分析或展现出来。通常账户信息服务供应商也会提供支付发起服务，但也不一定是这样。

监管视角：支付系统监管框架在欧盟适用于《支付服务指令》，也可能适用于《电子货币指令》。

资产管理

这部分涵盖所有处理投资人的钱的金融服务供应商。首先从宏观的角度来看，有主动型基金经理，他们自己或者是用算法来决定投资方向；还有指数基金经理，其投资由指数决定（如标普500），而基金经理所做的就是尽可能有效地实施一个策略。基金可以采用开放式基金结构，持续吸收新资金并提供赎回，可以采用通过交易所具有清晰投资和赎回程序的交易型开放式指数证券投资基金（简称ETF，即"交易所交易基金"）结构；也可以采用封闭式基金结构，其中的份额可以在市场上交易，但是在基金的有效期内不能吸收或赎回额外的资金份额。与之相关的是鉴证业务，其中某些投资策略（通常基于衍生品）被重新打包成可交易的证券。

回到主动型基金经理的问题上，它有许多不同的类型。最常见的一种是共同基金，它根据授权购买证券，通常是股票或债券。还有对冲基金，基金经理可以更自由地决定采用何种策略，尤其是可以卖空证券，这意味着他们可以在证券下跌时获利；也可以使用杠杆，这意味着他们可以在投资基金允许的情况下借入额外的资金投资于更大的证券投资组合，并且还可以从事衍生品交易策略。

还有私募（简称PE）和风投（简称VC）领域，它们主要投资于非上市公司的股权。两者的不同之处在于，私募投资于那些可能在某一时刻公开上市的大型成熟企业，这些公司也受益于私募提供的高杠杆率和投资者关注度。而风投投资于初创公司，有些基金专注于公司发展的不同阶段。这个领域的一部分还有天使投资，其在早期阶段进行投资，甚至在风投基金之前。

最后，应该提到私人银行和家族理财工作室了。私人银行是为富人提供银行业务，虽然它是完全的银行业务关系，但往往侧重于管理客户的重要资产。家族理财工作室与之类似，只是在这种情况下，客户或一群关联客户雇用专门的个人资产管理人员。

> **监管视角**：资产管理通常在要求法律形式和授权方面具有很强的地域性监管规则。在欧盟有更严格的监管法规，对零售投资适用

《可转让证券集合投资计划指令》，对另类投资基金适用《另类投资基金管理人指令》。在销售或设计投资产品时，特别是在零售市场上的投资公司，适用《金融工具市场指令》和一般消费者保护规则。

经纪和交易服务

该部分涉及所有购买、出售和持有证券及其他金融工具的服务供应商。

经纪人和投资研究

经纪人通常是买卖双方之间的中间人，他们有时也提供辅助服务，例如托管和融资。最广为人知的经纪业务是散户经纪业务，使得散户能够购买交易所交易的证券，这里的证券主要是指股票，但有时也可以是债券。散户经纪人通常提供端到端服务，即他们执行交易，然后与托管人（通常是关联公司，但也不绝对）合作进行托管和报告。

还有一些经纪人在专业市场上运作，如同业经纪商，他们为衍生品交易如外汇期权市场撮合买家和卖家。经纪人从不作为委托人进行交易，他们所做的就是确定两个想要进行特定交易的交易人，通常是在通过特定交易请求联系他们的那一方的服务下进行交易，他们按照交易请求在市场上货比三家。这里还有一个重要的实体是经纪人/做市商，我在前面已经提到过，通常是投资银行的一部分。他们有一定的证券库存，所以如果客户想要出售证券，他们可以为自己找到合适的交易对手，或者用自己的账户购买这些证券，以便在以后找到买家。他们还作为委托人进行衍生交易。经纪人/做市商经常还会经营针对对冲基金提供的所谓大宗经纪业务，包括托管、融资和报告等辅助服务。

传统上，经纪人和做市商也给客户提供投资研究服务，也就是说他们有专门从事某些行业（如电信股）的分析师，并向潜在买家和卖家提供关于这些证券的信息和观点。由于欧盟新引入的指导方针禁止该服务作为辅助服务而提供且不收费，该业务目前受到了威胁，因此转向独立研究公司作为单独产品销售的独立研究服务。

事务服务、清算和报告

交易服务供应商是指那些支持他人交易活动的公司。在这个群体中，我们有托管人代表受益所有人持有证券。在过去，这相当于在保险箱中持有纸质证券凭证，并追踪其所有权；现在，证券以非物质化的形式存在，成了一个完全电子化的登记系统。与之相关的职能是登记员，其了解所有的证券由谁持有，安排红利和息票支付以及沟通，如年度股东大会。

证券结算所确保货币和证券在无任何一方违约的情况下进行交易，这意味着它们确保只有在收到付款时，才会改变证券所有权。还有衍生品清算所（也就是中央交易对手），它们也履行类似的职能，但有关衍生品交易，我们会在后面关于产品的章节中有更详细的介绍。最后，我们还有货币交换所和其他交易场所，它们提供了一个可以进行交易的市场，并可能会有偿提供额外的服务，如提供公司及其价格的相关信息，并监督证券遵循其上市要求。

在这个领域中，还有许多商业模式具有收集信息的职能，使公众或监管都能访问这些信息，而无论这些信息是原始数据还是汇总后的数据。这些模型中有交易数据库，它收集在公开市场或半公开市场或场外市场中执行交易的细节，然后将这些数据以汇总的形式提供给监管机构和客户。欧盟《金融工具市场指令（第二版）》也有许多非常具体的信息服务角色，处理来自不同交易场所的报告交易，如汇总交易记录供应商（简称 CTP），将来自不同交易场所的交易信息整合成单一数据流，核准出版安排（简称 APA）和核准报告机制（简称 ARM）则是支持投资公司履行其对公众和监管机构的报告职责。

监管视角：托管人和登记员通常受到本地的监管，以确保资产的安全性和服务的可靠性。在欧盟的相关法规中有一些提及了他们，如《另类投资基金管理人指令》、《可转让证券集合投资计划指令》和《金融工具市场指令》。清算机构和交易数据库被《欧洲市场基础设施监管条例》监管。汇总交易记录供应商、核准出版安排和核准报告机制由《金融工具市场指令》定义并监管。

保险

保险公司在其客户中汇集和分配风险。在财产和意外伤害保险行业内，面临特定风险的客户（例如他们的房屋被入侵或被火灾摧毁）支付保险费，而那些出险的客户会由保险公司进行理赔。

一些保险公司也提供辅助服务，主要是在医疗保险市场，保险公司不仅能提供赔偿，而且往往能提供更便宜的服务，这是因为它们有这个能力或者它们在该市场上有很强的购买力。

另一个重要的保险行业是人寿保险，解决投保人过早死亡而导致其家属失去必要的生活来源，或者活得太久而耗尽一个人的所有资产。尤其是后一种保险，通常是与资产管理业务相搭配，让人们在一生中把钱投入保险计划中，然后在退休期间获得福利。

最后还有再保险公司，它们为保险公司投保以使其避免过度的损失，例如像飓风这样的大型自然灾害事件，会同时影响到很多原保险客户。

监管视角：这一领域的监管有很强的地域性差异，部分原因是人寿和健康保险产品对个人生活至关重要，而且其中任何问题都可能需要很长时间才能解决。在欧盟，从审慎的角度来看，适用于《偿付能力指令》（简称 SOLVD）。

其他

　　还有许多金融服务机构匹配不了前述类别。例如，评级机构评估借款人的信用质量。它们具有类似于前面提到的研究功能，另外它们还提供有价证券的信用度评级（"AAA""AA"等）。这些评级在实践中非常重要，出于监管目的，也可能为债权投资者定义基金管理的等级。

> **监管视角**：评级机构现在在欧盟通常受垂直监管（《评级机构监管条例》）。此外，评级是多数审慎监管框架的基石，如欧盟的《巴塞尔协议》（《资本要求指令》）。

第五章　零售金融服务产品

如今，金融服务领域商业模式的多样性意味着，在经济上非常相似的产品由各式的市场参与者提供，而具有新的且往往高度集中的商业模式的金融科技公司的出现，将进一步加剧这一问题。传统上，监管是根据商业模式定义的：如果你是一家银行，那就适用于银行的监管规则。但现在这变得越来越困难，虽然立法的适应速度有点慢，但监管机构在实践中已经经常在产品层面使用鸭子类型法，即如果你的产品看起来像鸭子，听起来像鸭子，那么就像对待鸭子一样监管它。因此，在第四章讨论了金融服务部门的结构之后，我们现在将重点放在所提供的产品和服务上，并对它们应该如何被监管提出一些建议。

由于篇幅太长，我将这个主题分为两章：一章是针对零售和小型企业客户的典型产品，另一章是针对批发客户的典型产品。这并不是完全清晰划分开来的，因为有许多产品是提供给整个客户群体的，比如支付账户就是如此。如果产品在这些部分具有显著不同的特性，我们就将在本章中进行讨论，不然我就把这部分放在更有意义的章节中讨论了。我们将在本章中讨论的产品细分如下（参见图 5.1）：

1. 支付和存款。
2. 零售和中小企业/中端市场贷款和信贷。
3. 零售投资。
4. 保险。
5. 财务咨询。

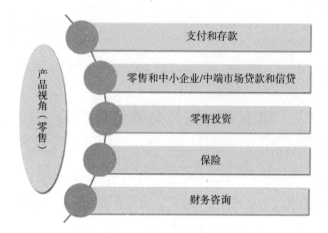

图 5.1　按零售产品区分的金融服务

在下一章中，我们将介绍如下内容：

1. 批发信贷。
2. 批发和专业资产管理。
3. 主要市场与起源。
4. 销售、交易、经纪和交易所。
5. 结算、托管和辅助服务。
6. 咨询和研究。

支付和存款

支付和交易账户

银行提供的基本产品之一是支付服务，即无论在国内还是跨境，你都能够向其他人汇款/收钱。与之密切相关的一项服务是交易账户。虽然并非支付所必需的，例如现金转账（即汇款）就不需要交易账户，但在大多数情况下，你都需要一个交易账户作为资金的发送方和接收方来参与到支付系统中。交易账户的利息通常很少，甚至没有利息，但持有账户本身可能会定期收取费用，以及支付和获取纸质对账单等额外服务的费用。

绝大多数以数字形式支付的款项（尽管不一定以价值形式）都是以本国货币支付的国内款项。然而，跨境支付和跨币种支付对于企业来说一直很重要，随着互联网越来越多地促进了跨境贸易，跨境支付现在在零售领域也变得越来越重要。经常需要跨币种交易的客户有时会需要全币种交易账户，这使得他们能够更有效地管理外汇。

支付领域有 3 种主要产品，它们通常是由银行提供的：银行转账、支票和信用卡支付。信用卡支付又被分为持卡人通过读卡器和实体卡进行的当面支付，和持卡人通过互联网或电话进行的非当面支付。虽然不是严格意义上的分类方式，但是市面上的卡普遍分为 3 种类型：借记卡、月度借记卡和信用卡。前两个要求即时全额付款或月末全额付款，而最后一个实际上是一个信用额度，允许延迟付款以收取利息费用。还有专业支付供应商，通常用于跨境支付，例如允许现金兑现的汇款服务。

监管视角： 在某种程度上，支付服务通常是由银行提供，适用于银行法规《资本要求指令》。当支付服务绑定到一个支付账户，且该账户资金和公司资产混在一起的时候，尤其适用该指令。否则，就应该适用支付机构的《支付服务指令》，或者是《电子货币指令》。从某种程度上说，如果这些资金来自监管系统之外如现金存款，或来自监管体系薄弱的国家，反洗钱法规就极其重要。对外支付时，必须考虑反恐怖主义融资的规定，因此在这个领域，进行"充分了解你的客户"程序非常重要。

这里有必要提到货币市场基金，它们在很多情况下看起来像是常规交易账户。例如，它们可以发送并接收转账，也可以有支票和支付卡。关键的区别在于它们没有从存款担保中受益，而是依靠资产分离来防范银行违约。

> **监管视角：** 货币市场基金是一个重要的产品，它展示了如何利用监管套利创造一个有利润的价值产品：对于客户而言，这种产品在日常使用方面与活期账户是一样的，许多客户显然忽略或不关心存款保险方面的细则。由于监管更宽松，也由于它不会强制缴纳存款担保计划的费用，所以这种产品的"制造"成本更低，后续支付的利率可能更高。监管机构能够意识到这种监管套利行为，但这并不容易解决，或者解决它也不一定是当务之急。

存款账户

"储蓄账户"涵盖了多个产品。它与交易账户的区别在于，储蓄账户的资金通常不会立即可用，资金储存在账户中能够获得利息回报，如果需要立即使用资金可能会有一定罚金。对于定期存款而言，除非是支付罚息提前赎回的可拆分存款，否则一般来说这些资金在一定期限内都被锁定了且不能提前赎回。结构性存款其利息取决于股票指数的表现，但本金仍是有担保的；还有更复杂的存款，如年化利息或红利利息可能会在以后的几年内增长。有一个相关的产品是存单，这是以证券形式存在的存款术语，意味着如果有需要而且可以找到买家的话，这笔存款就可以出售。

有一种交叉资产管理产品，货币市场基金在大多数方面都表现得像银行账户，不能从存款担保中受益，我们将在基金部分中进一步讨论。

存款担保计划通常是国家资助的计划，为符合条件的客户（通常是零售客户）提供存款本金担保。每个客户和每个银行通常都有限定金额，可能还有免赔额。

> **监管视角：** 在大多数司法管辖区，持有与自有资金相结合的客户存款的机构，必须作为银行受到监管［在欧盟适用《资本要求指令》，以及进行存款保护的《存款担保计划指令》（简称 DGSD）］。

然而有些公司，尤其是金融科技领域的公司，为类银行或投资服务提供了便利前端，这些资金被存放在第三方银行或另一个适当的受监管的存管机构。在这种情况下，相关公司可能会作为支付机构被监管（在欧盟适用《支付服务指令》）或作为投资公司被监管（在欧盟适用《金融工具市场指令》），以及也可能受到某些地方法规的监管。

零售和中小企业/中端市场贷款和信贷

贷款和信贷是金融服务行业最重要的产品细分市场之一。这里我将讨论以下细分市场：

1. 零售信贷。
2. 中小企业/中端市场贷款和信贷。
3. 专业贷款。
4. 贸易融资。
5. 信用担保和信用保险。

以下部分将在批发信贷章节中的相应部分讨论：

1. 大企业信贷。
2. 房地产、项目和其他资产融资。

这一领域存在大量不同的参与者，尤其是通过客户存款对自己进行部分再融资的银行、在批发市场对自己进行再融资的专业贷款机构，以及与前两类都不同的发起人/投资者结构，即发起人不从自己的资产负债表中放贷，贷款服务通常是外包给专业供应商。

发起人结构有两种不同的模式：经纪人模式和证券化模式。在经纪人模式中，发起人匹配借款人和贷款人。过去，贷款人可能是保险公司，而现在的投资者也可能是通过 P2P 借贷平台投资的个人和专业基金投资者。在证券化模式中，发起人将贷款组合分为低风险和高风险两部分，然后通常通过投资银行分别出售给投资者。

监管视角：如何规范贷款活动取决于管辖权。在一些国家，每个参与贷款的机构都需要银行执照，因此特别适用银行审慎监管（在欧盟适用《资本要求指令》《银行复苏与处置指令》）。在另外的国家，只有吸收存款的贷款机构受银行法规的约束，并且其他贷款机构可以通过当地政府授权开展业务。实施审慎性要求的原因有两方面：第一，要保护存款人及国家资助的存款保障计划；第二，要确保系统稳定。因此，不吸收存款的小规模贷款机构两个条件都不满足，通常不会受到监管机构的特别关注。反洗钱相关法规与贷款不相关，但反恐怖主义融资相关法规是相关的，所以充分了解你的客户规则（简称 KYC）和建立收益使用规则非常有必要（在欧盟适用《反洗钱指令》）。

如果被监管的实体投资于贷款或证券化，它们自己的审慎监管也适用。对保险公司而言，虽然不同于银行，但也需要满足资本要求（在欧盟适用《偿付能力指令》）。对于基金来说，更多的是资产是否符合投资要求，无论是从法律角度还是评级角度来看都是如此（在欧盟适用《可转让证券集合投资计划指令》《金融工具市场指令》《另类投资基金管理人指令》）。发起者不一定会受特别监管，在大多数情况下可能是作为投资公司受监管（在欧盟适用《金融工具市场指令》），这规定了它们对投资者尤其是非专业投资者应负的责任。

审慎监管的关键是资本和流动性要求：银行和保险公司必须为每笔贷款持有一定数量的股本，其金额取决于贷款的风险程度。

例如，对于一般风险的贷款，监管机构可能要求每100美元中要有10美元的自有资金。同样也可能要求剩下的90美元中有一定比例通过长期债务再融资，例如一年期以上的定期存款，或由贷款人发行的3~5年期债券。

零售贷款和信贷

零售部门由个人组成。通常这部分也包括非常小的企业，特别是当给予企业的信贷是在业主的个人资产上交叉担保时更是如此。

监管视角：和零售客户打交道时，需要额外考虑的一个重要因素是消费者保护规则（在欧盟适用《消费者合同指令》《消费者信贷指令》《抵押贷款指令》）和数据保护规则（在欧盟适用《通用数据保护条例》）。当发起者或服务机构（通常是资本薄弱、难以追索的实体）违反规则，客户寻求赔偿时，这可能会成为一个棘手的问题，而且最终可能会让投资者蒙受损失。

就规模而言，该细分市场中最重要的产品是抵押贷款，即以个人财产价值为抵押的贷款。通常这是借款人的主要居所，但也可能是购房出租资产和中小企业非常小的营业场所。抵押可以带追索权，也就是说，在借款人违约时贷款人对借款人的资产具有追索权，也可以是无追索权，意味着没有这种权利要求。这不是由客户选择的，而是取决于既定管辖区适用的法律。

在美国，有一个很大的标准抵押贷款市场。这里说的"标准"指的是抵押贷款符合抵押贷款机构的条款，这些机构会以一定的费用担保它们的表现，从而消除大部分风险。剩下的是非标准市场，包括大型抵押贷款市场。从历史上看，非标准还包括信贷额度较低的Alt-A和所谓的次级抵押贷款，但这些市场在金融危机后已经失去了重要性。

抵押贷款的关键部分是实际的抵押贷款，即对财产的登记索赔。大多数司法辖区都有抵押登记处，对该特定管辖范围内的所有财产进行登记，并确定之前是否存在抵押，确保不能就任何特定财产获得两笔抵押贷款。该登记处要么由国家经营，要么由国家特许的私营公司经营。还有一种可能是，将债券所有人登记在官方登记册中，然后在被登记人基础上跟踪实际债券，这样抵押贷款就可以易手，而不用返回到仍以纸张为基础的当地登记处。

有时也可以登记第二留置权（又称从属权利），这一索赔只有当第一留置权全额支付之后才会支付。在美国，相应的贷款被称为房屋净值贷款（Home Equity Loans，简称 HEL）。根据登记册中信息的质量，如果在交易完成后出现了优先索赔，一些司法管辖区可能会提供产权保险。

监管视角： 优质抵押贷款，即借款人是在房产中拥有足够产权、信用质量良好的自住业主，由于风险较低，在银行审慎监管下适用非常低的资本要求（在欧盟适用《资本要求指令》）：每100美元贷款的资本要求可能会低至 1 美元，甚至更少。但是，如果一家银行的贷款组合主要是高质量的抵押贷款，那么非风险加权杠杆比率就可能成为约束条件，在这种情况下，资本要求将是其倍数。较低质量的贷款，如购房出租、Alt-A、次级贷款、房屋净值贷款则适用较高的资本要求，一些国家的资本要求实际上也正是如此。产权保险受当地监管，并且高度依赖于司法管辖权，因为它取决于监管抵押贷款的法律要求。

从法律的角度来看，次级抵押贷款登记处是一个有趣的结构，它依赖于主登记机构中被登记人的参考资料。这可以被认为是对消费者权利的侵犯，应根据每个司法管辖区适用的抵押法检查其合法性。

零售领域的另一个重要产品是信用卡贷款，即与支付卡相关联的循环信贷。它的运行方式是信用卡上有一个信用额度，客户可以在信用额度内消费。客户每月会收到一次信用卡账单，如果他们全额支付账单，则无须支付利息。否则，他们必须至少支付未偿还余额的5%作为最低支付额，而任何没有偿还的款项都将以很高的利息无限期地展期。

> **监管视角**：与抵押贷款一样，信用卡贷款在《巴塞尔协议》中也有一个特殊的部分（在欧盟适用《资本要求指令》）。信用卡贷款代表更高的违约风险，因此它的资本要求更高，并且还经常受特定的消费者保护规则的约束。

这个领域最后一个主要产品是透支工具，它允许客户的支付账户在透支额度内透支，可能是固定透支费或者利率，或两者兼而有之。有时需要在特定时间范围内清理透支，因为它的目的不是提供永久性贷款，而是确保来自该账户的还款不会反弹，否则就会造成重大损失和财务困境。

零售领域的另外两种产品是无抵押个人贷款和汽车贷款，前者是一种通用贷款，通常用于以较低的利率合并信用卡债务，后者是一种用于购买的贷款，并以汽车为抵押。这两种贷款通常都是由专门的消费贷款公司而不是银行进行发放的，汽车贷款也是由所谓的"汽车银行"进行发放的，汽车银行是与主要汽车生产商有关联的银行，为其产品提供融资。汽车贷款在经济上与租赁合同类似，但在法律上与租赁合同不同：前者汽车归借款人所有，而后者汽车归租赁公司所有。

对于小型企业来说，还有一些附加产品，我将在后面与其他产品一起讨论。不过我想在这里再提一个产品，那就是交叉抵押商业贷款，私人资产（可能是汽车）是小企业贷款或透支工具的额外抵押品。小企业也可能会利用到后面专业贷款章节中讨论的产品。

> **监管视角**：其他贷款都需要与其风险相符的资本。对于透支来说，就像在公司贷款一节中讨论的信用额度非常相似，必须考虑到它们可能在违约前提取，因此资本要求不仅基于提取的金额，而且还要基于授权的金额。

最后两种产品是典当行和发薪日贷款机构。前者占有有价资产如珠宝，并以这些为抵押，以极低折扣发放贷款。如果业主贷款违约，典当行就将占有资产并将其出售来弥补它们的损失。发薪日贷款机构向需要"过桥贷"（缓解暂时资金短缺的贷款）的客户提供贷款直到下一个发薪日，通常额度很小但利率很高，并且如果错过最初的还款日，还款金额会骤增。

> **监管视角**：典当行和发薪日贷款机构通常作为专业贷款机构受到当地法律监管。消费者保护规则（在欧盟适用《消费者合同指令》《消费者信贷指令》）适用于客户是消费者的情况。

中小企业/中端市场贷款和信贷

中端市场（mid-market，美国术语）或中小企业市场（SME，欧洲术语），所涵盖的公司比前述零售市场中的公司大，但比批发章节中讨论的大型公司小。其边界并不清晰，但通常中端市场中的公司有数百名员工，而且不会在国外有很强的存在感，一般是私营企业。

中端市场公司的主要信贷产品是贷款产品，根据具体用途有多种形式。例如，设备贷款是以购买的设备为抵押的贷款，可能有与资产经济减值一致的分期付款。特别是长期资产可能会通过"气球型贷款"在贷款期限内偿还一部分，最后支付大额本金和利息；或者是

"子弹头贷款"，在贷款期间不偿还本金；抑或是零息贷款，在贷款期限内不偿还本金，甚至连利息也不偿还，到期一次偿还本息。

这个领域的另一个重要产品是信用额度。有些只是通用额度，允许企业用来解决无法预料的财务波动，类似于账户透支。对于这些额度，公司既要支付承诺费，也要支付提款金额的利息。信用额度可以循环，这意味着它们必须定期偿还，如为季节性企业积累库存提供的融资，衍生品额度是衍生品业务所需要的信贷额度，由于它们在批发一章中更重要，因此我们将在批发一章中再着重讨论。

> **监管视角：**这一领域的客户不受消费者保护规则的保护，因此对于不吸收存款的贷款机构来说，这一领域的监管可能非常宽松。然而，考虑到反洗钱规则和充分了解你的客户程序，情况会变得更加复杂，特别是对于空壳公司来说，可能必须建立受益所有权（在欧盟适用《反洗钱指令》）。如果审慎监管适用，那么关于资本和流动性要求的规则与零售贷款是一样的（在欧盟适用《资本要求指令》）。然而在实践中，随着产品变得更加复杂，例如当借款人在还款计划中具有灵活性，或者可以重新提现时，监管可能变得更加困难，在这种情况下必须考虑一些预期的风险敞口。

专业贷款和租赁

专业贷款行业是针对特定资产的贷款，这些贷款的结构由这些资产的特点决定。

该行业最大的产品类别是资产融资或租赁，前者倾向于指大额资产，而后者则更为中性。该行业涉及的资产从非常小（如复印机、电脑甚至办公家具）到非常大（如飞机或轮船）。租赁行业的一项重要资产是用于个人和专业用途的汽车。一般来说，大多数动产都可以通过租赁合同获得。租赁可以是经营租赁和融资租赁，不同之处在于前者客户有望返还资产，而后者客户希望保留资产。与租赁密切相关的是供应商融资，供应商给买方提供贷款购买资产。在经济上，供应商融资相当于融资租赁。

与租赁类似的是流动资金融资，这种贷款不是针对固定资产而是针对流动资金，即应收账款（即未付款发票或存货）。发票融资，也称为保理，根据谁承担客户违约的风险、谁负责评估客户的信用风险以及谁处理托收，可以有多种不同的结构。库存融资，即公司可以通过原材料库存或产成品库存融资，在这种情况下，贷款人对当前库存水平具有良好的可视性很重要。对于产成品而言，当借款公司违约时，贷款人还必须考虑产品的价值，例如依赖公司服务器运行的物联网小部件。

> **监管视角：**专业贷款和资产融资通常由监管宽松、依赖批发融资的公司操作，至少在公司贷款不需要银行执照的司法辖区内是这样的。特别是在短期业务端（即流动资金方面），如果接受不良服务的客户能够在自己不承担较大风险的情况下更换供应商，那么监管便没有那么重要。在长期业务端则取决于资产情况，比如当你从制造商处租赁一台涡轮机时，产品风险明显大于财务风险，所以我要再次强调：严格的监管不一定有用。只要一项业务是由银行进行的，就适用银行的规章制度。如果有资本金要求，关键考虑因素是对抵押资产的索取权在多大程度上提高了资金回收率，以及它是否在适用的资本框架中有差异。

贸易融资

贸易融资部分主要是关于支持国际贸易的。政府在这一市场中发挥着非常积极的作用，因为这使其能够支持自己的出口业。这里的主要产品是信用证（简称 LoC），它是一种信用担保而不是贷款，即买方在未付款的情况下就向卖方做出赔偿承诺。信用证允许公司在不评估买方信用质量的情况下就出口其货物，而且重要的是，公司也无须承担在外国司法管辖区进行索赔的风险。它允许进口商在货物到达并经过检验符合规范后才付款。

贸易信贷通常涉及两个机构，一个在出口国，另一个在进口国。原因是出口商所在国的银行通常不具备评估进口商信用质量的能力，因此无法出具担保。另外，出口商会发现与另一个国家的银行合作比较困难，因此它们依赖当地银行的人员，由他们来提供前端服务。

> **监管视角：** 市场本身的监管非常宽松，然而信任很重要，因此私营部门参与者往往会受到监管。如果实体作为银行受到监管，则适用银行监管规定。

信用担保和信用保险

信用担保是对贷款人的第三方担保，保证如果借款人违约，第三方将介入并全部理赔。信用保险与之类似，但在担保的情况下，第三方可能对借款人提出索赔，而在保险情况下通常不会。每个人都可以担保信用，但商业信用担保通常由银行提供，而信用保险通常由保险公司提供。这主要是一种中小企业产品，使业务得以开展，否则可能会因为信用原因而无法开展。

信用保险的一个重要应用也出现在美国市政贷款市场，市政当局发行由单一险种保险公司担保的债券。在金融危机前，单一险种还为结构性金融资产提供担保（即证券化资产，通常与次级抵押贷款相关），这也导致了金融危机中的巨额损失。

> **监管视角：** 如果这些产品由受审慎监管的实体提供，则在欧盟适用这些规定：银行适用《资本要求指令》，保险公司适用《偿付能力指令》。

零售投资

存款和投资之间的主要法律差异在于，前者与公司资产混合在一起，并且在某些情况下受益于存款担保计划，而后者则存放在一个单独的账户中，如果违约，则该账户会进行破产隔离。有一个交叉的资产管理产品是货币市场基金，我在前面已经讨论过，它在大多数情况下表现得像银行账户。

资产管理领域的关键区别在于：主动管理是由基金经理自由支配的投资决策，而被动管理则是事先确定的投资策略。还有算法管理，它介于两者之间，但实际上在考虑开发和监督算法的人时，更接近于主动管理。

另一个重要的区别是开放式基金和封闭式基金之间的区别。在开放式基金中，新资金投入新资产中，赎回的净资金从出售的资产中收回。为了避免超出标的资产流动性的赎回，通常会有一个通知期，并且在遇到困难时，可以对基金进行监管，即它们可以拒绝赎回直到流动性改善。

封闭式基金有最高投资限额，并且不能赎回。该基金有一定的预期投资期限，并且收益在投资实现时分配。通常，封闭式基金都是上市的，这意味着它们的份额是以可在交易所交易的股票形式存在的，因此虽然投资者不能赎回资金，但只要他们找到买家，就可以出售自己的份额。

> **监管视角：** 这些投资受资产管理/资产管理人员的相关法规监管（在欧盟适用《可转让证券集合投资计划指令》或《另类投资基金管理人指令》），不同司法管辖区之间可能存在重大的地方性差异。针对在交易所报价的基金，则适用普通证券法（在欧盟适用《金融工具市场指令》）。

主动投资领域

主动投资领域中的主要区别在于共同基金和另类投资。后者通常被称为对冲基金，通常不向散户投资者开放，这就是在批发章节中讨论它的原因。共同基金是真正的货币投资者，即它们只被允许投资实际的证券，投资证券的限额为经理们收到的资金。这意味着它们既不能借入额外资金来杠杆化投资，也不能使用衍生品。通常，它们的投资授权进一步限制了符合条件的证券，例如入选标普 500 指数的股票（S&P 500）或欧元计价的公司投资级债券。

还有投资专业资产类别的基金。例如，投资商业房地产的房地产基金，如写字楼、商业空间或多租户住宅物业，还有飞机和航运基金以及其他一些投资于专业资产类别的基金。在许多情况下，这些基金的结构是为了让散户投资者能够投资，有时还会有与之相关的税收优惠。根据授权，这些基金可以投资于标的资产，也可以投资于这些资产支持的贷款，或两者兼而有之。

> **监管视角**：共同基金，至少是那些面向散户投资者销售的基金，会受到严格监管（在欧盟适用《可转让证券集合投资计划指令》）。最重要的部分是行为规范，旨在确保客户能够做出知情的决策并得到公平对待，这通常包括建立适当程序、避免财务知识不充分的投资者从事不适合他们的投资。还有审慎规则，例如关于客户资产的安全保管，以及在管理人、托管人或服务链中的其他参与者违约时确保客户在财务和运营上受到保护。

被动投资领域

在被动投资领域中，有许多差异很大的模型，特别是指数基金、交易所交易基金和投资凭证。

指数基金复制可投资指数的表现，例如标普 500 指数。根据定义，可投资指数代表一个证券组合，其构成由一系列规则决定，例如美国 500 家最大的公司。指数会定期重新平衡，但不会太频繁，以避免由于市场波动而导致的虚假投资组合变化。在某些情况下，这些规则完全决定了该指数的构成，而在另一些情况下，再平衡委员在选择哪些证券可以纳入指数基金时具有一定的决定权。

现在，可投资指数的数量成倍增加，使得被动投资策略仍然能表达一些观点，如对行业部门或地区的看法。提供指数本身就是一项业务，与一些被动的基金经理收取的总费用相比，指数供应商获得的费用是不可忽略的。因此，一些交易所交易基金供应商为了捕捉价值链的这一部分，正在垂直整合创建可投资的指数。

许多指数基金都是开放式共同基金，其他指数基金则是交易所交易基金。从客户的角度来看，关键的区别在于交易所交易基金是可以在交易所购买和出售的开放式基金，而且与交易所上市的封闭式基金相反，巧妙的机制会确保其价格不会偏离基金的净资产价值太多。

交易所交易基金可以是现金 ETF 或混合 ETF。对于前者，购买交易所交易基金份额会相应地购买基金的指数资产，而出售也会相应地出售。对于混合 ETF 而言，基础投资组合主要是为了确保基金中有一定数量的资产作为抵押品，但基金的实际业绩是通过衍生品来确保的。这意味着存在一些不一定与提供交易所交易基金的公司有关的外部公司，必要时会将基金中的抵押资产替换为基金中应有的指数资产。当一切都很顺利的时候这样操作没什么影响，但如果衍生品交易对手违约并且投资组合资产缺乏流动性时，这可能会在抵押资产出售时导致巨额亏损。

最后，投资凭证是交易所上市证券，其收益结构与一个或多个财务指标的表现挂钩。从技术上讲，它是债券和衍生品的一系列组合。通常，没有真正意义上的公平二级市场存在，但发行方准备以当前公允价值减去折扣的价格回购自己的凭证。凭证领域中的一种流行结构是看涨期权的收益，基于标普 500 指数等主要指数的上限。在这种情况下，凭证的回报与指数回报一致，但是有最低还款额，通常也是最大值。相关产品是结构性存款，它具有类似的风险特征，但投资不是以证券形式存在，而是以存款形式存在，并且存款保险涵盖本金但不包括利息。

> **监管视角：**这些资本在欧盟本身通常适用《可转让证券集合投资计划指令》。如果是上市基金，则也适用《金融工具市场指令》。这些产品通常仅以执行方式出售，在这种情况下，向散户投资者提供投资建议的规定可能不适用；然而，关于市场营销合理性的规定仍然适用，特别是对于那些经常提供比交易所交易基金风险更高的凭证来说更是如此。此外，对于适用欧盟《金融工具市场指令》的提供投资产品的公司，要求它们须确保产品适合目标市场，并且营销策略与此一致。对于欧盟的结构性存款，适用《存款担保计划指令》。包装营销零售产品适用《零售产品投资组合监管条例》。

其他产品

资产管理领域还有一些其他产品不能完全适用上述类别。第一种是私人银行业务，即与富有客户建立全方位服务银行业务关系，专注于高效管理资产。在许多情况下，私人银行家甚至有权代表客户进行交易和投资，按照规定的个人授权，这种授权不需要确保每一笔交易都得到确认，因此这是一种真正的资产管理关系。进一步采取这种关系的是家族理财工作室，富有的个人或个人团体雇用他们自己的资产管理人员，在这种情况下他们通常还处理客户财务的其他方面，如结算账单或管理如购买房地产之类的大型资产交易。

> **监管视角：**私人银行业务与常规银行业务一样受到监管，只是客户通常被认定为有资格进行专为老练投资者准备的投资。如果私人银行家拥有将客户资产进行投资的自由裁量权，那么对基金经理的规则也适用。家族理财工作室通常不受监管，因为资产管理者是资产所有者的雇员。

在这个领域中，人寿保险也是如此，因为虽然它从根本上来说是一种风险分担的保险产品，但它具有很强的储蓄和资产管理特征，因为个人在一生中都要为保险合同付费，目的是在退休时获得收益。下面一节将对此进行更详细的讨论。

保险

保险部门处理的是风险的共同化，这意味着大量面临类似风险的个人或公司同意将风险集中在一起。保险依赖于风险之间的关联性不高，不受客户方面过多私人信息的影响，因此有些风险是可保风险，有些是不可保风险。

> **监管视角：**保险监管往往具有很强的地域性。在美国，保险监管是州一级的，在联邦层面只是适度协调。在欧盟，根据《偿付能力指令》，对保险公司的审慎监管是统一的。保险业务受益于整个欧盟的监管许可，这意味着它们既有权建立子公司和分支机构，也有权直接为客户提供服务。虽然并非绝对必要，但消费者更有可能通过当地实体获得保险，因此企业也愿意从事跨境业务。

财产和意外伤害保险

财产和意外伤害保险处理特定的事件风险。举几个例子，在零售市场上有房屋保险，投保业主或租户免受闯入和洪水损坏等；还有汽车保险，对由于被保险人驾车而导致他人受伤或被保险人汽车受到损坏的事故进行理赔。在专业领域，有各种各样的赔偿，例如防止治疗不当；在公司领域，可以保证自己免受许多风险，如火灾等。规模较小的公司通常只能获得现成的保险合同，但规模较大的公司以及非常富有的个人，可以与专业保险集团的承销商进行高度个性化的保险合同谈判。

> **监管视角**：从监管的角度来看，财产和意外伤害保险是最不重要的保险，因为根据之前实际的处理情况可以很好地观察到服务质量。然而，常规的消费者保护规则仍然适用。

健康保险

健康保险的基本目标是为个人投保与重大疾病相关的费用。大多数健康保险合同还涉及更频繁的事件，如每年的体检，或由于感冒等轻微疾病而经常就诊，因此健康保险有很强的健康管理成分。它还降低了治疗成本，因为保险公司在医疗市场上拥有巨大的购买力，因此能够获得比需要治疗的个人更低的价格。

> **监管视角**：健康保险的监管因国家而异，而且很大程度上还取决于国家提供的普通税收。监管倾向于更多地关注社会角度而不是市场结构角度，因为从整体社会观点来看，风险和先决条件较高的人的保险费率由风险较低者补贴。在私人或半私人医疗保健市场，这需要平衡保险公司之间风险的规则，以避免有人通过提供非常低的费率来吸引所有良好风险的投保。

人寿保险

人寿保险产品基本上涵盖了两种风险：第一，过早死亡的风险，导致家属没有足够的资金来养活自己；第二，死亡太晚的风险，导致退休后的资金不够用。

第一个是直接的保险产品，特别是在最重要的职业生涯开始时，有小孩的家庭死亡率很低，所以风险可以在每年的基础上以合理的保费进行保险，目前保费与当前的共同保费是一致的。

第二个风险更为复杂。今天收到的保费与几十年前的保险事件有关，因此存在投资风险，而且如果承保标准不充分，早期的反馈也非常有限。此外，涉及的金额也非常大，人们支付长达 40 年的保险合同，以获得通常至少 20 年的资金。将这一数字乘以购买人寿保险的人数，很明显，保险公司必须持有与整体经济规模相当的资产组合，以支持这些索赔。

> **监管视角：** 人寿保险是一种投资产品，并且是一种超长期投资产品，因此受到高度监管。鉴于寿险公司的倒闭对当地民众的影响，当地监管机构往往热衷于监督提供此类保险的保险公司，即便在欧盟有时这些保险公司的服务还是由另一个成员国提供的情况下，也是如此。

再保险

再保险是保险公司的保险，即保险公司为自己投保，使自己免受所要支付的索赔总额过高的影响。这使得保险公司能够承担通常无法承保的风险。由于分销优势和监管规定，许多保险公司都是地方性的（如在国家层面，甚至在美国的州一级）。一些索赔表现出很高的局部相关性（如天气事件对财产的损害）。由于损失的相关性，当地保险公司无法自行承保这些保险。然而，有了再保险，保险公司就可以将风险的极端部分剥离给再保险公司，后者可以在更大的区域内将风险集中起来，从而使这些风险成为可保的项目。

> **监管视角**：再保险是一个非常小的市场，只有几十个重要的参与者，它们倾向于在业务中遵循不成文的荣誉准则。监管适用当地保险法规，但是再保险是一个全球市场，许多再保险公司都是在一些监管比较宽松的地方开展业务。

金融咨询

金融服务咨询领域有许多零售咨询业务：

- 一般投资咨询。
- 养老金咨询。
- 税收筹划咨询。
- 保险咨询。
- 抵押贷款咨询。

前 3 个领域涉及投资，考虑在税收和养老金等外部约束法规的情况下，如何将投资者的个人情况、期望收益和风险容忍度进行最佳匹配。第 4 个领域涉及人寿保险，具有很强的投资成分，或者解决风险的保险，更多的是识别和解决个人面临的风险。最后一个不是关于投资，而是关于借款，尤其是为了购买房产而获得最合适的抵押贷款。

这些细分市场的关键区别在于专属广告客户（也称为捆绑代理）和独立顾问之间的区别，前者只提供自己所代理公司的产品，而且通常不收取费用，但会收到其促成的合同佣金，后者可以自由提供广泛的产品和服务，并且可以按收费或佣金的方式获得报酬。在许多情况下，这些顾问能够执行或至少促进他们提供咨询的合同，而在独立领域里，他们通常被称为经纪人。例如抵押贷款经纪人，他们是零售贷款部分介绍的发起人的一个例子，将获得来自不同供应商的大量抵押贷款产品的信息，并会协助客户的抵押贷款申请流程；而保险经纪人可以当场执行保险合同。一些股票经纪人也可以算在这一领域，尤其是如果他们为客户提供研究，并且能够提供投资咨询的话。

最后，我们应该提到这一领域的私人银行业务，这在资产管理部分有所描述，但对于那些不想把投资决策交给第三方的客户来说，这也是一个很好的咨询选择。通常，私人银行客户也可以获得投资研究报告。

监管视角：零售顾问受到严格监管，包括一般消费者保护规则和更多细分市场规则。例如，提供投资咨询以及出售这些投资的投资公司与关联或独立的顾问之间的关系在欧盟适用《金融工具市场指令》，在其他司法管辖区也适用类似的规则。其他领域则由特定行业的地方监管部门进行监管，在某些情况下会涉及自律机构的监管。在许多情况下，典型的咨询业务模式名义上对客户是免费的，但顾问会从供应商那里获得成功签订合同的佣金。在许多司法管辖区，尤其是受到欧盟《金融工具市场指令（第二版）》（MiFID 2）监管的地方，是不被允许这样做的，因为它产生了扭曲的激励效应。

第六章　批发金融服务产品

我们在前一章讨论了针对个人和中小公司的金融服务产品，本章继续讨论针对市场批发机构的金融服务产品。该等产品分为以下几类（参见图6.1）：

1. 批发信贷。
2. 批发和专业资产管理。
3. 一级市场发行。
4. 销售、交易、经纪和交易所。
5. 结算、托管和辅助服务。
6. 咨询和研究。

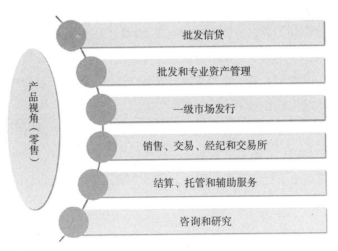

产品视角（零售）

批发信贷

批发和专业资产管理

一级市场发行

销售、交易、经纪和交易所

结算、托管和辅助服务

咨询和研究

图6.1　金融服务批发型业务的产品分类

批发信贷

大型企业信贷

金融机构的大型企业信贷部门服务于大型企业，这类企业通常是跨国公司，涉及多个监管体系。面向大型企业的金融产品与面向中型企业的金融产品的类别相同，但是规模则更大。大型企业尤其经常介入金融衍生业务，因此为之服务的衍生产品部门更为重要。

此外，信贷协议变得更加复杂：大型企业一般包括一系列公司组群，最终是由关联的贷款公司作为协议主体，而不是没有适当身份的大型企业集团自身。因此，需要重点评估哪个集团公司是实际借款人，哪些集团公司提供担保，是否存在可供抵押的合格资产，是否有协议的附加条款（如追加贷款的规模限制）以及是否有适用该等附加条款的集团公司范围。

由于规模原因，单一银行的风险偏好和规模通常无法应对大型企业的所有融资需求，因此大型企业往往同时与多家银行发生业务往来。理论上，大型企业可以与各家银行独立签订贷款协议，但这既难以在实务上落地，也很容易违反贷款合同条款。作为替代方案，多家银行签订银团贷款（syndicated loan）协议，基于同一贷款合同向大型企业提供贷款服务。银团贷款具有可替代性，即每一贷款份额单元具有同等的权利义务；银团贷款具有可交易性，这意味着参与行可以在二级市场上转让银团贷款份额。

此外，大型企业经常介入衍生产品业务，由此形成对衍生产品业务部门的需求。在衍生品章节中，我提到在许多情况下，衍生品交易配套有保证金安排，这意味着一旦市场变动，交易的重置价值发生变化，盈利一方就会获得现金或来自亏损一方的其他抵押品，使得在给定时间点，交易双方所持有的衍生品重置价值和抵押品的轧差净值为零。不过对于企业而言，其内设的财务部门并非定位于保证金动态管理职能，往往不签订保证金协议。因此，如果企业持有的衍生合约出现估值亏损，并不是立刻就向合约对手方支付保证金，而是允许将"欠款"延期到衍生合约的到期日支付。简言之，在到期之前推迟支付保证金的权利源于衍生授信额度，即一旦衍生合约出现估值亏损，授信额度则被"提取"占用以免于被即时追加保证金。实务上，使用该等授信额度已经纳入衍生产品本身的成本定价中，因此并不带来显性的费用成本。

大型企业也能够发行债券，即通过证券形式在市场上直接融资，我将在后面的一级市场发行章节中讨论债券。

> **监管视角：**正如小企业信贷一节所讨论的，企业不能吸收公众存款，所以在许多监管体系下，企业之间的借贷不受或仅受到非常宽松的监管，相关企业在理论上也可以在市场上经营借贷。当然，由于所涉贷款的规模较大，大型企业信贷实际上主要由银行承接，相应适用审慎监管框架（《巴塞尔协议》，在欧盟适用《资本监管指令》）。如果借贷以证券或类证券形式，或者与衍生品业务有关，则适用相应市场的监管规则（在欧盟适用《金融工具市场指令》）。

房地产、项目及其他资产融资

房地产和基础设施项目，如发电站、收费公路等，收益可预测性很高，因此可以用于债务融资。这一类型的贷款，如果依托已完成项目标的，则被称为房地产贷款或基础设施贷款；如果依托在建项目标的，则被称为在建融资或项目融资。

依托已完成项目标的的贷款通常是普通贷款，但它们没有追索权，即如果项目发起人以多个标的为抵押进行贷款，那么这些标的都是独立分别进行融资的，其中任一贷款发生偿付困难都不会导致项目发起人的其他融资标的被提出追索。这是一项重要特征，因为它允许独立出售融资标的，不必因为风险结构变化而重新进行融资安排。房地产贷款通常是气球贷甚至子弹贷，贷款期限短于融资标的的商业有效期，一般要做续贷安排，也就存在再融资风险。

对于在建项目标的，贷款协议更为复杂，需要按照工程进度节点执行放款。如果发生重大违约，出资人可以介入接管该融资项目标的，继续建造完成或出售给第三方。

正如前述章节讨论的零售业务，这类融资业务可以采用几种模式：贷款由银行提供并在资产负债表内体现；或者由银行或非银行金融机构作为项目发起人发起项目，进而将项目出售给基金及类基金的投资工具，或者出售给证券化结构投资工具。

监管视角：本类业务如果属于银行贷款，则适用于常规的银行审慎管理要求（在欧盟适用《资本监管指令》），特别是资本和流动性要求。如果属于基金和资产证券化工具放款，则监督检查较为宽松，适用于基金或资产证券化工具的一系列监管规定（在欧盟适用《另类投资基金管理人指令》或《可转让证券集合投资计划指令》，如果在交易所上市交易，还适用于《金融工具市场指令》）。另外还需关注这类情况下的资产证券化要求（参见资产证券化部分）。

批发和专业资产管理

该部分包括以下内容：

- 对冲基金或另类投资。"另类投资基金"是除零售投资者可以直接参与的主流投资领域之外，所有基金结构的统称，通常使用杠杆或衍生品。

- 私募股权。私募股权基金利用大额杠杆投资大型、成熟的企业，从而获得高额的回报。私募股权基金投资策略常常与市场传统投资理念方向不同，例如：私募股权基金所收购公司可能处于亏损状态；又如除利用金融工程来提高回报之外，私募股权基金也试图介入投资标的公司的运营，提高其运营效率。

- 风险投资。风险投资基金投资于创业企业，一般（但并非全部）集中于科技领域。在这一领域中，根据投资标的企业所处阶段不同，有些基金集中于早期和后期，有些属于天使基金，专注于更加前期的风险投资。

风险投资和私募股权投资领域最常见的结构是封闭式基金结构，这类基金具有固定期限，二级市场流动性很低甚至完全没有流动性。

该类资产应设立相应的投资处置期限，即制订流动性计划，尽可能但不承诺在设定的处置期限内对投资计划进行清算，并将收益返还给投资者。试图提前退出的投资者有时能够将其份额转让给其他投资者，当然这种情况无法承诺兑现，而且转让价格与净资产价值相比一般会有很大的折价。鉴于这类基金的交易导入期很长，投资该类基金通常以具有约束力的协议形式进行承诺认购，即一旦基金经理提出要求，投资者就需要支付相应的认购资金，这避免了大量低收益现金余额沉淀于基金资产负债表，从而拖累了基金管理报告披露的收益水平。

在另类投资领域中，结构更加多样，但通常采用类似于零售基金的开放式方法，根据资产的流动性设置赎回通知期，并在市场萧条时暂停基金赎回。

我把以上这类业务归类于针对机构投资者（如保险公司和养老基金）的批发业务。需要指出，上述产品也有可能面向符合条件的高净值私人投资者开放，只是法律结构略有不同或者至少分别属于不同的投资主体工具。还需要说明的是所谓基金中的基金（简称 FoF），FoF 是投资于其他投资基金的产品结构，代表了对多个基础基金的典型多元化组合投资。

> **监管视角：** 所有该类业务的监管都相对较为宽松，很多情况下仅有当地的区域监管要求。在欧盟适用《另类投资基金管理人指令》，但仅针对基金经理，且在处理复杂或专业客户时可以豁免。《另类投资基金管理人指令》从宏观审慎管理角度对私募股权基金提出一些特别规定，以确保私募股权基金不会对基础市场产生负面影响，并且为辖内公司的人员提供一定保障。

一级市场发行

在一级市场发行部分，发行机构的角色是资金供给方和需求方之间的中介机构。主要的一级市场按产品类别包括：

- 股权资本市场（equity capital markets，简称 ECM）。
- 债务资本市场（debt capital markets，简称 DCM）。
- 银团贷款。
- 资产证券化。

银团贷款已经在公司信贷部分进行了讨论，除了信贷产品方面的特性，它也具有一级市场发行以及交易产品方面的特性。

股权资本市场、债务资本市场和银团贷款

股权资本市场是指出售股票证券（如公司股票），包括首次公开募股（initial public offerings，简称 IPO），即公司首次在证券交易所上

市；二次发行（secondary offerings），即大量增发股票在市场上出售。注意二级发行不应与二级市场混淆，二级市场指市场参与者交易其持有的已发行证券。另一大类产品是配股，现有股东有权（而非义务）以低于目前交易价格的价格额外购买股票，折扣越大，就越有可能行权。通常这些权利是可交易的，这使得那些不愿或不能投入额外资金的股东有机会享有与这些权利相关的价值，增加了股东的认筹。

债务资本市场是出售债券，与股权资本市场相似，但所提供的服务更具技术性，例如只有集团控股公司发行股权，但债权可以由集团中的任何公司发行。随之而来的问题是：债券的发行期限应该是多少，利率是固定还是浮动以及利率应该设定在哪个水平，应该包含哪些发行条款，债券公开发行场所的选择等。此外，还有一个清偿次序问题：大多数债务都是优先级债务，即如果发生违约，债权人的清偿次序很高；还有次级债务和夹层债务，其清偿次序较低，因此具有较高的收益率。

就客户而言，银团贷款发行即使通常由公司贷款部门承接，但其发起与债务资本市场非常相似，因为债务资本市场发行人通常会在自身资产负债表保留部分原始贷款。

监管视角： 对于大盘股及其债务，一级市场的参与者一般为大型投资银行，以及拥有投资银行特许权的全能银行。过去，这类业务的参与机构通常被监管认定为投资公司，或者在美国与之对标的机构被认定为经纪人/交易商。自从国际金融危机以来，这些参与机构逐步意识到具备中央银行流动性支持的价值，因此选择申请专门的银行牌照。在中型市场，具有多种不同的监管模式是可能的；在许多情况下，这些商业模式都锚定在各自的本地监管管辖范围内。在欧盟，这通常是《金融工具市场指令》所定义投资公司保护伞范畴内的模式之一。

资产证券化

资产证券化的关键特征是它们代表一个资产池，资产池的所有权被按照一定比例划分为不同优先等级，其中损失按优先等级顺序变化：类似于优先级债券的最高级、类似于股权的劣后级、介于各种次级或夹层之间的各类债务。

以三档结构资产证券化的简单情况为例：一为股权部分，二为夹层部分，三为优先级部分。假定资金池总规模为1亿美元，三档分别为8 000万美元、1 500万美元和500万美元。当入池资产开始偿还时，最早8 000万美元用于偿还优先级部分，之后1 500万美元用于偿还夹层部分，其他用于偿还股权部分。或者换一个角度理解：最先发生的损失，500万美元以内由股权部分承担；超过500万美元的损失，超过部分在1 500万美元以内，由夹层部分承担；只有夹层和股权部分全部损失，优先级部分才开始被侵蚀。各个分档的预期回报应与其风险相匹配，因此优先级部分将获得无风险利率加上小幅风险溢价，夹层部分则可多获得几个百分点的收益，股权部分的年化收益通常在5%～15%的范围。

根据入池资产的不同，资产证券化产品类别如下：

- ABS（资产支持证券）是通用术语，用于以下提到的所有类型的证券，特别是处理未提及资产类别的证券化产品（如信用卡应收款ABS）。
- CDO（担保债务凭证）基于各种债务，例如债券或贷款，通常为投资级；CDO是这一类证券化产品的通用名称。
- CLO（抵押贷款证券）基于贷款，通常是与私募股权交易相关的高风险杠杆贷款。
- CBO（担保债券凭证）基于债券，通常是高风险的垃圾债券，并且与私募股权交易有关。

- REMIC（房地产抵押投资通道）是美国对基于房地产贷款的证券化业务的称法；在欧洲，个人贷款的 RMBS（住房抵押贷款资产证券化）和商业房地产贷款的 CMBS（商业地产抵押贷款资产支持证券）更为常见。

证券化的基础资产池分为静态型和循环型，前者指投资收益在资产偿还或被清算后即被返还给投资者；后者则是再投资期间，资金偿还后被再配置到新的资产中，再投资期结束后，循环型终将演变为静态型。

根据资产类别，资产证券化要么是为了支持发起人的贷款再生产，通常是在 RMBS/CMBS/信用卡领域，在此情况下，发起人通常留存高风险/高回报的股权部分；要么是为了在股权分档部分为投资者获得高回报，在此情况下，资产证券化整体由市场上主动购买资产的资产管理人进行运作和管理，通常为 CLO/CBO。

> **监管视角**：该类产品都是有价证券，适用标准的证券法规，并且由于一般不对零售投资者开放，经常可采用简化规则。根据证券化产品是否在交易所上市（多数情况是即便并无实际交易，但属于交易所上市类型），适用于对应的市场监管（在欧盟适用《金融工具市场指令》）；根据是否具有评级（多数情况为债券评级），评级机构所适用监管要求较为重要（在欧盟适用《评级机构监管条例》）；根据底层资产的类别，对发起人可能提出一定比例的风险自持要求（在欧盟，银行和投资公司适用《资本要求指令》和《资本要求条例》，基金管理人适用《另类投资基金管理人指令》，保险公司适用《偿付能力指令》）。

销售、 交易、 经纪和交易所

在这一业务类别中，有3类大的细分类别：

- 投资银行和经纪人/交易商的销售和交易。
- 经纪。
- 交易所。

第一类仅包含批发产品，后两类则同时包含批发和零售市场（第二类经纪业务的批发和零售产品并不相同）。

销售和交易

销售和交易部分包括投资银行和经纪商业务，它们彼此之间或者与客户达成交易，本质上是一类中介业务，参与机构一般采取促进成交的业务立场。例如，如果客户希望出售低流动性债券，一般无法立即找到买方，交易商则作为对手方先行买入后，再待价出售，从而向市场提供流动性支持服务。在这种情况下，交易商通常被称为做市商，其通常以合理的价差（买卖价差）和成交量提供双边报价。

同时，也有单纯的自营交易，指交易商进入市场，积极购买他们认为价值被低估的资产。然而，监管机构目前很不认可这类交易，因此交易趋于向客盘驱动的方向发展。不过有些非银行交易商已经介入这一监管并不认可的领域，最典型的是高频交易（简称HFT）基金，它们主要试图根据不同市场观察发现的市场行为进行买卖。

对交易活动分类可以基于交易标的的资产形式，包括如下内容：

- 证券和银团贷款。
- 外汇。
- 衍生品和回购。

第一类是交易标准化资产包，虽然在电子股票时代，已经不再基于纸质股票交易凭证，但把这些资产视作基于纸质股票的实物交易凭证，有助于业务理解。第二类是外汇交易，它的特点是交易商承诺用资金全额兑换。例如，一个卖英镑买美元的交易商把支付的英镑转入英国的银行账户，并通过美国的银行账户接收转入的美元。近年来，绝大多数的外汇交易适用清算模式，因此与证券交易没有太大区别，只是每天24小时在全球不同的金融中心进行交易。衍生品是基于底层可交易资产价值交换现金流的合约，比如看涨期权，它对应于在未来约定日期以约定价格购买指定资产的权利，而非义务。回购协议是指出售证券并在未来约定日期回购的协议，或经济意义与之等同的担保贷款协议。后面我们将更详细地讨论衍生品和回购协议。

> **监管视角：** 我已经在一级市场发行章节讨论了国际顶尖的投资银行，这里也持有同样的观点，即大型投资银行或具有投资银行特许权的全能银行通常被视作银行来监管，因为它们需要寻求中央银行的流动性支持。被作为银行监管（在欧盟适用《资本要求指令》），意味着要满足与交易规模、交易对手信用风险暴露以及相关操作风险相匹配的最低资本要求。在市场中运营的小型公司，则可能被视作投资公司进行监管（在欧盟适用《金融工具市场指令》）。

证券交易

银行和经纪商内部的证券交易部门关注于交易所流动性不足的证券，因此当市场需求超出交易所流动性供给情况下，交易商提供的资产负债吞吐可以发挥作用，带来附加价值。对于非流动性证券，客户通过交易商得以不受规模限制实现交易；对于高流动性证券，仅对大宗交易需要借助交易商，但即便如此，由于"暗池"的存在（在下一章节"交易所"部分一并讨论），交易商在如今常常是不必要的。

主要股票大多在交易所交易，这使得交易商渐行渐远于二级股票和债券市场，其中债券包括公司和政府发行的证券以及证券化工具。严格说来，银团贷款整体不属于证券，仅其中一类应该纳入证券交易类别，即能够以份额形式簿记建档并可交易的银团贷款。

监管视角：除上述规则外，证券法规的管辖权也很重要。例如，这意味着必须确保没有任何交易基于重大非公开信息（material non-private information，简称MNPI）。由于投资银行也从事咨询工作，这意味着必须建立有组织的防火墙将公私隔离。此外，为了不分散流动性，一些证券必须在交易所（除非大宗交易的情况）或在其他经批准的交易场所交易，而且交易必须报告给交易信息存储机构（在欧盟适用《金融工具市场指令》）。

衍生品交易

衍生品是基于一种或多种底层可交易资产的价值来交换现金流的合约。典型的底层资产是外汇、股票和利率。例如，在利率互换中，交易一方可以签订合同，基于1亿美元互换名义本金支付固定利息1%，换取指定期限内（例如3年期限）定期收到浮动利息收益，例如伦敦银行间拆借利率（简称LIBOR）。再举一个例子，期权是在约定日期和约定"执行"价格购买资产（如股票）的权利，而不是义务。还有信用衍生品，非常类似保险合同：买方定期支付保费，如果底层资产违约，买方将得到信用损失的补偿。

衍生品既可以是交易所交易，也可以是场外交易，可以被中央集中清算或双边清算。中央集中清算情况下，衍生品合同发生合约替代，交易对手方被替代为中央对手方；而在双边清算中，原先的交易对手方仍然是合同履行的双方。衍生品可以收取或不收取保证金，前者意味着市值的每一次变化都会导致现金抵押品的补偿转移。有关合约替代和保证金支付的详细说明，请参阅后续清算章节。重要的是要理解保证金型衍生品与非保证金型衍生品具有很大差异。举个例子，一家公司发行浮动利率债券后（因为这是投资者偏好投资的券种），可以通过利率互换将浮动利率债券转换成固定利率债券，以提前锁定债券的利息支出。如果该债券是长期的，那么它的现值对利率的变化非常敏感。为了便于讨论，假定它是一只 10 年期债券，若利率变化 1%，那么债券的市值就会变动近 10%，由于贴现的影响，市值变动幅度略小一些。假定债券募集规模 1 亿美元，那么一旦错判市场趋势，该公司将不得不支出 1 000 万美元现金作为抵押品。为了能够做到这一点，公司将不得不在筹集的 1 亿美元中保留相当一部分作为现金，这显然弱化了筹集资金的目的。这就是为什么向公司提供无保证金衍生品的原因，正如"批发信贷"章节所述，提供衍生授信额度本身就是一类重要的产品条线。

> **监管视角：** 衍生品有许多补充要求。必须用中央对手方清算；报告给交易信息存储机构；某些情况下，高度标准化的产品必须通过交易所或其他授权交易场所进行交易以确保不分散流动性（在欧盟适用《金融工具市场指令》《欧洲市场基础设施监管条例》）。衍生品的市场风险需符合审慎监管的资本要求（在欧盟适用《资本要求指令》），即使是没有市场风险的套保头寸也会计提交易对手信用风险资本，以覆盖衍生交易对手可能违约的风险。这种交易对手信用风险资本计提在很大程度上取决于保证金覆盖比例，如果交易对手是享有衍生品授信额度的企业，则信用风险资本占用最高。

回购与证券借贷

证券交易市场的一个特殊类别是回购市场，Repo 是回购协议的缩写。严格说来，回购是指在未来约定日期以约定价格赎回证券的交易，该日期通常为未来几天，反向交易被称为逆回购。从经济含义上理解，其可视作担保贷款交易：回购方接受现金，并将证券作为担保品移交；在交易结束时，回购方返回现金加利息，并重新取回担保证券。从另一个角度看，其目的通常是为交易或投资组合融资；回购方希望获得资产的经济所有权，但不愿或不能通过融资实现。

又或者，回购交易可以被视为一种证券借贷：逆回购方希望获得一种特定的证券，通常是卖掉它，然后以较低的价格买回——这个过程也被称为卖空。其中，逆回购方缴纳现金以保证按期归还证券。值得注意的是，根据监管体系和抵押资产的不同，合法的真实回购交易可能被认定为担保贷款交易，反之亦然。

> **监管视角：** 为了有效地参与回购交易市场，交易商需要寻求中央银行的流动性支持，因此通常视作银行进行监管（在欧盟适用《资本要求指令》）。回购市场特有的核心问题之一是回购协议将大量的资产负债用于低风险项目。这意味着，如果一家银行回购资产相较其他资产而言规模很大，那么杠杆率所施加的约束（不考虑风险因素）就会开始产生实质性影响。

经纪业务

与可以建立自营持仓的交易商不同，经纪商只能在交易对手之间提供交易服务，往往在客户和产品领域均较为专业。传统经纪业务是建立在语音经纪的基础上，客户可以通过电话下单，或者经纪人主动打电话给客户提出交易建议。出于成本效率原因，在零售领域，现在大部分传统经纪商都转型为线上券商，而在批发领域则建立了众多专用电子系统。

零售经纪人一般为零售客户提供在交易所（有时是其他交易场所）进行交易的渠道。尽管实际所涉及最重要的证券类型是股票，但经纪人通常涵盖交易所上市的全部证券，尤其是债券和投资凭证。

尽管经纪人可以涵盖多个交易所，但通常只在其所在国进行交易，这意味着仅服务当地上市的证券。零售经纪人经常提供一些辅助服务，例如存管和报告，有时还提供融资服务。

在批发市场中，经纪人服务于终端客户与交易商之间的联系，此外还有交易商间经纪人（inter-dealer brokers，简称IDB），服务于交易商之间的联系。在一些交易所未能覆盖的市场（例如外汇类资产），市场经纪人一般采用电子交易方式，经营着准交易所。此外，更为复杂的产品（如复杂的衍生品）达成交易，通常通过经纪人的中介而不是通过交易部门直接相互联系的方式。在批发市场，经纪人提供的辅助服务很少，一旦介绍客户相互对接，这些客户就会直接双边执行交易。

我想在这里简单地提一下主经纪商业务，它们并不是真正的经纪公司，而是由投资银行为对冲基金提供的一系列辅助经纪服务，如融资和报告服务。

> **监管视角**：经纪人通常被视作投资公司监管（在欧盟适用《金融工具市场指令》），并且根据客户的不同，也需要遵守最佳执行规则。除非零售经纪人会仅仅定位于执行层面，否则他们对客户也负有受托责任，例如必须确保投资行为是适当的。还有一些最佳执行规则，意味着如果执行交易有多种方式选择，必须考虑购买价格加上所有相关费用，经纪人选择最便宜的方式。

交易所

交易所是证券或衍生品市场的有组织场所，功能是匹配买家和卖家，直到交易双方同意以给定的价格进行交易。所有的衍生品合同都是标准化的，无须进一步询价谈判。一旦交易达成协议，交易所参与环节结束，转由清算所接管以确保交易得以结算。

根据交易所和所讨论的证券或衍生品的不同，交易所可以通过多种不同方式组织市场。最简单的方法是连续交易，买卖双方不断提交报单，只要条件符合，这些报单就会被撮合。例如，买家可以提交限价报单，以 101 美元或更低的价格购买，卖家则以 100 美元或更高的价格出售。这些报单可以被撮合，例如通过拆分差价并以 100.5 美元执行交易。买家和卖家都可以在市场报单，并与另一方的最优报单撮合。对于流动性不足的证券而言，市场成交结果有时可能与投资者报单的预期相去甚远。

如果证券具有高流动性，那么连续交易是最有效的，在任何给定的时间点都有足够的卖家和买家。特别而言，如果没有足够的限价订单来支撑适当的价格区间，市价报单风险很大，因为可能有人伺机以对既有市价报单非常不利的价格闯入市场。对于流动性较差的证券，另一种选择是定期拍卖（如在工作日的开市或收市）。这些措施将每日的流动性集中到更短的时间段，促进更加有效的价格发现，当然这些措施不得不以牺牲交易时效性为代价。一些交易所还要求做市商（market makers，即该交易所的特许交易商），除在市场动荡的情况外，应该以合理的交易量报出双边价格。这一举措提升了交易所的流动性，但由于交易商必须介入，在市场失衡的情况下交易商不得不承担风险。鉴于资本要求的收紧，做市业务对于过去在这一领域主要参与机构银行来说，吸引力已大不如前。

衍生品交易所有一个有趣的变化。当交易债券期货时，即在未来某个约定时间买卖债券的合约，它们通常由相关债券的期限（如"5年"）来定义。然而，出于技术和法律方面的原因，衍生品合约的定义是债券期限，比如"2022 年"。这样经过一年之后，5 年期合约变成 4 年期合约，以此类推。为了持续提供 5 年期合约，交易所将定期上市具有指定到期日的新合约。在实践中，近月合约吸引了存续合约中最大的流动性，许多投资者持续执行移仓换月滚动持仓策略，这意味着他们在近月合约建仓的同时，对历史持仓进行平仓。期货合约通常是其他衍生品合约的基础，例如，有权以约定的行权价买入期货的看涨期权，或者有权以约定的行权价卖出期货的看跌期权。

相同的移仓换月机制也发生在大宗商品期货市场，期货合约指在约定地点交割某种质量商品（如石油）的合约。这些合约几乎总是在最终到期日之前平仓，因为很少有参与者最终愿意参与商品的实际交割。

最后，还有多边交易设施（multilateral trading facilities，简称MTF），它们与交易所类似，但通常规模较小，而且并非对所有对象开放。有时 MTF 获得了某些监管豁免，不涉及与交易所类似的报告要求约束，在这种情况下，它们通常被称为暗池。具体来说，在交易所，所有的交易都需在很短的时间内发布。暗池报告时效则可以有显著延迟，从而使得大额报单头寸能够逐渐成交。运行大多数暗池的经纪人/交易商须遵循最佳执行规则，这意味着如果暗池提供的执行价格优于该交易量在交易所得到的最佳价格，则他们只能将交易路由到暗池。

> **监管视角**：从某种程度上说，交易所以及其他类型的交易场所都受到了高度监管，同时也受到了对其上市证券的监管。为应对监管，交易所必须对在交易所进行的交易保持高度透明，且必须根据客观标准提供非歧视性的服务准入。对于其他交易场所来说，也一样适用，尽管监管程度稍弱一些。在某些情况下，交易所被授予垄断权，如果一种证券在某交易所上市，那么它可能不被允许在该交易所外的地方交易。在欧盟，监管交易所的关键法规是《金融工具市场指令》。与之相关的是《欧洲市场基础设施监管条例》，它监管下一小节我们将讨论的中央对手方和交易信息数据。

结算、保管和附属服务

清算和结算

如前所述，交易所和其他交易设施的功能是匹配证券或衍生品的交易双方。存在的问题是，交易双方在达成交易之前无法确定他们各自的交易对手，因此无法评估交易对手是否具有履约能力。为了解决这个问题，这些交易在对应的清算所中清算，以保证交易双方履约。

证券结算与合约替代

清算所提供的担保涉及一个称为"合约替代"的流程，清算所将自己介入两个交易对手中间。例如，如果 A 承诺以一定的价格向 B 出售证券，那么有了合约替代后，A 将把证券出售给清算所，清算所再把证券出售给 B，两笔交易的价格相同。重要的是，即使 A 或 B 违约，清算所仍有责任在交易的另一方履行义务。

实际上，证券清算所通常有许多清算会员，他们通常也是清算所的股东，通过清算所处理所有交易。清算会员有足额的抵押品存放在清算所，如果他们违约，抵押品足以赔偿清算所遭受的损失。终端客户不直接与清算所打交道，而是通过签约选择的清算会员参与市场。为了详细了解流程，假设客户 A 的清算会员为 CMA（clearing member A），客户 B 的清算会员为 CMB（clearing member B）。如果 A 无法履约交付，从清算所角度，CMA 需要执行履约义务；即使极端情况下，CMA 发生了违约，清算所可以使用 CMA 抵押品来确保对清算会员 CMB 和最终客户 B 的履约交付。因此，CMA 和 CMB 承担了各自客户违约的风险，并且由它们来确保风险处于可控水平，并由此服务收取与之相称的费用。

> **监管视角：** 证券清算所适用与衍生品清算所相同的监管规则，但由于证券产品清算周期只有几天，所以一般不公布变动保证金率。具体见下一节衍生品中央对手方分析。

衍生品清算、合约替代与保证金制度

理论上讲，衍生品清算和合约替代在相应证券市场上的概念相同，清算所也被称为中央对手方，介入原交易双方并成为买方的卖方和卖方的买方。实际上，关键区别在于：证券清算只持续很短的一段时间（最多几天），而衍生品清算需要清算所介入标的合约完整一个周期，例如10年期互换交易需要10年。合约替代的目的是在衍生品交易对手之间建立防火墙，使得一个参与者的违约行为不能在整个市场中蔓延，只要清算所是安全的，市场其他参与者就可以不受违约交易的影响。

保证中央对手结算机制运行的关键是保证金制度，更确切地说是变动保证金和初始保证金。在讨论衍生品授信额度时，我已经讨论过变动保证金追加，为了完整起见，我在这里重复一遍：任何衍生品合约当前都具有公允价值。例如，一项以100美元价格购买目前价值110美元资产的权利，其内在价值为10美元。如果购买资产的权利不是现在而是将来有效，那么必须根据期权价值和利率进行折现，但无论如何这个期权将具有可以量化的现值。保证金是指当前持仓净现值为负的一方，即未来很可能付款的一方，必须向对方交付现金或其他抵押品，以便在任何给定的时间点，衍生品的现值和所交付抵押品相互抵消。变动保证金根据需要进行调整，在不考虑延迟提交保证金以及估值模型有误等因素外，双方的信用风险得以保持为零。

从某种意义上说，衍生品交易中央对手方是享有特权的交易对手，理应得到特别的风险保护。因此，除了交易双方交换的变动保证金外，还有所谓的"初始保证金"，它可以保护中央对手方在市场价值发生变化和追加保证金之间的时段内免受损失，同时防止估值模型错误。这就对交易双方产生了影响。例如，一笔衍生交易估值5 000万美元，那么交易一方交付5 000万美元作为抵押品，而交易另一方收到抵押品后，现值和所交付抵押品相互抵消，不再需要担保了。如果涉及清算所，双方的初始保证金为1 000万美元。这意味着，现在净亏损一方必须交付6 000万美元作为抵押品，而交易另一方只得到4 000万美元。因此，交易双方交付和收到抵押品轧差后总计为2 000美元，这正是中央对手方所要求的初始保证金金额。

监管视角：金融危机后，场外交易市场（即非交易所交易市场）的衍生品交易使用中央对手方已成为一项强制性规定，这极大地推动了部分在危机之前还属于边缘业务的衍生品业务。中央对手方必须遵守相对统一的标准，而欧盟的标准主要是《欧洲市场基础设施监管条例》。中央对手方受到行为和市场结构监管，主要是基于非歧视性原则的准入管理，但这里的监管主要着眼于审慎：监管机构选择了中央对手方这样一个众所周知的"篮子"，在其中收集了所有以前分散的鸡蛋，因此现在监管机构真的必须关注这个"篮子"。如果任何一家大型中央对手方出现问题，至少在短期内，对市场的影响可能不亚于雷曼兄弟违约事件。

监管机构最终关注的焦点是所持保证金的总量，因为在每个给定的时间点，保证金应足以弥补交易对手违约时的潜在损失。这是一个复杂的问题。首先，它需要对市场风险进行有效建模，特别是对危机时期的相关性建模，这是出了名的挑战。其次，这是一个系统和运营问题：系统不仅需要在日内及时处理所有日常事务，还必须能够进行日内重估，在市场出现大幅波动时能满足计量速度的要求。然后，系统必须能够非常迅速地向所涉交易对手推送保证金要求，对所收到的保证金与所要求的保证金执行对账，并跟进处理客户的保证金欠款。最后，如果保证金按期追加，系统必须确保违约方所涉交易被终止，并在剩余保证金耗尽之前，确保违约交易被等价的新交易替代。建立符合这样要求的系统和流程是一项极其复杂的任务，进一步让监管机构确信所有技术和运营风险已经得到有效管控则更加困难。

交易信息存储机构和其他报告实体

交易信息存储机构是信息服务提供机构，它收集关于所有可报告的衍生品交易的信息，包括所有在交易所交易和/或由中央对手方结算的交易，以聚合格式公开提供，并且根据监管需要提供具有交易级别粒度的交易信息。从根本上说，这不是一项复杂的任务，但是数据量非常大，而且数据并不总是干净的。特别而言，目前每笔交易都要报告两次，所报告的字段略有差异就必须手动调整，所以数据对账是一项困难而耗时耗力的工作。

还有许多因为监管要求而存在的报告服务提供机构，特别是代表投资公司发布交易报告的核准出版安排，代表投资公司向监管机构或欧洲证券和市场管理局报告交易细节的核准报告机制，以及从各个场所收集交易报告，并将它们合并为连续电子实时数据流的汇总交易记录供应商。

> **监管视角**：欧盟的交易信息存储机构监管适用《欧洲市场基础设施监管条例》。有趣的是，交易信息存储机构不受当地监管，而是由欧洲证券和市场管理局直接监管。在市场动荡的情况下，交易信息存储机构的重要性并不如中央对手方。尽管如此，如果处于市场动荡时期，监管机构更需要足够的信息，交易信息存储机构必须能够处理新的交易信息，并及时创建最新的报告。在欧盟，核准出版安排、核准报告机制、汇总交易记录供应商由《金融工具市场指令》定义并监管。

托管机构和登记机构

从历史上看，证券是实物票据，交易证券涉及将这些票据与商定的现金数额进行交换。这也就一并解释了结算由于历史原因仍然需要在交易达成后过几天再执行：卖方必须回到他的保险箱，取出证券证书，并将其安全运输到结算地点。

这种安排相当烦琐和危险，因为在运输过程中，文件可能被盗、销毁或丢失。市场建立了一个更好的解决方案：托管。托管人可以提供个人托管或集体托管。在前者的模式下，不同客户的证券在物理上保持独立。后者则是受托客户的所有证券统一存放，所有权通过托管人管理的分类明细账确定。如果托管人违约和证券遗失，无论是由于托管人的操作问题，还是由于将证券借给第三方时交易对手违约，这两种托管类型之间的差异变得非常重要。

当一种证券进行交易时，如果双方使用同一托管人，变更证券的所有权就像在集体托管的情况下变更分类账分录或在单独托管的情况下将证书从一个包转移到另一个包一样容易。如果交易对手使用不同的托管人，由托管人安排的证书交接，仍然明显比交易对手双边安排交换更高效、更安全；特别是如果证券是被频繁交易的品种，则只有该券种的头寸变化净额需要交换。

大多数证券赋予投资者获得经常性收益的权利，无论是股息还是息票。从历史上看，这些都需要从相应的证书上剪下来的优惠券，这样任何人都可以出示它来获得收益。重复说明一下，托管人通常会处理这件事（他们会把所有的优惠券分开，逐一将收到的现金存入投资者的账户）。最后，有时发行人需要与所发行证券的投资者取得联系，可以通过金融媒体实施；同样道理，托管人也能够提供这一服务，即向客户通报所投资证券的相关事宜，例如年度股东大会或配股事宜。

如今，大多数股票通过电子方式持有，这意味着没有股票凭证，但有一个由登记机构管理的集中而具有公信力的登记账户，其中包含了何人拥有多少证券的信息。这个分类账可能包含持有证券的最终客户的姓名（相当于个人存款），或者包含最终客户开户托管人的姓名（相当于集体存款）。在这种情况下，发行人需要联系投资者，可以简单地通过登记机构进行联系，登记机构或者直接通知投资者，或者通知托管人，后者再通知投资者。

> **监管视角**：托管机构和登记机构受当地监管管辖，通常体现在投资管理业务相关监管法规中。市场投资者对托管机构和登记机构的期待包括：要求制定流程以确保托管机构和登记机构尽职履责，确保客户资产的安全性，并且公司高管或者重要岗位任职人员应符合相应的任职资格要求。

咨询和研究

投行咨询

投行咨询主要是为公司合并与收购业务提供咨询，因此通常称为并购（简称 M&A）。投行咨询业务的业务价值通常被低估，因为从事咨询业务的银行家们经常在各类金融问题讨论过程中（有时是政府）提供建议。

> **监管视角**：主流的咨询业务往往被视作银行监管，因为它们通常也拥有资本市场特许经营权，所以需要获得中央银行准入。小型的顾问可以按照投资公司进行监管（在欧盟适用《金融工具市场指令》）。在许多监管体系中，面向客户的员工需要通过相关资质考试，并在对应的监管机构注册登记。

经纪研究及评级

经纪研究，也称为卖方研究，是由投资银行或经纪/交易商进行的研究，并提供给它们的客户。研究报告过去是免费提供的，一般认为这样会增加交易流量。然而，在某些监管体系下，这样做的可能性受到限制，导致银行和经纪交易商内部的研究资源减少，并出现了付费研究商店。最大的研究领域是股票研究，研究分析师跟踪特定行业，调研公司，并对个股的公允价值发表一般性意见；也有信用研究，覆盖同一公司的债券发行。更为概括地说，许多交易业务在相应领域具有研究支持人员。例如，外汇市场有外汇策略师，结构性金融分析师负责结构性金融市场。此外，投资银行一般都有经济学家提供更宏观的经济研究。

> **监管视角**：提供投资建议的公司被监管机构视作投资公司监管，投资研究是一种辅助服务（在欧盟适用《金融工具市场指令》）。自21世纪初以来，监管制度的一个关键重点是调整分析师与投资者之间的激励机制。因为在互联网泡沫时期，一些公司向分析师施加压力以促使其提供对公司有利的报告，特别是一些分析师的公开观点与他们私下表达的观点不同。此外，根据欧盟最新规定，研究费用将被显性支付，而不是向经纪客户等免费提供服务，从而给这类商业模式带来了压力。

评级机构与卖方分析师相似，它们对证券和发行人持有相关研究观点。重要的区别是，评级机构是针对固定收益产品（即支付票面利率的债券），而不是针对代表公司所有权的股票，确定代表各个证券信用质量的信用等级来表达自身的意见。最高评级为3A级别（AAA或Aaa，形式取决于评级机构），再通过AA/AA、A/A下降至BBB/Baa，而BBB/Baa是最低的所谓投资级评级。再以下是次投资级别评级BB/Ba、B/B、CCC/Caa、CC/Ca和C/C。对违约的证券也有D级评级。3类主要的评级是：

- 公司债务评级。

- 主权债务评级。
- 结构化金融（ABS）评级。

虽然它们都使用相同的评级体系，但不同类别的评级却很难进行比较，比如 3A 评级在企业、主权和结构化金融领域的含义截然不同。

监管视角：评级机构现在通常受到直接监管（在欧盟适用《评级机构监管条例》）。此外，评级是大多数审慎监管框架的基石，例如《巴塞尔协议》（在欧盟适用《资本要求指令》）。

第二部分

监管体系案例解读

本书第一部分讨论了监管体系的框架原则。在此基础上，第二部分将深入解读监管体系的实质。从国际宏观层面来看，不同区域的监管体系具有良好的相通性，因此本书选择某一典型区域的监管体系作为案例深入解读，其他区域则不再赘述。

在美国和欧盟这两个当然之选中，本书以欧盟地区的监管体系为案例，主要考虑到欧盟地区监管体系的框架更为清晰，相应的职责分工更加明确。具体而言，美国的监管体系中，州级法律与联邦法律之间经常存在冲突关系，并存在职能重叠的问题；而在欧盟地区，尽管布鲁塞尔与各成员国法律理论上存在类似的冲突关系，但是事实上迄今为止，欧盟与各成员国的主要金融服务领域的监管制度在很大程度上已经趋同。另外的特别之处在于，欧盟单一市场的拓展障碍最小，企业具有非常强烈的动力将其业务从单个成员国拓展到单一市场的所有其他成员国。因此，欧盟地区的监管体系对于理解完整的一套金融服务监管体系是一个非常好的切入点。

本书将大约 2 000 页的监管制度概括到稍稍超过 100 页的篇幅，为概述简化需要，许多细节不得不被省略，但提炼的每一条信息都与监管制度的原始条款相连。整个欧盟地区的监管制度都可以通过互联网检索，因此任何想进一步了解细节的读者都可以方便地检索具体的制度条款。

1. 《另类投资基金管理人指令》（AIFMD）。

2. 《反洗钱指令》（AMLD）。

3. 《银行复苏与处置指令》（BRRD）。

4. 《跨境支付条例》（CBPR）。

5. 《消费者合同指令》（CCOD）。

6. 《消费者信贷指令》（CCD）。

7. 《资本要求指令》（CRD）。

8. 《存款担保计划指令》（DGSD）。

9. 《金融服务远程销售指令》（DMFSD）。

10. 《欧洲市场基础设施监管条例》（EMIR）。

11. 《电子货币指令》（EMD）。

12. 《通用数据保护条例》（GDPR）。

13. 《市场滥用行为监管条例》（MAR）。

14. 《抵押贷款指令》（MCD）。

15. 《金融工具市场指令》（MiFID）。

16. 《零售产品投资组合监管条例》（PRIIPR）。

17. 《支付服务指令》（PSD）。

18. 《评级机构监管条例》（RAR）。

19. 《可转让证券集合投资计划指令》（UCITSD）。

20. 《不公平商业行为指令》（UCPD）。

第七章　《另类投资基金管理人指令》

《另类投资基金管理人指令》
规范另类投资基金管理人行为

概要

该指令适用并监管另类投资基金管理人（AIFM，例如对冲基金、私人基金和房地产基金的管理人）。同时，该指令也适用并监管另类投资基金（AIF）及其存管服务供应商，当然囿于它仅对管理人以及管理人如何向客户营销具有管辖权，所以监管方式是间接的。

与金融科技公司的相关性

与《可转让证券集合投资计划指令》不同，另类投资基金通常不针对零售投资者开放，因此对于瞄准零售投资者的金融科技公司而言，这项指令的影响相对次要一些。

参考

- 第 2011/61/EU 号指令（AIFMD）。
- 第 2009/65/EC 号指令（UCITSD 4）。
- 第 2004/39/EC 号指令（MiFID 1）。

第 2011/61/EU 号指令即《另类投资基金管理人指令》，依据其他一些指令，主要是第 2009/65/EC 号指令《可转让证券集合投资计划指令（第四版）》和第 2004/39/EC 号指令《金融工具市场指令（第一版）》。

概述

该指令适用并监管欧盟另类投资基金，不包括第 2009/65/EC 号指令《可转让证券集合投资计划指令》适用范围的投资基金。这类基金的典型代表是对冲基金、私募股权基金和风险投资基金。该指令实际上并不对基金本身进行直接监管，而是对基金管理人进行监管。对于不遵守该指令的另类投资基金，基金管理人不得不放弃管理和营销它们，基于这一逻辑，另类投资基金得以间接地纳入监管。该指令适用并监管欧盟和非欧盟实体，无论是另类投资基金管理人、另类投资基金、投资者中的哪一个涉及了欧盟，都很有可能被该指令监管到（第 1 条、第 4 条）。当然存在一些重要的例外情况，尤其是养老金计划，或者不对外部投资者开放的小型投资基金管理人（第 2 条、第 3 条）。

核准

在该指令范围内的每一只另类投资基金必须有且只有一个另类投资基金管理人，而且基金管理人负责在其管理的所有另类投资基金范围内遵守该指令。另类投资基金管理人只有获得核准才能管理另类投资基金，并且核准许可范围内行使管理权限、执行指令附件一和第 6 条所规定的有关行为。

欧盟的另类投资基金管理人必须向其母国监管机构申请核准，并且必须将所有变更（包括与所管理另类投资基金相关的变更）通知母国监管机构，只有在监管机构未对该等变更提出异议的情况下，该变更才可以实施（第 7 条、第 10 条），上述核准可以被撤销（第 11 条）。为了通过资格核准，另类投资基金管理人必须满足最低资本要求，并且管理层和主要股东都必须符合相应的任职资格。一旦核准授予另类投资基金管理人资格后，该资格在所有会员国都将有效（第 8 条、第 9 条）。欧洲证券和市场管理局对欧盟内所有通过核准的另类投资基金管理人进行公开注册（第 7 条）。

一般规定

另类投资基金管理人必须遵循相关一般原则：特别是要公平对待投资者，除非另类投资基金的相关规则或者章程对优惠待遇做出规定并予以披露，否则另类投资基金的任何投资者不得享受该等优惠待遇；另类投资基金管理人获得的核准包含全权委托的投资组合管理服务的，不得将客户的全部或部分投资组合投资于其管理的另类投资基金，但与客户另有协议事先获得认可的情况除外（第12条）；另类投资基金管理人必须根据该指令和欧洲证券与市场管理局指南对关键工作人员制定适当的薪酬政策（第13条、附件Ⅱ）；另类投资基金管理人必须管控各个层面可能出现的利益冲突（第14条），必须建立与业务营运单元在职能和层级上相互独立的风险管理组织结构；针对风险管理系统和流程制定相应制度，定期进行评估，至少每年一次，必要时须进行修订（第15条）；每只另类投资基金都必须对其可能运用的杠杆设定上限（第15条）。

所有另类投资基金必须采用适当的流动性管理系统，并定期进行流动性压力测试。特别是另类投资基金必须确保向投资者承诺的赎回条款与资产的流动性状况相匹配。不涉及杠杆的封闭式基金，从设计上来说不存在流动性风险，可以不受这些要求的约束（第16条）。另类投资基金管理人必须遵守证券化风险自留比例的要求（第17条），必须始终具备充足且适当的人力和技术资源，必须确保规范内部员工个人交易行为的规则执行到位（第18条）。

所有另类投资基金都必须定期市值重估，频率不得低于每年一次。市值重估的频率取决于基金资产（资产的流动性越强，估值频率越高）以及另类投资基金的发行和赎回条件。必须确保另类投资基金发生增资和减资时，进行估值并按照公允估值簿记（第19条）。估值必须由外部估值机构进行，或由内部估值人员实施，但条件是估值职能独立于投资组合管理职能，并且相关制度保证两者之间减少利益冲突，例如薪酬制度设计（第 19 条）。

另类投资基金管理人在有客观理由的情况下可以将自身的职能委托第三方代为履行。总的来说，受托方必须满足与原始管理人相同的核准和注册要求。如果原始管理人事先同意，受托方则可以进一步转委托。上述情况下的委托行为并不能影响另类投资基金管理人对其客户的责任（第 20 条）。

存管机构

每只另类投资基金都必须为其资产指定单独的存管机构。存管机构必须是符合《可转让证券集合投资计划指令》的持牌机构，例如银行或投资公司。对于非欧盟的另类投资基金，以及一些持有长期非流动性资产的另类投资基金，适用的规则要略为宽松一些。为避免利益冲突，另类投资基金管理人不能担任存管机构，具有另类投资基金交易对手身份的主要经纪人也不能担任存管机构，除非其在职能和层级上将存管职能和经纪人职责分离。对于欧盟的另类投资基金，存管机构必须与另类投资基金设立在同一成员国；对于非欧盟的另类投资基金，存管机构的设立地点或者位于该另类投资基金设立所在的第三国境内，或者位于管理该另类投资基金的另类投资基金管理人的母国/参考成员国境内。如果在第三国设立存管机构，那么该国不能被金融行动特别工作组（简称 FATF）列入不合作国家清单，与销售该基金的每个国家之间必须签订监管合作协议，并且该协议完全符合经合组织（简称 OECD）税收协定范本规定的标准（第 21 条）。

存管机构必须确保另类投资基金的现金流得到适当监控。应被存管的资产（包括实物保管）必须由存管机构存放在独立账户中。对于无法被存管的资产，如通过合同关系而不是以不记名证券形式建立的资产，存管机构必须核实所有权并维护登记信息。存管机构必须按照所适用法规适当地处理、操作和估值它们所存管的资产和份额。除受托履行相关资产存管的职能之外，存管机构不得将其他任何职责委托第三方。即使存管机构进行了委托，除非其与另类投资基金或者管理人之间另有约定，由于第三方委托对另类投资基金及其投资者造成的损失仍然由存管机构承担责任。存管机构必须根据另类投资基金和管理人监管机构有关要求提供所有必要的信息（第21条）。

透明度

另类投资基金管理人必须为所管理的每只另类投资基金准备年度报告。这份报告必须提交给监管机构，并根据投资者的要求向投资者公开披露。该报告必须至少包括经审计的基本财务报表（资产负债表、损益表），以及该会计年度内的业务活动报告、重大变更报告和薪酬执行报告（第22条）。

在投资者投资另类投资基金之前，基金管理人必须向投资者提供与投资相关的一整套信息（第23条）。另类投资基金管理人还必须直接向监管机构报告与市场完整性相关的信息，包括关于所持资产头寸、集中度和非流动性资产的风险暴露、杠杆和压力测试结果的基本信息（第24条）。

特定类型基金的规则

该指令识别并关注两个重点风险领域，重点防控其对市场运作和整体经济运行可能产生的负面影响：一项是高度杠杆化的基金，另一项是私募股权基金（此处使用监管常用术语，而非法律术语）。

对高杠杆基金的担忧在于，它们或是自营，或是与其他交易策略类似的基金合作，可能会导致泡沫的产生。在上行周期时，过度杠杆会导致资产价格大幅上升，在这一过程中一旦资产价格方向突然转向，高杠杆的投资者不得不急着在资产跌破债务盈亏平衡之前变现离场，大量的卖盘将导致资产价格进一步加速下跌。

我们在前面所讨论的报告要求在第24条，其中另类投资基金必须向其监管机构报告有关头寸、集中度和流动性风险、压力测试结果等信息。监管机构有责任与欧洲证券和市场管理局及欧洲系统性风险委员会共同采用泛欧甚至全球视角，从整体上分析这些数据，并及时识别哪些市场领域存在杠杆过度导致风险累积以至难以持续的风险。

在识别相关风险领域的情况下，监管机构可以采取一系列管控措施，包括规定特定另类投资基金被允许使用的杠杆上限。这些措施的实施由基金监管机构负责，欧洲证券和市场管理局仅发布建议性要求，主管机构遵循这些建议性要求或者解释说明哪些内容不适用及其原因。

监管机构也在关注私募股权基金。从广义上说，私募股权基金是收购非上市大公司控制权的另类投资基金，中小型企业被特别排除在外（第 26 条）。根据这一指令，当某一另类投资基金或一组另类投资基金联合，增持或减持非上市大公司的股份，触发某一阈值时（10%、20%、30%、50%、75%），必须通知母国监管机构。

如果另类投资基金单独或共同获得控制权，则必须通知所涉公司及能够获得身份信息的股东，并要求公司董事会通知员工代表（第 26 条）。在这种情况下，所涉另类投资基金管理人必须提供必要的附加信息，特别是员工关注的信息，包括收购方对该公司的未来计划（第 27 条、第 28 条）。

市场授权

另类投资基金管理人向专业投资者销售另类投资基金的条件取决于另类投资基金管理人的居住国、另类投资基金注册国和投资者的居住国。这存在多种不同组合，通过 10 项条款讨论：其中 6 条适用于欧盟的另类投资基金管理人（第 31～36 条），4 条适用于第三国的另类投资基金管理人（第 39～42 条），还有 2 条是针对第三国另类投资基金管理人的一般规定（第 37 条、第 38 条）。这 10 条规定代表了相同元素的不同组合，不可避免有重复之处，因此为了要理解它们，最好讨论以下原则，而不是逐条一一阅读。

第一条原则：对于欧盟的另类投资基金管理人（在其母国）和获得核准的第三国另类投资基金管理人（在其参照成员国）两类情况，管理程序非常相似。程序上的特别之处在于，前者通过母国监管机构监管，后者通过参考成员国监管机构监管。在后文中，我虽然只提及母国监管机构，但可以理解这也可能是指参考成员国的监管机构。

第二条原则：根据另类投资基金注册所在地，有三种可能情况。第一种是另类投资基金注册于另类投资基金管理人的母国，第二种是另类投资基金注册于另类投资基金管理人的母国以外的欧盟其他成员国，第三种另类投资基金注册于欧盟以外的第三国。我们来依次说明这三种情况。

另类投资基金注册于另类投资基金管理人的母国

首先，我们考虑另类投资基金注册在另类投资基金管理人母国的情况。

投资者与另类投资基金在同一成员国。另类投资基金管理人根据该指令附件Ⅲ向其母国监管机构发出通知。除非另类投资基金管理人不满足合规性要求，否则应在 20 天内核准其向专业投资者销售另类投资基金（欧盟基金适用第 31 条，非欧盟基金适用第 39 条）。

投资者与另类投资基金在不同成员国。另类投资基金管理人根据该指令附件Ⅳ向其母国监管机构发出通知。除非另类投资基金管理人不满足合规性要求，否则母国监管机构应在 20 天内将通知转发给东道国监管机构，此后另类投资基金管理人有权将另类投资基金销售给东道国的专业投资者（欧盟基金适用第 31 条，非欧盟基金适用第 39 条）。

另类投资基金注册在另一成员国

现在我们考虑另类投资基金注册在另类投资基金管理人母国之外

的另一个欧盟成员国的情况。在这种情况下，另类投资基金管理人必须通知其母国监管机构，计划直接或通过分支机构管理注册在另一个欧盟成员国的另类投资基金。除非另类投资基金管理人不符合本条例，否则母国监管机构对于直接管理的情况在 1 个月内核准其请求，再通过分支机构管理的情况在 2 个月内核准其请求（欧盟基金适用第 33 条，非欧盟基金适用第 41 条）。

此时，另类投资基金管理人必须遵循前述流程，根据指令附件Ⅲ通知其母国监管机构（不是另类投资基金注册所在成员国的监管机构）在另类投资基金（不是另类投资基金管理人）注册的成员国销售；根据附件Ⅳ通知其母国监管机构在另一个欧盟成员国销售。这些通知在 20 天内应转发至东道国，该基金才能够在市场销售。

另类投资基金在第三国注册

如果另类投资基金注册于欧盟以外的第三国，首先另类投资基金注册的第三国监管机构和另类投资基金管理人母国监管机构之间必须签订有监管合作协议。其次，另类投资基金注册的第三国与计划销售另类投资基金的每个欧盟成员国之间，必须签订符合经合组织税收协定范本标准的协议。

如果所有这一切都已经就绪，另类投资基金管理人根据指令附件Ⅲ通知其母国监管机构在另类投资基金管理人母国销售该另类投资基金，根据指令附件Ⅳ通知其母国监管机构在另一个欧盟成员国销售该另类投资基金。在符合合规性要求的前提下，20 天之后，以上两种情况下的另类投资基金管理人都能够被核准在市场上销售基金（欧盟另类投资基金管理人适用第 35 条，非欧盟另类投资基金管理人适用第 40 条）。

特殊情况

我们在前面考虑的案例都是符合规则的常规案例，但也有一些特殊的案例需要考虑。

　　欧盟另类投资基金管理人向非欧盟客户销售非欧盟另类投资基金。如果总部设在欧盟的另类投资基金管理人向欧盟之外的专业投资者销售欧盟之外的另类投资基金，那么就欧盟而言，规则非常简单，应该重点关注的是另类投资基金管理人母国监管机构与另类投资基金所在的第三国之间的合作协议（第 34 条）。

　　另类投资基金管理人在其母国销售非欧盟另类投资基金。如果另类投资基金管理人向其母国/参考成员国的投资者销售欧盟之外第三国的另类投资基金，母国/参考成员国可以要求采用简化的规则来代替根据第 35 条或第 40 条进行处理。这些简化规则大多需要另类投资基金管理人母国监管机构和另类投资基金所在的第三国监管机构的监管合作（欧盟另类投资基金管理人适用第 36 条，非欧盟另类投资基金管理人适用第 42 条）。

零售投资者

　　无论另类投资基金管理人是否注册在本地，成员国都可以允许另类投资基金管理人向其辖内市场的零售投资者销售另类投资基金。除了必须通知欧洲证券和市场管理局之外，该规定不对这类案例施加任何其他要求，并且在跨境市场销售方面，成员国对在欧盟其他成员国注册的另类投资基金与当地注册的另类投资基金应一视同仁（第 43 条）。

与监管机构的交互

　　每个成员国必须指定一个监管机构，负责对另类投资基金管理人进行审慎监管。如果另类投资基金管理人在跨境基础上运行，则该指令中定义了母国监管机构与东道国监管机构之间的责任分工。对于本国核准的另类投资基金管理人和其他成员国核准的另类投资基金管理人，东道国监管机构不能厚此薄彼。对不符合合规性要求的情况，监管机构（包括东道国监管机构，如果另类投资基金管理人的母国监管机构没有进行有效协调的话）有权采取适当措施，包括要求另类投资基金管理人停止管理某些另类投资基金，或停止销售它们。成员国监管机构之间的分歧是由欧洲证券和市场管理局调解的（第 44 条、第 45 条）。监管机构必须拥有履行监管职责所需的职权（第 46 条）。欧洲证券和市场管理局的监管职权主要集中在系统宏观层面并发布指导方针。对于非欧盟另类投资基金管理人，它也具备一定具体的监管职责（第 47 条）。

监管机构有权对其监管的另类投资基金管理人施加处罚，以及成员国认为适当的任何其他措施。这些处罚和措施可以向公众披露，欧洲证券和市场管理局将为此起草一份年度报告（第 48 条）。对于相关裁决或者未能在 6 个月内做出裁决的情况，可以向本地法院上诉（第 49 条）。

监管机构有责任进行合作和交换数据（第 50～54 条），包括遵守相关的数据保护条例（第 51 条）。监管机构之间的冲突由欧洲证券和市场管理局协调解决（第 55 条）。

另类投资基金管理人在管理另类投资基金时必须履行的职能见附件 I，关于薪酬政策的一般性评论见附件 II。针对另类投资基金管理人计划在其母国/其他成员国分别销售一只另类投资基金，附件 III 和附件 IV 规定了必须提供的信息。

第八章　《反洗钱指令》

《反洗钱指令》
欧盟反洗钱和反恐怖主义融资

概要

《反洗钱指令》确立了大额资产处理的管理体系，所有法人和自然人都必须遵守，以打击洗钱和恐怖主义筹资。该制度的核心要求是机构在与客户建立关系之前对客户进行尽职调查，主要是识别身份，包括酌情识别最终受益人的身份。指令还要求机构以风险适当为原则监测所拥有的客户关系，并向有关当局报告反洗钱关切事项。

与金融科技公司的相关性

反洗钱和打击恐怖主义融资法规与金融科技领域的大量公司有关，本质上是指在金融科技领域参与转账和支付的所有实体，以及在该领域拥有客户关系的所有实体。不是所有案例都界限清晰。比如，账户信息服务供应商和支付服务供应商基于商业银行提供的通用应用接口运营，依赖于那些需要遵守该等反洗钱制度的商业银行；但是还有一些市场企业运营的支付卡可以在零售店中用现金充值并且可以在各种场合使用，甚至可以退还现金（例如日本公共交通支付卡），这些也可能要受该制度的约束。

该制度规定也有一些适用例外的情况，如礼品卡、商店卡以及可以直接计入移动电话账单的物品，但是这方面的规定相当严格，特别是关于免于适用的最高金额，所以即使是这些企业，也至少应该熟悉有关适用例外的具体规定。

参考

- 第 2015/849/EU 号指令（AML 4）。
- 第 2005/60/EC 号指令（AML 3）。
- 第 2006/70/EC 号指令（AML 3 Impl）。
- 第 2015/847/EU 号条例（TrInfo）。
- 第 2002/475/JHA 号框架决议（Terrorism）。
- 第 2013/36/EU 号指令（CRD 4-CID）。
- 第 575/2013 条例（CRD 4-CRR）。
- 第 2009/138/EC 号指令（Solvency 2）。
- 第 2004/39/EC 号指令（MiFID 1）。
- 第 2002/92/EC 号指令（Insurance Mediation）。

第 2015/849/EU 号《反洗钱指令》是欧盟反洗钱指令的最新修订版本，它废除了第三次修订的第 2005/60/EC 号指令以及相关的执行指令第 2006/70/EC 号。第 2015/847/EU 号《欧洲议会和理事会关于伴随资金转移的信息监管条例和废除（欧共体）第 1781/2006 号（与欧洲经济区有关）条例的意见》规定了资金转账的补充信息要求。第 2002/475/JHA 号框架决议《欧盟关于恐怖主义罪行和相关惩罚的规则》则是关于打击恐怖主义的，都与反洗钱指令相关。第 2013/36/EU 号《资本要求指令 IV——信贷机构指令》、第 575/2013 号《资本要求指令 IV——资本要求条例》、第 2009/138/EC 号《保险与再保险偿付能力指令（第二版）》（Solvency 2）、第 2004/39/EC 号《金融工具市场指令》、第 2002/92/EC 号《保险调解指令》则定义了受该制度约束的实体。

定义和范围

该指令的目的是确保欧盟的金融系统不被用于洗钱目的，也不会资助恐怖主义。有意从事下列活动之一即被定义为洗钱（第1条）：

1. 明知财产为犯罪所得，为隐瞒或掩饰财产的非法来源或协助参与此类活动的任何人转换或转让财产，协助其逃避相应法律后果的行为。
2. 明知财产为犯罪所得，隐瞒或掩饰财产的真实性质、来源、地点，处置、移动与财产有关的权利或所有权的行为。
3. 在得到财产时，明知其为犯罪所得而仍获取、占有或使用的行为。
4. 参与、协助承诺、试图承诺并协助、教唆、促进和辅导前面提到的任何行动的实施。

或者简言之，尽管不那么精确，洗钱意味着帮助将犯罪所得转化为看似来自合法活动的资产。

该指令所称恐怖主义融资定义如下（第1条）：

"资助恐怖主义"指以任何方式直接或间接地提供或筹集资金，目的在于全部或部分使用这些资金，或明知这些资金将被使用，以便实施联合国理事会第 2002/475/JHA 号框架决议第1条至第4条所指的罪行。

该指令适用于一系列义务主体，特别是信贷机构和其他金融机构，以及一些传统上与获取或交换资产相关的职业，如律师、公证员或房地产经纪人。博彩公司和以现金进行现货交易且货额超过1万欧元的对象也在主体范围之内（第2条）。

该指令所称信贷机构通常指银行，如第 575/2013 号《资本要求指令 IV——资本要求条例》所定义（第 3 条）：

> "信贷机构"指所从事业务是从公众收取存款或其他应偿还资金并为客户提供信贷的机构（第 4.1.1 条）。

该指令所称"金融机构"涵盖了许多不同的义务实体。首先，金融机构覆盖了那些开展第 2013/36/EU 号《资本要求指令 IV——信贷机构指令》附件 I 所列业务的实体（第 3 条）。附件 I 所定义的相关业务包括：

- 各类贷款（第 2 点）。
- 融资租赁（第 3 点）。
- 支付服务（第 4 点）。
- 签发和管理其他支付手段（第 5 点）。
- 担保和承诺（第 6 点）。
- 自营或代客账户交易（第 7 点）。
- 参与证券发行及相关事项（第 8 点）。
- 投资银行咨询（第 9 点）。
- 货币经纪（第 10 点）。
- 投资组合管理和咨询（第 12 点）。
- 证券保存和管理（第 13 点）。
- 安全保管服务（第 14 点）。
- 发行电子货币（第 15 点）。

金融机构的范畴还覆盖了第 2009/138/EC 号《保险与再保险偿付能力指令（第二版）》第 13.1 条所定义的提供人寿保险的保险公司，第 2004/39/EC 号《金融工具市场指令》第 4.1.1 条所定义的投资公司。最后，它适用于集体投资企业和第 2002/92/EC 号《保险调解指令》第 2.5 条所定义的保险中介机构（第 2 条）。如有必要，成员国可以将所谓金融机构的范围进一步扩大到其他领域（第 4 条）。

实施

欧洲银行业管理局、欧洲保险和职业养老金管理局和欧洲证券和市场管理局的委员会和联合委员会定期发布意见和指导方针（第 6 条）。成员国评估所管辖范围内的洗钱和恐怖融资风险，并制定减轻风险的措施。它们还设立了一个专门的主管部门，负责与成员国协调反洗钱和反恐怖融资措施（第 7 条、第 8 条）。委员会正在起草一份高风险第三国名单，认为这些国家反洗钱/反恐怖融资体系不够充分，需要适用特别交易规则（第 9 条）。

禁止使用匿名账户或存折，并有防止滥用无记名股票和无记名认股权证的措施（第 10 条）。客户尽职调查程序必须由相关义务实体实施（第 11 条）：

1. 建立客户关系。
2. 超过 1.5 万欧元以上（含）的偶发交易。
3. 超过 1 000 欧元以上（含）的偶发转账。
4. 超过 10 000 欧元以上（含）的现金现货交易。
5. 提供 2 000 欧元以上（含）的博彩服务（赌注或收益）。

如怀疑发生洗钱或恐怖融资，以及对之前获得的客户身份识别数据有疑问时，必须启用相关防控措施。在适当情况下，就阈值数额而言，一系列关联交易应视为一项交易（第 11 条）。成员国可能会允许义务实体对满足一定条件的电子货币工具放弃一些尽职调查措施，这些条件包括月交易量和存储金额最大不超过 250 欧元（第 12 条）。

义务实体必须根据风险敏感的原则实施下列客户尽职调查措施（第13条）：

- 根据文件或从可靠来源获得的信息建立客户身份。
- 识别收益所有人，并通过不同场景验证收益所有人的身份。
- 了解业务关系的目的和意图。

风险评估必须考虑到一些具体因素（附件I）。义务实体还必须持续监测客户关系，包括审查交易，以确保所有交易符合先前建立的客户档案。义务实体还必须能够向有关当局证明它们的措施是适当的（第13条）。除非洗钱或恐怖融资风险较低的情况，否则在进行任何交易之前必须进行客户验证（第14条）。

在低风险领域，视情况可以简化执行客户尽职调查程序（第15～17条）。同时，在涉及前面提及的具有高风险的第三国或其他风险较高的国家时，必须采取加强客户尽职调查的措施。这包括审查复杂或异常的交易和交易模式，特别是这些交易和交易模式没有合理的经济目的（第18条）。同样的，政治公众人物及其关系密切人员适用于特殊规则，例如确定其财富和资金来源需要获得高级管理当局的批准，并加强对这些关系的持续监测（第20～23条）。禁止与没有适当实体存在的空壳银行建立关系（第24条）。

当一个实体与第三国的机构合作时，无论这个国家是否被认为是高风险国家，该实体必须对第三国的机构进行尽职调查，记录有关"反恐怖主义融资"/"反洗钱"义务的相关责任，并获得高级管理人员的签字（第19条）。义务实体可以依托第三方（涉及高风险的第三方国家除外）的作用来实施尽职调查。尽管如此，责任仍应由这些义务实体承担（第25～29条）。

义务实体一旦发现或怀疑某项交易涉嫌洗钱或恐怖融资，则必须在向有关金融情报机构（简称FIU，具体见下文）报告并得到该机构授权执行该交易之前，不得进行交易。一个例外情况是，不进行交易是不可能的，或者可能会阻碍追求该项交易受益人的努力，在这种情况下，必须在事后立即通知金融情报机构（第35条）。报告交易的信息不得传递给涉嫌的客户（第39条）。

客户关系存续结束后，义务实体至少5年内仍然必须以适合司法程序的格式保留所有尽职调查记录以及所有交易记录。在那之后，个人数据通常必须被删除（第40条）。根据数据保护的基本规则，因商业目的处理并使用所掌握的尽职调查数据是被禁止的（第41条、第43条）。这些实体必须具备适当的系统和流程，以便对其金融情报机构的问询做出充分而快速的回应（第42条）。

如果该义务实体属于集团公司的一部分，则必须使得集团公司范围内政策和程序符合本条例要求，包括在法律允许的任何第三国（第45条）。义务实体根据所涉风险的比例，确保其员工知晓他们在本条例下的职责，并且必须组织在此方面的培训（第46条）。

在其他可适用的法律还没有规定到这一点的情况下，义务实体仍然必须获得注册或核准，其管理层仍然必须通过合适且适当的测试，其中特别是要排除具有相关犯罪记录的人（第48条）。所有义务实体按照同样标准受到监测，以确保遵守这些条例（第48条），违反相关义务将受到相关处罚（第58~62条）。

公司的义务

虽然前述条例只适用于金融服务公司，但是本章节条例涵盖所有公司，实际上这些公司大部分属于金融服务的潜在客户。这里的关键要求是，所有进入欧盟的义务实体必须持有关于其受益所有权的信息，即谁是最终受益的自然人。它还必须保存权利持有人有效的信息细节。所有这些信息必须在尽职调查过程中向义务实体披露，并且还必须保存在中央公共登记簿中，每个合法权益方都可以查询该登记簿。然而，义务实体不允许仅仅依靠中央登记簿来执行他们的尽职调查过程（第30条）。类似的规定适用于信托（第31条）。

金融情报单位与协同

所有成员国都设立了所谓的金融情报机构，该机构接收所有关于可疑活动的报告，对其进行分析，并将收集的情报分发给有关义务实体。金融情报机构既负责个别事件的业务分析，也负责全系统趋势的战略分析（第32～34条）。根据本条例披露信息，如果出于善意，不被视为是违反了不披露这些事实的合同或法律义务（第37条），披露这些信息的个人（举报人）必须受到保护、免受此类披露的负面后果，特别是在歧视性就业行为方面的负面后果（第38条）。

参与这一领域的各种官方机构（金融情报机构、成员国其他主管当局、欧洲安全与合作委员会、欧盟委员会）根据规定的准则相互作用（第49～57条）。

资金转账的信息要求

关于资金转账相关信息的第2015/847号条例规定，除非可从背景信息中获得等同信息，否则所有转入或转出欧盟的资金都必须附有付款人的姓名、账号，而且重要的是，必须加上地址、官方个人证件号码（如牌照号码）、客户识别号码、出生日期和地点。中介机构必须具备适当的系统检测信息完备情况，如果不符合这些规定，则有义务阻止相应的资金转账。这是对《反洗钱指令》的补充，阻止了不符合适当程序约束的资金划转。

第九章 《银行复苏与处置指令》

《银行复苏与处置指令》
欧盟问题银行处置方案及复苏程序

概要

该指令规定了金融机构复苏的支持机制，如果无法复苏的话，也规定了对金融机构的处置机制（应逐步退出）。它包含一系列执行措施，特别是设立专门的处置决议机构（通常不是监管机构）、要求各机构制订自救复苏计划以及监管当局为此类机构制订个别的处置方案。

该指令定义了决议机构可以使用的工具，特别是出售业务、设立过渡机构、资产分割和自救四大处置工具。前三种工具采用拆分方式，通常按资产质量好坏将其拆分为优质资产和劣质资产两个部分；最后一种工具允许将损失归因于不同的负债，这样机构就有可能再次焕发生机。该指令还定义了两种第二阶段的工具，包括公共股本支持工具和临时公共所有权工具，允许政府直接接管问题机构。最后，该指令建立了欧盟融资安排制度体系，这是一个由受保护实体所资助建立的基金，各成员国政府可以在处置过程中使用。

与金融科技公司的相关性

严格说来，《银行复苏与处置指令》适用于金融机构（银行）和投资公司，而不一定十分适用于金融科技公司。此外，该指令主要关注的是具有系统重要性的机构，而许多金融科技公司（目前）还没有达到如此影响。在与金融科技初创企业打交道时，资不抵债必然是一项监管关注的问题，因此这类企业的业务可持续性能力和本指令的内容较为相关。

参考

- 第 2014/59/EU 号指令（BRRD）。
- 第 2013/36/EU 号指令（CRD 4-CID）。
- 第 2013/575/EU 号条例（CRD 4-CRR）。

第 2014/59/EU 号指令即《银行复苏和处置方案指令》，依据了第 2013/36/EU 号《资本要求指令（第四版）——信贷机构指令》和第 575/2013/EU 号《资本要求指令（第四版）——资本要求条例》（两者同属于《资本要求指令（第四版）》）许多领域的内容。

定义及范围

该指令涉及问题银行的处置和复苏，即如何关闭濒临倒闭的银行，或者确保它们能在尽可能短的时间内恢复，使得银行的放贷能力不至于过度受损，影响市场稳定性。这里的"银行"具有广义概念，包括银行和金融混业集团，以及金融机构的大型地方分支机构（第 1 条、第 2 条）。各成员国需要指定专门的处置决议机构，并按照指令规定进行授权。获得授权的处置决议机构可以是中央银行或监管机构，也可以是与财政部门关联的独立公共机构，因为处置过程通常涉及使用纳税人的资金（第 3 条）。

该指令下采用的处置策略，取决于问题机构的规模和对所在国金融体系的重要性。小型机构可以根据监管机构的自由裁量，适用一套简化的义务。而大型机构，尤其是资产规模超过 300 亿欧元或者超过所在国国内生产总值（简称 GDP）的两成以上，则必须承担额外的义务（第 4 条）。

准备

各机构都必须制订一套复苏计划。如果银行在集团层面受到并表监管，那么在集团层面也要制订复苏计划。复苏计划必须每年更新，或者在发生重大变化如公司组织结构调整时进行更新。公司不得在其复苏计划中预设可以特别获得公众支持，必须确定哪些资产可用于在中央银行获得融资。各机构必须根据全市场或者全公司层面的压力测试结果，为计划中的各种复苏方案设定客观的触发指标（第 5 条、第 7 条、第 9 条）。

复苏计划提交给监管机构（而非处置决议机构）进行评估，监管机构有 6 个月的时间执行评估。如果监管机构对计划不满意，公司还有 2~3 个月的时间提交新的计划。如果新版计划仍然不能令人满意，那么监管机构可以要求该公司对其业务进行整改，以解决计划中的缺陷。如果发现这样做仍然不够，监管机构可以要求实施具体整改，例如要求公司降低风险（偿付能力或流动性），或调整资本结构，或改变战略、结构或治理（第 6 条、第 8 条）。

处置决议机构（不是监管机构）可能在该机构的协助下拟定处置计划，并与公司和监管机构共享（第 10~第 14 条）。处置决议机构必须评估机构的可解决性（第 15 条、第 16 条；附录 C），如果发现无法有效解决，那么处置决议机构可以推进实施与监管机构所施加措施的性质相似但更为深远的变革。所需的变革具有实质性，包括业务剥离和集团架构的改变（第 17 条、第 18 条），特别是使得公司趋向于通过子公司（即独立有效的法律实体）进行本地化运营。

总结一下前面的内容：公司自身需要制订一套复苏计划，使其在遭遇经营困境时能够再次恢复活力。该等计划应事先通过监管机构的评估和核准。处置决议机构起草处置方案，确定一旦复苏计划失败后的处置程序。

为了增强集团公司内部某一实体应对困境的灵活性，集团下辖的其他公司可以签订内部金融支持协议。内部金融支持协议必须自愿签署并获得股东的批准，同时不能视为复苏计划获得批准的前提。不过，这样的做法有助于复苏计划更加容易获得批准，并允许这一实体拥有原本难以实现的风险经营突破。签署内部金融支持协议必须得到集团和辖内所有相关实体的批准，必须满足包括信息披露在内的各项相关条件（第19~26条）。

执行

当一家公司陷入困境时，尤其是触发复苏计划中预设的有关指标时，就会进入所谓的早期干预阶段。在这种情况下，监管机构面临多种选择。比如监管机构可以要求管理层在复苏计划框架下采取相应措施，也可以撤换被认为不能胜任的管理层成员。监管机构还可以要求公司对战略、法律或运营结构实施变革，任命临时管理团队来代替整个管理层，做好准备以便实施后续的处置方案（第27~30条）。

在上述行动不足以解决问题或触发若干条件后应立即采取行动的情况下（如机构行将破产、符合公共利益所必需、没有其他私营措施可选），处置决议机构可以启动处置计划（第31~33条）。在这种情况下，处置决议应以若干关键原则为基础（第34条）：

- 股东首先承担损失，然后按正常破产程序下的优先顺序由债权人承担损失；重要的是，债权人遭受的损失不超过正常破产程序下的损失。
- 如果不是实现处置目的所必需，就应替换管理层，并酌情对管理层和其他负责人采取法律行动。
- 保额内存款受到保护，并且尊重相应担保措施的效力。

处置决议机构任命一名专门的处置负责人，该负责人在处置决议机构的管理下，同时拥有问题机构股东和管理层的权力。该项任命不超过一年时间（第 35 条）。在进行处置之前，必须执行估值程序：

处置决议机构在采取处置行动之前，或者行使核销、执行有关资本工具的权力之前，应当确保由独立于政府当局（包括处置决议机构）之外的专业人员对机构的资产和负债进行公平、审慎、切合实际地估值（第 36 条）。

该估值过程极为重要，因为它将成为向不同利益关联方分摊损失的基础。估值必须遵循特定规则，如果这些规则没有得到满足，那么这次估值就只能视为临时性的，并在切实可行的范围内尽快进行事后确定性估值。基于临时估值的处置决定是有效的，但如果临时估值和最终估值不同，监管机构可以调整收购方支付的对价金额（第 36 条）。

该指令定义了若干特定处置工具，处置决议机构可以单独或组合运用（第 37 条）：

- 出售业务。根据市场情况和商业合同，通过业务出售的方式将问题机构的股份或部分业务出售给第三方（第 38 条、第 39 条）。
- 设立过渡机构。设立过渡机构将问题银行的业务转入临时机构，以保留银行的基本功能，有点类似出售业务，但不同之处在于购买方不是私营部门，而是国有过渡机构，这样做的目的是清盘或者后续转售问题机构（第 40 条、第 41 条）。
- 资产分割。运用资产剥离方式，将问题机构的部分或全部资产及负债出售给"资产管理工具"（第 42 条）。
- 自救。正常破产程序下债权人的清偿优先权较高，在使用自救工具的情况下，某些债权人对机构的债权可能会减少。有些债权人，例如列入存款保险的存款人、担保债券持有人、涉及某些权益的雇员都能受到保护（第 43 条、第 44 条）。因此当使用自救工具时，将适用许多详细而非常具体的规则（第 46~55 条）。

为了使自救工具能发挥作用，一家机构需要有足够的可供内部纾困的负债。为了确保机构的负债结构符合条件，机构需要满足最低自备基金和合格负债要求（Minimum Required own funds and Eligible Liabilities，简称 MREL，第 45 条）。合格负债大致定义为剩余期限在一年以上的所有资本证券，加上所有偿付次序在存款之后的债务工具（不含有担保债券，第 45.4 条）。MREL 的数量由监管机构逐一确定（第 45.6 条）。需要注意的是，这里的术语经常被混淆，市场术语中的 MREL 可以指需求，也可以指一类基础金融工具或某类中的特定一项工具。

除了以上的处置工具外，该指令还定义了政府金融稳定工具。但只有在其他工具不可避免地会对金融系统产生重大不利影响、又符合公共利益时，政府金融稳定工具才被作为最后手段使用（第 56 条）：

- 公共股本支持工具。公共股本支持工具允许成员国以所有可能的形式向机构提供资金，例如一级普通股本（CET1）、补充额外一级资本（AT1）和二级资本（T2，第 57 条）。
- 临时公有制工具。临时公有制工具允许所有者将机构的所有权（通过其股份）暂时转让给被提名机构或全资国有公司（第 58 条）。

处置决议机构在危机发生时有权减记资本证券，或将其转换成其他更低等级的证券（第 59 条）。这一权力的运用独立于其他常规处置行为，但在适当情况下也可能合并使用，并受相关规则和程序的约束（第 60~62 条）。

为了能够履行其职责，处置决议机构必须被赋予若干权利，这些权利在本指令（第 63~72 条）中有详细说明，并适用若干重要的保障措施（第 73~80 条）和程序性义务（第 81~84 条）。特别是必须进行第二轮独立评估：在假定任何处置行为或国家支持都不介入的情况下，建立正常破产程序下的场景基准；用债权人不会更糟的原则（No Creditor Worse Off，简称 NCWO）来进行评估，意味着股东和债权人的损失不能超过他们在正常破产情况下的损失（第 73~75 条）。

当事人有权通过法院提出上诉，但是提出上诉并不意味着处置行动自动中止，处置决议机构的决定可以立即执行（第 85 条）。在决议中，其他一些程序，尤其是破产程序，不能就此对机构提起诉讼（第 86 条）。该指令也包含一些关于如何处理欧盟内部（第 87~92 条）以及涉及第三国的跨境集团处置的规定（第 93~98 条）。

辅助条例

该指令还建立了欧盟融资安排制度体系，其中包括各成员国各自的融资安排。这些融资安排的目的是在出现清算处置时提供财务支持。成员国之间相互借款在跨境背景下十分重要。各成员国在 2024 年年底之前，按照既定规则向关联机构筹集资金，应筹集的最低可用资金为保额内存款金额的 1%。如果所募集资金不足以满足要求，事后可以要求提供捐款资助（第 99~107 条）。

有趣的是，该指令要求成员国修订破产法规中与实施该指令要求的任何可能冲突之处，这使得有关存款的破产清偿次序能够和上述清算处置方案的处理次序一致，特别是在内部自救的场景下。存款保险计划未涵盖的存款（包括超过限额的存款），将先于受保护存款承担损失（第 108 条）。如果使用了自救工具，并且根据自救规则减记了存款保险保额内存款，那么相关的保险方案应予以相应金额赔付（第 109 条）。

该指令的其余部分涉及处罚、具体规定和其他技术事项，例如其他条例的修订（第 110~132 条）。该指令还包括一些附件，规定了需要列入复苏计划的特别信息（附件 A）、处置决议机构制订处置计划所需的信息（附件 B），以及处置决议机构在评估可解决性时必须考虑的问题清单（附件 C）。

第十章 《跨境支付条例》

《跨境支付条例》

建立单一欧元支付区（Single Euro Payments Area，简称SEPA）
内资金转移的一致价格水平

概要

　　该条例主要适用于欧盟各成员国之间以欧元支付的款项，要求欧元跨境支付的费用不得高于欧元国家内部的支付费用。它还要求，如果银行账户允许成员国内部的直接借记，也必须接受跨境直接借记。

与金融科技公司的相关性

　　这是一个非常"小"的指令，但重大的影响是它压制了支付服务供应商在欧元支付领域为降低成本带来的价值。特别是那些在国内支付免费的欧元区国家，跨境欧元支付也必须是免费的。显然，由于成本原因，新进入者无法获得进入支付市场的空间。

参考

- 第 2009/924/EC 号条例（CBPR）。

第 2009/924/EC 号条例即《跨境支付条例》。

定义及范围

该条例涵盖了欧盟境内的跨境支付，确保跨境支付的费用与成员国境内使用相同货币支付的费用相同。显然，这与欧元计价的跨境支付最为相关，但非欧元区国家如果愿意，可以选择适用该等条例（第1条）。为符合本条例的目的，如果付款人和收款人所使用支付服务供应商位于不同成员国时，支付被视作跨境支付（第2条）。

该条例的核心条款是条款3.1：

> 对于客户5万欧元以下的跨境支付，支付服务供应商收取的服务费用应与欧盟成员国境内相同货币、相同金额的支付所需费用相同。

也就是说，5万欧元以内的支付，跨境支付费用必须与相应的国内支付费用相同。其中，所谓"相应"的定义由成员国的属地监管机构解释（第3条）。

支付服务供应商必须与其客户沟通，以便选择国际银行账户号码（简称IBAN）和银行识别码（简称BIC）两者之一来支付和接收款项，相关信息应该在服务条款中体现。任何发起支付的人都必须通过适当的IBAN和BIC通信来进行支付，否则可能会被收取额外费用（第4条）。

如果一个消费者账户可以支持国内直接借记，那么也必须支持SEPA（单一欧元支付区）直接借记操作，这意味着能够通过直接借记支付本地账单的消费者，也应能够支付来自直接借记方式的跨境账单（第8条）。请注意，是否可以通过国内直接借记的票据跨境直接借记支付，目前对这一点还未有强制性要求。

成员国须为支付用户与支付服务供应商之间建立申诉程序、庭外调解程序（第10条、第11条）。非欧元成员国可以选择加入这个体系（第14条）。

第十一章　《消费者合同指令》

《消费者合同指令》

消费者合同中不公平条款的处理

概述

　　该指令定义了消费者合同中的不公平条款，并规定存在歧义的情况下，这些条款应被忽略，或做对消费者有利的解释。不公平条款包括但不限于附件所列示的指导性清单。

与金融科技公司的相关性

　　该指令适用于所有与消费者发生业务往来的公司，包括初创企业。

参考

- 第 1993/13/EEC 号指令（CCOD）。

第 1993/13/EEC 号指令即《消费者合同指令》。

定义和范围

　　该指令监管的是卖方或供应商与消费者合同中的不公平条款（第 1 条），其中消费者被定义为"任何为其贸易、商业或职业之外目的的行事的自然人"（第 2 条）。没有经过双方逐一协商的合同条款，如果违背诚实信用原则的要求，导致双方的合同权利义务显著失衡且不利于消费者，将被视为不公平条款。如果合同条款是事先拟定的，则被视为没有经过逐一协商。又或者，尽管某个合同条款的部分内容或者某个条款经过了具体协商，但如果该合同从总体上看仍然属于事先拟订的标准合同，则不能排除本条规定的适用性（第3条）。附件包含了可被视为不公平条款的非穷尽的指导性清单。

合同条款的不公平性评定，不涉及合同中所提供货物或服务的价格或报酬的适当性，除非这些内容未以简明易懂的语言表达（第4条）。如果对条款的含义存在疑义，则应当采用对消费者最有利的解释（第5条）。如果合同没有该不公平条款仍然能够继续成立，则该合同其他条款对双方当事人继续有约束力（第6条）。

应防止当事人选择非欧盟管辖区来规避这些条例的约束（第6条），消费者保护组织和类似组织可在法庭上代表消费者主张权利，尤其是为了确立判例的时候（第7条）。

第十二章 《消费者信贷指令》

《消费者信贷指令》

消费者信贷监管

（市场营销、年利率计算）

概述

该指令规定了消费者信贷的销售要求，特别是必须提供哪些信息以使消费者能够比较不同产品。所需信息的清单很长，但并不令人意外——其中包括交易对手及其监管机构的身份、完整的现金流量表以及费用的详尽明细。需要报告的一项关键指标是年利率（简称 APR），并给出年利率详细而具体的计算说明。

与金融科技公司的相关性

这项简短的条例适用于消费贷款领域运营的金融科技公司，无论是作为贷款人、顾问还是中介机构。

参考

- 第 2008/48/EC 号指令（CCRD）。
- 第 2014/17/EU 号指令（MCD）。

第 2008/48/EC 号指令即《消费者信贷指令》。另有一项相关指令是第 2014/17/EU 号《抵押贷款指令》。

定义与范围

该指令监管的是在欧盟市场上向消费者宣传和提供信贷产品的有关行为（第1条），特别是要求在签署合同之前提供充分的信息，包括年利率。在这种场景下，消费者是"任何为其贸易、商业或职业之外目的行事的自然人"（第3条）。

在本条例范围内，债权人被定义为"在其贸易、商业或职业过程中提供信贷的自然人或法人"（第3条），有趣的是表面上看来，这个定义可能不包括点对点信贷（P2P）平台的放款人。然而，这些平台本身肯定属于信贷中介机构的范畴，这意味着本条例条款适用于P2P平台。

信贷协议中也有不适用本条例的重要例子，如大多数类型的担保贷款，包括抵押贷款、低于200欧元或高于7.5万欧元的贷款、未附带资产买断义务的租赁协议、透支服务、无息或贴息贷款协议、保证金贷款、典当借贷（第2条）。

协议达成前的信息要求

广告。每当信贷产品的宣传包含与消费者信贷成本有关的任何数据时，它也必须包含一组特定的标准信息。这个集合如下（第4条）：

- 借款利率和任何借款费用。
- 贷款总额和期限。
- （在大多数情况下的）年利率。
- 应付总额。

在分期付款购买的情况下，还必须注明分期付款的总额，必须注明同一产品或服务不使用贷款的价格。

合同签订前的信息。在签订合同之前，债权人和中介必须向消费者"提供比较不同要约所需的信息，以便对是否签订信贷协议做出知情的决定"。信息必须通过纸面或其他耐用介质来提供，有关要求在本指令中有详细规定（其中第 5.1 条或第 6.1 条适用于透支服务），并且必须通过标准欧洲消费者信用信息表（SECCI 表格）提供（附件 Ⅱ）。该表格不包含其他信息，但可以通过单独的附录文件提供附加信息（第 5 条、第 6 条）。

一个例外的情况是，"根据消费者的要求，使用一种不允许提供信息的远程通信手段达成协议"。对此情况，必须"在达成贷款协议之后"立即提供 SECCI 表格（第 5.3 条）。

另一类例外是"商品或服务供应商由于辅助主业而兼作信贷中介机构的情况"（第 7 条）。

信用评估和信用数据库

在提供信贷之前，当信用总额随后发生变化，或者当债权人得到影响消费者信用水平的额外信息时，必须进行信用评估。这种评估必须至少基于消费者提供的数据，并且可能拓展基于相关数据库的查询（第 8 条）。当根据数据库获得的信息申请相关信贷被拒绝时，债权人必须立即免费通知消费者有关查询结果和所查询数据库的详情。数据库必须以同等条件对跨境访问开放（第 9 条）。

协议应尽信息

订立信贷协议时，合同各方必须先行收到纸质或其他耐用介质形式的协议副本。协议文本必须包含一系列规定信息（第 10.2 条，透支服务适用第 10.5 条，第 10.3 条和第 10.4 条）。在贷款利率变更生效之前，必须告知消费者贷款利率的变化，除非该利率基于外部参考利率，在此情况下合同双方可以商定相应的报告期以定期报告有关变化（第 11 条）。对于透支服务，必须向消费者提供包含指定信息集合的定期报告（第 12 条）。如果账户超支，即在没有具体协议情况下给予透支，则适用类似条款（第 18 条）。

信贷协议项下的消费者权利

撤销。消费者有权在签订合同或收到全部合同文本后 14 天内撤销合同。在此情况下，消费者应在撤销合同后的 30 天内归还收到的款项以及应计利息（第 14 条）。

取消开放式协议。除非另有约定，消费者可以在不另行通知的情况下取消开放式信贷协议，如债权方取消开放式信贷协议则应提前两个月通知。如果消费者同意对方设立取消前提前通知要求，提前期也不能超过一个月。在任何情况下，取消该等开放式协议应是免费的（第 13 条）。

关联信贷协议。如果信贷协议与购买商品或提供服务有关，并且如果消费者行使其退出本合同的权利，则他们也不再受关联信贷合同的约束（第 15 条）。此外，如合同所涉货物或服务未能提供、仅部分提供或未符合合同规定，消费者有权向商品或服务供应商追偿，进而有权向债权人追偿。某些司法管辖区规定向债权人追偿的前提是消费者先行对供应商采取的追偿措施无效；在其他情况下，债权人应立即承担连带责任（第 15 条）。

提前还款。消费者任何时候可以提前偿还贷款。如果还款是在协议规定的固定贷款利率期间，在某些情况下，债权人有权获得公平和客观合理的补偿。然而，这种补偿不能超过还款额的 1%，如果贷款合同的剩余期限不到一年，则不能超过还款额的 0.5%（第 16 条）。

年利率

所谓年利率，是当其被作为贴现率用于计算附件Ⅰ的公式时，能使得产品的所有现金流（包括相关费用）的净现值为零的那个利率。对于那些现金流取决于消费者选择行为的产品，应给出关键假设。例如，设定的提款发生时间要尽可能早、发生额尽可能大、还款时间尽可能晚。需要注意的是，对于固定费用情况，该等消费行为的假设有降低年利率成本的倾向，即实际借款减少或提前偿还的消费者实际上可能承受更高的年利率。

第十三章 《资本要求指令》

《资本要求指令》
欧盟根据《巴塞尔协议Ⅲ》制定的监管指令

概要

《巴塞尔协议Ⅲ》是一项针对银行进行审慎监管的全球标准。2013 年，欧盟根据《巴塞尔协议Ⅲ》制定了其内部法——《资本要求指令》，该内部法由《信贷机构指令》和《资本要求条例》两部分组成。

与金融科技公司的相关性

《资本要求指令》仅仅约束受银行和投资机构控制的金融科技公司，因此大部分初创公司通常都能规避该指令，比如可以将客户资金交由第三方保管而不是自己持有。实际上，即使适用资本要求指令，该指令中的绝大部分内容依然与金融科技公司无关，只要这些公司满足监管标准以及简化与控制人之间的法律关系（比如舍弃与大型金融机构的内部隶属关系）。

不过就算这些规定不直接适用，金融科技行业的高管们也应该清楚地了解自己公司所从事的业务内容将会涉及哪些监管条款（比如吸收存款、发放贷款、交易证券及金融衍生品等业务）。如果金融科技公司提供的产品和服务在性质上和传统金融机构类似，那么监管机构很可能与该公司进行谈判、评估是否或在什么情况下可以做什么事，这样公司高管们就应在心中提前形成一个大概的法律框架。

同时，金融科技公司应该注意，与它们合作的许多商业伙伴都受到这一指令的约束，因此提供给商业伙伴的服务和价格将会受到该指令框架的限制。

无论金融科技公司采用的是什么商业模式，都应该注意以下几个关键点：

（1）信用风险和市场风险资本要求的标准。

（2）操作风险资本要求的原则、基本指标和标准。

（3）资产证券化资本要求，以及对发起人的约束规则。

（4）资本流动性要求，特别是流动性覆盖率（Liquidity Coverage Ratio，简称 LCR）和净稳定资金比率（Net Stable Funding Ratio，简称 NSFR）以及其背后的原则。

（5）大型风险敞口以及意外事件的处理规则。

（6）在杠杆率框架下的资本要求。

（7）信息披露（《巴塞尔协议》第三大支柱）。

如果金融科技公司受到最低资本要求的限制或者认为自己能凭借资本金的优化来克服监管带来的障碍，那么它们也可能会研究自有资金的类型，来分析是否有一些资本金比其他类别的资本金更容易筹集到。

参考

- 第 2013/36/EU 号指令（CRD 4-CID）。
- 第 2013/575/EU 号指令（CRD 4-CRR）。
- 第 2010/76/EU 号指令（CRD 3）。
- 第 2009/111/EC 号指令（CRD 2）。
- 第 2009/83/EC 号指令（CRD 2）。

- 第 2009/27/EC 号指令（CRD 2）。
- 第 2006/49/EC 号指令（CRD 1-CAD）。
- 第 2006/48/EC 号指令（CRD 1-BD）。
- 第 2004/39/EC 号指令（MiFID 1）。

《巴塞尔协议Ⅱ》以两部法律文件的形式开始实施，分别是第 2006/48/EC 号《银行指令》和第 2006/49/EC 号《资本充足率指令》，合称《资本要求指令》。

2009 年，《资本要求指令（第二版）》（又名《巴塞尔协议 2.5》）开始实施，包括第 2009/27/EC 号、第 2009/83/EC 号、第 2009/111/EC 号。

2010 年，《资本要求指令（第三版）》在第 2010/76/EU 号指令中加入大量的修正法案。

《巴塞尔协议Ⅲ》最终在《资本要求指令（第四版）》中以第 2013/36/EU 号《信贷机构指令》和第 2013/575/EU 号《资本要求条例》的形式开始实施。在很大程度上，CRD 4 是对先前在原协议基础上所做修改的总结，因此 CRD 4 删除了之前的部分内容，但保留了一些附件。此外，第 2004/39/EC 号《金融工具市场指令》则是另一份重要的金融监管指令。

《巴塞尔协议》 和 《资本要求指令》 的实施背景

我们从《巴塞尔协议Ⅱ》开始。《巴塞尔协议Ⅱ》以《资本要求指令》的形式在欧盟实施，其发展历程大致如下：

1. CRD 1 对应《巴塞尔协议Ⅱ》，由两部指令组成：《银行指令》和《资本充足率指令》。
2. 在 2009 年全球金融危机发生后，在对《巴塞尔协议Ⅱ》修改后出台了 CRD 2，通常称为《巴塞尔协议 2.5》，其中特别引入了资本流动性要求，修改了对资本的定义，并增加了一些新的、针对市场风险的资本要求，CRD 2 由 3 部指令构成。

3. CRD 3 对应于在 2010 年的欧盟债务危机后所做的修改，主要针对薪酬政策、资产证券化和交易账户资本要求这 3 个方面。

4. CRD 4 对应于《巴塞尔协议Ⅲ》，在很大程度上，CRD 4 是对先前在原协议基础上所做修改的总结。

《资本要求指令（第四版)》包含《信贷机构指令》和《资本要求条例》。值得注意的是前者属于法令，需要由欧盟成员国在本国立法后才能实行；后者属于法律，可以直接在欧盟成员国中实行。目前，欧盟成员国已经对 CRD 4 中的大部分内容完成了立法工作。CRR 的内容框架分为部分、篇、章和节。而 CID 的内容更少一些，在整体框架上没有部分一级，主要分为篇、章和节。

《资本要求指令（第四版)》中对"机构"做了明确的限定：在 CID 1 中，"机构"定义为信贷机构和投资公司；在《资本要求指令（第四版)》中，对信贷机构（通常称为银行）的定义如下：

> 信贷机构是指从公众手中获取存款或其他可偿还资金，并为其客户提供贷款的企业。

对"投资公司"的定义则来自《金融工具市场指令》："投资公司是指以专业的角色提供投资服务或活动的公司。"其中投资服务被定义为"从事买卖、管理或咨询关于证券、金融衍生品或基金的服务"（MiFID 附件 1A、1C），因此，投资服务包括诸如证券经纪、投资银行、基金管理和证券交易等活动。

授权要求（《信贷机构指令》，第三篇，第8~27条）

信贷机构在从事商业经营之前必须获得授权（CID 8）。同时，只有信贷机构被允许从事存款业务（CID 9）。

信贷机构的最低资本要求为500万欧元，其中的100万欧元由欧盟成员国自行裁量是否需要（CID 12）。已经在另一个成员国得到授权的机构在本国开设分支机构时不需要本国监管当局授权，也不受本国资本要求的限制（CID 17）。在授权申请中必须列出所要从事的业务内容和机构组织架构（CID 10）。本国监管当局不能拒绝授权申请（CID 11），但可以对信贷机构的董事和大股东有一定的要求（CID 13~14）。本国监管当局必须在授权申请提交后不超过6个月的时间里决定是否同意申请（CID 15）。此外，在涉及收购或资产剥离的事项时有一些新的授权要求（CID 22~27）。

牌照（《信贷机构指令》，第五篇，第33~46条）

第五篇（CID 33~46）主要涉及牌照问题，即在整个欧盟的单一市场下，当某一金融机构在一国得到授权后，就不需要在其他国家设立新的子公司、分支机构或者提供跨境服务来适应其他国家的监管需要（CID 33）。当然，金融机构只有在授权国实际开展相关业务活动后才能获取牌照（CID 34）。

金融机构如果想成立分支机构（设立权），必须向授权国的监管机构进行申请。在收到申请后，授权国的监管机构可以批准该申请并提交给相关第三国的监管机构，也可以在3个月的时间内拒绝该申请（CID 35）。在授权国监管机构批准申请后，相关第三国的监管机构需要在两个月的时间里准备好对该分支机构的监管工作，随后，该分支机构便可展开其业务活动（CID 36）。如果金融机构想提供跨境服务（机构有提供服务的自由），该机构必须向授权国的监管机构提交申请，授权国的监管机构可以批准并提交给相关第三国的监管机构，也可以在一个月的时间内拒绝该申请（CID 39）。

相关第三国的监管机构可以要求在本国的分支机构定期向其报告，以便进行统计或监督（CID 40）。一般而言，监管是授权国监管机构的责任。在《信贷机构指令》里还规定了授权国监管机构进行干预（包括采取紧急措施）的措施机制（CID 41~45）。

与第三国关系（《信贷机构指令》，第六篇，第 47~48 条）

第六篇（CID 47~48）主要涉及与第三国关系。金融机构在第三国的分支机构不可能获得像总部在授权国的机构一样的优惠待遇。而欧盟要求成员国对总部设立在欧盟单一市场内的金融机构的分支机构给予同等的待遇（CID 47）。欧盟还就总部设立在第三国的金融集团的综合监管达成了基础性共识（CID 48）。

审慎监管（《信贷机构指令》，第七篇，第 49~142 条）

第七篇（CID 49~142）是整个《信贷机构指令》中内容最多的一部分，占据了该指令超过一半的内容。这一部分主要是关于银行和投资公司审慎监管的一些细节内容。

该篇第一章（CID 49~72）确立了监管的关键原则，包括授权国和第三国监管机构之间的互动，与其他监管主体间更广泛的信息交流（CID 55~61），以及对关键分支机构的监管（CID 51）。

第二章（CID 73~110）主要涉及监管审查程序，即当受监管企业需要提交信息给监管者时，双方需要执行的流程步骤。在该章中最关键的内容是关于内部资本充足评估程序（Internal Capital Adequacy Assessment Process，简称 ICAAP），该内容是《巴塞尔协议》第二大支柱的核心内容，金融机构必须向监管当局提供 ICAAP 报告，因为 ICAAP 既量化了金融机构所承担的风险，又能显示金融机构如何降低风险。

另外一个重要的章节是第三章：监管机构对 ICAPP 结果的反馈，

即监察审理和评估程序（Supervisory Review and Evaluation Process，简称 SREP）。其他章节则是关于金融机构必须具备的内部流程（CID 74~96），监管措施和权利（CID 102~107），以及适用于金融集团这一层级的法规（CID 108~110）。

关于资本要求的概述

在《巴塞尔协议》的框架下，资本要求针对的是信用风险、市场风险和操作风险。由于历史原因，《巴塞尔协议 I》关注的是信用风险：资本要求通常表示为风险加权资产（Risk Weighted Assets，简称 RWA），其中，风险系数为100%的资产一般是指具有中等风险程度的贷款，而资本充足率则是总资产的一个确定比率（历史上《巴塞尔协议》规定的资本充足率是8%，现在则不同）。

随着时间的推移，新的风险会不断出现，特别是大量的尚未分散的风险敞口（在信用风险的分析框架下，不可分散的那部分风险被称为系统风险）。本书将在下文中介绍信用估值调整（简称 CVA），与贸易结算相关的结算风险，以及在信用风险转移条件下（主要是购买资产证券化产品时的风险）的特殊适用规则。

所有这些风险数据都加在一起，结果是整个机构的一个单一资本需求数据。除此之外，还有另一种被称为"杠杆率"的并行度量方法，它只关注资产负债表风险，但基本上不考虑加权。在这项规定中，这项措施只是被观察到，但人们似乎达成了强烈共识，使杠杆比率在3%的水平上具有约束力。

下文的具体内容主要从如下3个方面展开：

1. 第一个方面是信用风险，这是风险和监管领域最重要的问题，该问题包括大量的风险敞口和风险转移。
2. 第二个方面是将市场中不可分散部分的风险纳入风险加权资

产的计算，特别是将市场风险和操作风险纳入其中，此外还将介绍信用估值调整和结算风险。

3. 第三个方面是考虑杠杆率的问题，对杠杆率的分析和基于风险加权资产计算得到资本充足率的分析是两种不同的研究视角。

自有资本的类型（《资本要求条例》，第二部分，第 25 ~ 88 条）

一个公司的资本也称自有资本，因此资本要求和自有资本要求这两个术语是等价的。《资本要求条例》的第二部分（CRR 25 ~ 88）主要涉及不同资本类别的定义。其中，总资本（T1）由核心一级资本（CET 1）、其他一级资本（AT1）和二级资本组成（T2）。

核心一级资本是资本中最重要的组成部分，它主要是人们通常所说的股权，即在支付所有负债后公司股东所拥有的剩余所有权，同时也是公司的实际控制权。

其他一级资本（CRR 51 ~ 61）是总资本的第二个重要组成部分，主要包括技术性层面的负债，尽管这些债务要么不会进行偿付，要么会在不引起违约的情况下发生本金的减少。其他一级资本通常被称为持续经营资本，因为该类资本可以在持续经营的状况下吸收损失。

最后，二级资本（CRR 62 ~ 71）可以是企业清算基础资本，即如果没有正常还本付息就代表违约的银行资产；二级资本也可以是次级债务，即发生违约时，损失首先由二级资本持有人承担（以及排在他们之前的一级资本持有人），只有当一级资本和二级资本持有人的承担额度完全耗尽后，更高一级的债权人才开始承担损失，因此它保护了更高级别的债权人。

投资公司的初始资本要求

投资公司也受《资本要求指令》的监管，根据《信贷机构指令》（第四篇，CID 28 ~ 32）的规定：在一般情况下，投资公司的资本要求为 73 万欧元（CID 28），对于一些低风险投资公司，其资本要求可以低于 12.5 万欧元（CID 29），本地公司或者不允许持有客户资产的投资公司，其资本要求甚至可以低于 5 万欧元（CID 30~31）。

信用风险的资本要求

信用风险

第三部分第二篇涉及信用风险（CRR 107~302），是篇幅最长的，在第三部分中占了一半以上。在介绍了信用风险的一般原则（CRR 107~110）之后，该条例的主要内容是衡量信用风险的标准化方法。除了最大的金融机构外，其他所有的金融机构，包括大多数金融科技公司，至少目前都可以使用该方法来衡量信用风险。

衡量信用风险的标准化方法主要在《资本要求条例》的第二章（CRR 111~141）中进行讨论，其第一节（CRR 111~113）的主要内容是标准化方法的一般原则；最重要的内容在第二节（CRR 114~134），主要内容是不同资产类别的风险系数以及资产评级；最后两节（CRR 135~141）则是介绍如何使用外部评级机构的评级信息来衡量信用风险。

第三章（CRR 142~191）的主要内容是内部评级方法（IRBA），该方法允许使用风险模型对更大、组织结构更复杂的银行进行风险系数的估计。CRR 142~150 介绍了金融机构必须满足哪些条件才能使用 IRBA，CRR 151~157 是如何计算信用风险敞口的，CRR 159 介绍预期损失（Expected Loss，简称 EL），CRR 160~165 是关于违约概率（Probability of Default，简称 PD）、违约损失率（Loss Given Default，简称 LGD）和到期日，CRR 166~168 是关于风险敞口值，最后的部分（CRR 169~191）则是关于内部评级机构应该满足哪些要求的介绍。

第四章（CRR 192~241）是关于信用风险减少对资本要求造成的影响，第五章（CRR 242~270）涉及资产证券化的资本要求。最后一章则讨论了交易对手信用风险的资本要求，这里的风险是指持有虚值衍生品的交易对手违约风险，即这些衍生品持有者现在履约将产生负的现金流。

大额风险敞口（《资本要求条例》，第四部分，第 387 ~ 403 条）

《资本要求条例》第四部分（CRR 387 ~ 403）主要涉及大额风险敞口，即交易对手或相关交易对手的风险敞口。相较于金融机构的资本规模，这些风险敞口的规模总和是巨大的。需要注意的是，在某些情况下，大额风险敞口也适用于金融集团内部，因为它可以限制金融集团将在一个区域内筹集到的资金转移到另一个区域的能力。此外，对于只有存款业务而无贷款业务的金融机构，它们只能把资金投入市场，因此这些金融机构也存在大额风险敞口。该种情况在技术层面上并不包括典型的金融科技企业，因为一个典型的金融科技企业通常会将资金交给第三方托管，不过仍需注意在成长期的金融科技企业由于依赖单一的托管服务商从而导致风险过于集中的问题。

大额风险敞口（CRR 390 ~ 391、CRR 400 ~ 401）一般定义为交易对手以及相关交易对手风险敞口的总和大于金融机构资本规模的10%（CRR 392），通常这个值是金融机构总资产规模的一个确定值，而且必须被披露（CRR 394）。在考虑信贷减免后，大额风险敞口要求限制在公司资本的 25% 以内，并且至少 1.5 亿欧元（CRR 395）。但在某些情况下，只要符合更高的资本要求，机构就可以违反这些限制（CRR 395.5、397）。对于抵押贷款（CRR 402）和担保的风险敞口（CRR 403）则另有规定。

信用风险转移（《资本要求条例》，第五部分，第 404 ~ 411 条）

《资本要求条例》第五部分（CRR 404 ~ 411）主要涉及信用风险转移，特别是资产证券化所带来的风险敞口。在 2008 年的金融危机中，这些证券化产品，特别是高评级的次级证券，被发现其风险远高于投资者之前的假设。为了避免这种情况再次发生，监管机构已经着手制定了一些新规则。

这些新规则包括：在进行投资时，金融机构应具备评估资产风险的能力（CRR 406）；资产证券化的发起人必须保留至少 5% 的风险（CRR 405），同时发起人也必须满足一些最低的发起标准（CRR 408 ~ 409）。上述规定是通过对证券化产品购买者的强制要求实现的，特别是对于提高资本的要求（CRR 407），这意味着对于所有的情形无论是否属于《资本要求条例》的豁免范围，发起人都会受此影响。

对于非信用风险的资本要求

市场风险

市场风险，即金融机构总交易头寸造成损失的风险，该内容在《资本要求条例》的第三部分第四篇（CRR 325 ~ 377）。市场风险标准化的方法是根据头寸的种类，确定每个头寸的风险费用，但可能需要考虑其中的风险对冲操作，具体细节见《资本要求条例》第四篇的第 1 ~ 第 4 章（CRR 325 ~ 361）。对于任何机构都可以使用内部模型来计算交易账户（部分或全部交易账户）的市场风险资本要求，详见第 5 章内容（CRR 362 ~ 377）。在计算时需要区分头寸面临的特定风险和一般风险。其中前者是特定实违约或者股票价格的重大损失，该风险是可分散的，而后者是不可分散的市场风险（CRR 362）。

市场风险的计算是基于风险价值（Value-at-Risk，简称 VaR）的概念，即在一定置信区间下，金融机构的最大可能损失。从技术层面上讲，VaR 是在 99% 的置信区间、资产持有期 10 天、相较于平均市场水平的条件下计算出来的，同时还有一个压力风险价值，该值的计算过程和 VaR 是相同的，但风险因素值会根据压力区间进行调整（CRR 365）。根据 VaR 的回测结果和回测时期，确定压力 VaR 和 VaR 的保证金权系数（保证金系数数值为 3 ~ 4），压力 VaR、VaR 值与保证金权系数的乘积之和即为资本要求（CRR 364）。

操作风险

操作风险，即操作失误造成损失的风险，该风险主要在《资本要求条例》第三部分第三篇（CRR 312~324）。目前主要有 3 种不同衡量操作风险的方法：基本指标法（Basic Indicator Approach）、标准法（Standardised Approach）和高级计量法（Advanced Measurement Approach）。

按照基本指标法（简称 BIA），金融机构的操作风险要求是过去 3 年内平均总收入的 15%（CRR 315~316）。

而标准法（简称 SA）则要求金融机构根据 CRR 317 表格中的业务线划分方案，将所有业务分为几条线，分别设置能体现操作风险差异的资本系数（范围从 12% 到 18%），每条业务线的收入乘以相应系数，加总后即为操作风险资本要求。相较于基本指标法统一的 15% 权重，标准法更加复杂和精细化（CRR 317~318）。对于某些贷款业务线，其中相应的利息收入可以估算为未偿还贷款总额的 3.5%（CRR 319）。金融公司只有满足一定的条件才允许使用标准法（CRR 320）。

最后，内部组织和业务复杂的金融机构可以使用高级计量法来计算操作风险资本要求（CRR 321~324）。

结算风险

结算风险是与金融交易结算相关的风险，如使用现金购买股票时的结算风险，该风险主要出现在《资本要求条例》的第三部分第五篇（CRR 378~380）。目前主要有两种结算风险：一种是在结算延迟时的风险，因为程序保证了只有在交付证券后才支付资金，所以风险仅来自相关资产价格的变化；而另外一种更严重的结算风险来自自由交付的风险，即其中一方已经履行义务而另一方尚未履行义务。

信用估值调整

信用估值调整风险（Credit Valuation Adjustment，简称 CVA），即在进行衍生品交易时交易对手违约的风险，该风险主要在《资本要求条例》第三部分第六篇（CRR 381~386）。

举个例子，如果某金融机构持有一份在未来以 100 美元价格买入股票的远期合约，并且目前股票价格为 105 美元，在忽略利息和股息的前提下这个机构将获利 5 美元，但存在一个与之相关的信用风险敞口。如果存在市场波动性，那么风险将远远大于这 5 美元的风险敞口。例如假设该股票在未来有相同的概率上涨或下跌 10 美元，那么该金融机构要么面临 15 美元的风险敞口，要么没有风险，所以预期的信用风险是（15 + 0）/2 = 7.5 美元，该数值远大于 5 美元。另外，如果存在附加协议——当股票价值发生变化时，差额以现金结算（即交易对手只需要支付 5 美元给金融机构即可），那么金融机构面临的信用风险将大大降低，因为此时信用风险仅限于在追加抵押通知的这段时期。

CRR 提供了两种适用计算上述信用风险的方法：一种是高级法（CRR 383），另一种是标准法（CRR 384），两种方法都十分复杂。

杠杆率

《资本要求条例》第七部分（CRR 429~430）涉及杠杆率下的资本要求。与前文的一般资本要求相似的是，它们都要求金融机构持有一定的最低资本额度来对应其手中的资产。不同之处在于，一般的资本要求是基于风险加权资产计算得出的，其中风险越高的资产其风险系数也越高；而杠杆率则是基于非风险加权资产，即在计算风险资产总额时不使用风险系数进行调整，但需要注意的是，一些资产不包含在杠杆率的计算中。

杠杆率被定义为机构资本除以风险暴露总额。其中，分子为一级资本（包括核心一级资本和替代一级资本），分母在《资本要求条例》中规定得更为详细，它包括表外资产，特别是信用衍生品，以及一些允许净额结算的回购和类似交易，大多数物品的风险调整系数为100%，但有一些资产的风险调整系数较低（CRR 429）。《资本要求条例》仅要求金融机构披露杠杆率的报告、监管机构将杠杆率纳入监管考虑的范围内，但对指标本身并没有硬性的限制（CRR 430）。目前杠杆率的最低比率设定在3%。

流动性风险

第六部分（CRR 411 ~ 428）主要涉及流动性风险和流动性报告。在金融危机中，人们发现即使是那些明显有偿付能力的银行（即有足够资金来履行其义务的银行）也可能因流动性匮乏而遇到危机。对金融机构的流动性要求实际上带有一定的实验性质，因为银行不可避免地要承担流动性风险：一方面，流动性要求能改善金融机构面临的短期储蓄与长期借贷之间不匹配的问题；另一方面，过于严格的流动性要求会限制金融机构的放款能力。

在上述背景下，监管机构主要考虑两个指标：流动性覆盖率和净稳定资金比率。前者是短期内在压力水平下比较金融机构流动性的流入与流出（CRR 412），而后者主要是在长期内对两者进行比较（CRR 413）。与资本要求不同的是，在金融机构每日的流动性报告中，只要这两个流动性指标中有一个不达标，监管机构必须引起重视并且需要迅速批准其流动性恢复计划（CRR 414）。在报告流动性时，金融机构不仅需要列出流动性指标的具体数值，还需要对两个指标的计算过程进行详细说明。对于金融集团的监管，有主负责监管机构通知其他监管机构（CRR 415）。

流动性覆盖率

对于流动性覆盖率的计算，其时间范围设定在 30 天（CRR 420），并且有特定规则计算在不同类型的资产情况下资金的净流出（CRR 420~424）。这其中的关键是做出的一些行为假设：资产的供给都符合法律监管的要求，比如受保险保护的小额存款与未受保险保护的小额存款其处理方式是不同的（CRR 421）。在正常情况下资金的流入和流出是相等的（CRR 425），但更重要的是在流动性严重压力情景下流动性资产可以迅速出售以提供额外的流动性。在 CRR 中详细列举了具有优质流动性的资产（CRR 416），也规定了相关的操作（CRR 417）和估值要求（CRR 418）。当流动性资产的供给受到严重限制时，上述规定也适用于现金（CRR 419）。

净稳定资金比例

对于净稳定资金比率，《资本要求条例》详细定义资产负债表中提供稳定资金来源的科目，并且按照少于 3 个月、3~6 个月、6~9 个月、9~12 个月、高于一年的期限进行划分（CRR 427），同时也定义了需要提供稳定资金的资产科目（CRR 428）。

支柱三：信息披露

第八部分（CRR 431~455）主要涉及金融机构的信息披露制度，作为《巴塞尔协议》的第三大支柱，信息披露制度要求金融机构向外界及时准确地披露一定的信息。该部分第二篇的主要内容是对所有机构报告披露的适用要求（CRR 435~451），第三篇的主要内容是针对某些机构报告披露的适用要求（CRR 452~455）。当涉及公司专利或机密时，金融机构可以不披露相关信息（CRR 432）。信息披露连同年度报告必须至少每年一次（CRR 433），CRR 对信息披露的方式也有一定要求（CRR 434）；在实际操作中，大多数机构在其网站上发布这些报告。

所有金融机构对外发布的信息都必须涵盖以下内容：

1. 风险管理的目标和政策（CRR 435）。

2. 适用范围（CRR 436）。

3. 自有资金（CRR 437）。

4. 资本要求（CRR 438）。

5. 面临的交易对手信用风险敞口（CRR 439）。

6. 资本缓冲（CRR 440）。

7. 全球具有系统重要性的指标（CRR 441）。

8. 信用风险调整（CRR 442）。

9. 无负担资产（CRR 443）。

10. 外部评级（CRR 444）。

11. 市场风险（CRR 445）。

12. 操作风险（CRR 446）。

13. 未包含在交易账户中的股票（CRR 447）。

14. 交易账户以外的利率风险（CRR 448）。

15. 证券化资产的头寸情况（CRR 449）。

16. 薪酬政策（CRR 450）和杠杆（CRR 451）。

对于某些特殊的金融机构，还要求披露以下事项：

1. 使用内部评级法测量信用风险（CRR 452）。

2. 信贷风险缓释技术（CRR 453）。

3. 使用高级计量法测量操作风险（CRR 454）。

4. 内部市场风险模型（CRR 455）。

其他事项

适用范围和一般规定

《资本要求条例》的第一部分（CRR 1-25）包含一般性规定（如对金融服务领域里的实体机构和金融产品的定义，CRR 4）。该部分内容还规定了在金融市场中的个人和企业适用于哪些规则的哪个级别（CRR 6-24）。类似地，《信贷机构指令》的第一篇（CID 1-3）规定了该条例的适用范围以及大部分金融术语的定义。

监管机构

《信贷机构指令》的第二篇（CID 4-7）要求欧盟成员国必须指定一个或多个监管机构（CID 4-5），并在欧盟单一市场内进行合作（CID 6-7）。

委托实施法案，过渡条款（《资本要求条例》，第九部分，第456~464条）

委托实施法案参见《资本要求条例》第九部分（CRR 456~464），过渡性条款见《资本要求条例》第十部分（CRR 464~520）。需要注意的是，过渡性条款部分所占的篇幅非常大，但截至2018年，该条款中的绝大部分内容都已经失效。

监管披露和技术规定（《信贷机构指令》，第八篇，第143~144条）

《信贷机构指令》第八篇（CID 143~144）的主要内容是监管当局的信息披露。

技术规定（《信贷机构指令》，第九至第十一篇，第 145～165 条）

　　《信贷机构指令》的其他章节都是技术性内容：第九篇是关于授权和实施流程的内容（CID 145～149）；第十篇是关于重新修订的内容（CID 150）；第十一篇的主要内容是过渡条款和最终条款（CID 151～165）。

第十四章 《存款担保计划指令》

《存款担保计划指令》
欧盟对原存款担保计划改革的产物

概要

　　该指令为欧盟内部各成员国的存款担保计划制定了统一的标准。此外，条例还详细说明了存款担保计划覆盖和不覆盖哪些存款，覆盖的水平是多少，以及运营的细节（比如客户必须报销的时间限制）。此外，该指令要求从事存款业务的金融机构必须加入存款担保计划，并按规定缴纳相应的会费。

与金融科技公司的相关性

　　该指令对涉及客户存款业务的金融公司十分重要，但大多数的金融科技公司可能都不适用于该法，因为在大多数情况下只要从事存款业务就意味着受到类似银行一样的监管，比如《巴塞尔协议Ⅲ》或《资本要求指令》中就有相关规定。但是对于金融公司各种创新的商业模式，都需要透过现象看本质，让金融科技公司的运营保持在正轨上。

　　此外，金融科技企业也必须明白，不受存款担保计划保护的存款资金非常不稳定，一出现问题就会立刻遭遇挤兑，因此监管机构一般要求这些公司要么有充足的存款准备金，要么将这些资金放在

与其他资金隔离的账户中，特别是那些有问题的金融科技公司必须
要实行破产风险隔离机制。所以最好的办法还是将本公司存款纳入
存款担保计划的范围。

参考

- 第 2014/49/EU 号指令（DGSD 2）。
- 第 2014/59/EU 号指令（BRRD）。
- 第 2002/58/EC 号指令（Data Processing）。
- 第 2009/14/EC 号指令（DGSD Amendment）。
- 第 94/19/EC 号指令（DGSD 1）。

第 2014/49/EU 号指令即《存款担保计划指令》。2014 年的
DGSD 2 是在 1994 年第 94/19/EC 号指令（DGSD 1）基础上进行修
改后的新指令，而《存款担保计划指令》在 2009 年还修正过一次：
第 2009/14/EC 号指令（DGSG 修正案）。2002 年的第 2002/58/EC
号《数据处理条例》和 2014 年的第 2014/59/EU 号《银行复苏与
处置指令》是相关联的。

相关定义和适用范围

存款担保计划是一套保护银行及其他机构存款的制度框架，这些
受保护的存款通常也成为保险存款。存款的保险额度是有上限的，这
个上限要么是只覆盖第一次的亏损，要么是有免赔额的限制。比如，
一项存款担保计划规定：总损失超过 1 000 欧元的部分，其 90% 可以
进行赔付，但最高赔付额度不超过 18 000 欧元。

为什么有这么多保护存款的公共政策？理由如下：

1. 许多存款用户（特别是小额存款用户）不能承受全部或大部
   分的存款损失。

2. 许多存款用户都不具备充分评估银行信誉的能力，或者是这样做的代价过于高昂。

3. 如果存款不受到保护，那么银行就存在挤兑的风险（当有传言称银行陷入财务危机时，每个人都会争先恐后地去银行提取存款）。

最显著的例子即 2007 年英国北岩银行（Northern Rock）发生的挤兑危机，尽管当时已经有了存款担保计划（但当时英国的存款担保计划存在免赔额，并且金额赔付比例相当低）。现行的 2014 年《存款担保计划指令》即是对北岩银行挤兑事件的经验总结，该指令基本上都是 1994 年旧 DGSD 指令和 2009 年修正案的内容，但显著提高了存款担保计划的最低额度。

DGSD 2 监管涵盖的是法定和经官方核准的存款担保计划。但市场上还存在许多未经官方认可的存款担保计划，例如提供额外保护的充值计划，不过这些存款担保计划并不受 DGSD 2 的约束（第 1 条）。

欧盟要求每个成员国在其领土内必须有一个受认可的存款担保计划。这些计划可以是本国的，也可以是跨境的。任何银行（从技术层面上说，是《资本要求指令》中规定的所有信贷机构）都必须是存款担保计划的成员（第 4 条）。

有许多存款都不符合存款担保条件，比如金融部门（如银行、投资机构、养老金和保险公司等）在其业务经营中产生的存款，以及由政府公共部门产生的存款。会员国可以对预算低于 50 万欧元的养老金和地方政府给予一定的优惠（第 5 条）。

该指令规定，覆盖水平必须至少 10 万欧元，并且没有免赔额度。

有些存款必须在有限的时间内（3~12 个月）进行保护，比如与私人住宅资产交易有关的存款（第 6 条）。覆盖水平达到每个客户下每家金融机构的标准，如果客户在一个银行中拥有多个账户，那么需要汇总这些账户。对于联名账户，赔付金额则按账户持有者的数量进行相应提高，例如两个用户共用一个联名账户且没有其他账户，那么存款担保的覆盖水平为 20 万欧元。

需要注意的是，从客户角度看，覆盖水平达到每个客户下每家金融机构的标准可能会引起误解，问题在于上述思考角度来自提取存款的用户，而不是从事存款业务的金融机构。因此如果一家金融科技公司将客户的资金存放在一家大型银行，当银行遇到困难时，客户在该银行的直接存款份额和通过金融科技公司的间接存款需要进行汇总，以便计算赔付上限。

存款担保计划的赔付需要在损失事件发生后 7 个工作日内完成。不过这项规定将分阶段进行，在 2024 年最终实现。截至 2017 年，该项时间范围为 20 个工作日（第 8 条）。存款担保计划的资金来自其成员的会费。指令允许该计划向会员机构收取最高相当于其覆盖存款 0.5% 的会费，会费必须与金融机构所涵盖的存款金额成比例，但会员机构的风险状况由成员国自行决定（第 13 条）。指令规定存款担保计划必须在 2024 年年中之前将会费提升至承保存款金额的 0.8%（第 10 条）。

存款担保计划通常会使用会费资金来赔偿存款人的损失，也可以用来支持陷入困境的银行（第 11 条）。此外，如果使用《银行复苏与处置指令》规定的自救工具，则要求存款担保计划对存款人按照其被减记存款的额度进行赔付（DGSD 第 11 条，BRRD 第 109 条）。

在其他成员国的金融分支机构（即没有独立法人资格），由金融机构总部所在国的存款担保计划负责承保其存款。尽管最初的赔付金额是由金融机构总部所在国进行支付，但赔付的最终偿还由分支机构所在国负责（第 14 条）。对于设立在第三国的分支机构，本国监管机构必须确保存款担保计划在第三国的实施效力相等，并且要涵盖分支机构所在国的损失。否则，可以要求在第三国的分支机构加入东道国的存款担保计划（第 15 条）。

欧盟成员国、存款担保计划和存款机构都必须向存款人和公众实时披露信息（第 16 条、第 17 条）。

第十五章　《金融服务远程销售指令》

《金融服务远程销售指令》
关于通过远程通信方式进行金融服务营销的
规定，特别是对营销中信息要求和取消权的规定

概要

　　这个简短的指令适用于任何通过远程通信方式向消费者进行的金融服务销售的情况。指令规定了在订立合同之前具体的信息要求，并为消费者提供了一定的取消权，还涉及企业向消费者未经请求的通信和信息的默认续订。

与金融科技公司的相关性

　　这一指令与金融科技公司相关，这涉及它们向消费者推销的服务。

参考

- 第 2002/65/EC 号指令（DMFSD）。
- 第 1993/13/EEC 号指令（CCOD）。

　　第 2002/65/EC 号指令即《金融服务远程销售指令》，是欧盟在 2002 年发布的指令。与此相关的是 1993 年的第 1993/13/EEC 号《消费者合同指令》。

定义和范围

该指令对通过远程通信方式提供金融服务销售的行为做出了规定，特别是通过电话或互联网向消费者提供服务的销售行为（第 1 条）。消费者依然定义为"任何为其贸易、商业或职业之外目的的行事的自然人"。金融服务则定义为"银行、信贷、保险、个人养老金、投资或者第三方支付提供的任何服务"（第 2 条）。

信息要求

该指令的核心重点是：服务商在消费者签订金融服务的合同前需要提供一个特定的信息声明，内容包括服务的提供者、提供的服务以及合同内容，如果有必要的话，还包括赔偿条款（第 3 条、第 4 条）。如果合同是通过电话确定的，且指令要求声明的信息在后期提供，那么在通话时只需提供简要信息（第 3.3 条）。声明信息必须被提供在纸上或者其他耐用媒介上（第 5 条）。如果买卖双方需要反复交涉，要么只需要在一个初始的框架协议执行之前提供声明信息；如果不存在这种框架协议，那么就需要在首次协议执行之前提供申明信息，并且至少每年披露一次（第 1 条）。

取消和更新

在大多数情况下，消费者可在 14 天内无条件免费终止通过远程通信方式签订的金融服务合同；对于某些人寿保险以及养老金产品，期限为 30 天。但以下产品和交易没有上述规定要求：出售或购买金融工具、外汇交易、短期合约以及成员国有自由裁量权的财产相关交易。如果一个已取消的金融服务合同还附加了一个远程服务合同，那么该远程服务合同也可以免费取消（第 6 条）。当服务被取消时，合同所要求支付的费用最多可以按照已提供服务报酬的比例进行支付，并且不存在罚款的情况（第 7 条）。

在用电子卡对远程服务合同付款时，服务商必须有取消付款和退款的措施（第 8 条）。

成员国可自行规定是否允许默认续订，但对于可收费的金融服务，没有答复不能解释为同意（第 9 条）。

其他

通过自动呼叫系统（无人工干预）或传真的未经请求通信，必须是在事先征求消费者同意后才被允许这么做的。根据成员国自身的情况，通过其他形式的未经请求通信要么需要消费者事先同意，要么至少消费者没有事先反对。这些行为要求不会对消费者带来成本支出（第 10 条）。

成员国自行规定对违反该条例的处罚。通常情况下，消费者可以随时免费取消合同，且没有违约罚款（第 11 条）。消费者拥有维护自身合法权益的权利（第 12 条），同时还有一个庭外调解程序（第 14 条）。在欧盟各成员国中，由服务供应商负责证明是否遵守关于声明信息的要求，根据《消费者合同指令》，将这一责任转嫁给消费者的合同条款是不公平条款（第 15 条）。

第十六章　《欧洲市场基础设施监管条例》

《欧洲市场基础设施监管条例》
规范中央对手方和交易信息
数据库，并建立清算和报告披露要求

概要

在金融危机后，银行持有不透明的金融衍生品敞口被视为阻碍经济复苏的原因之一。监管机构认为：金融衍生品无论是来自场内还是场外市场，都应该由受到严格监管的清算所经手，并且无论清算与否，所有的衍生品交易都要求提供披露报告。

该条例还规定了有关清算和报告披露要求的细节、清算所的授权流程和交易信息数据库的注册流程，对于后两项还要进行持续的监管。

与金融科技公司的相关性

《欧洲市场基础设施监管条例》仅与从事金融衍生品的公司相关联，因此对于从事消费领域业务的金融科技公司而言，该条例并不是很重要。不过《欧洲市场基础设施监管条例》规定的清算和报告义务对技术的要求非常高，为涉足该领域的金融科技和监管科技公司提供了巨大的机遇。

参考

- 第 2012/648/EU 号指令（EMIR）。

第 2012/648/EU 号指令即《欧洲市场基础设施监管条例》。

定义与范畴

《欧洲市场基础设施监管条例》主要涉及与衍生品合约相关的问题，包括以下内容（第 1 条）：

- 对场外衍生品的清算和双边风险管理要求。
- 对衍生品合约的报告披露要求。
- 有关中央对手方和交易信息数据库的规定。

该条例中的衍生品主要是指各种金融合约，如互换、期权和期货。场外交易的意思是离开柜台的交易，即由交易双方（交易商/客户或交易商/交易商）之间直接谈判进行衍生品的交易，而不是在场内交易所进行的交易。交易信息数据库是一个收集和提供市场上所有衍生品交易信息（包括场内和场外交易）的机构。

欧洲证券及市场管理局必须在其网站上公布与该法规相关的条目，包括符合清算要求的合同、经过授权的中央对手方和交易信息数据库（第 88 条）。

中央对手方

中央对手方相当于证券市场上的清算所，但对于衍生品合约，中央对手方会通过一种被称为"约务更替"的过程介入原交易双方中，成为两方各自的交易对手，而买卖双方不再对原来的交易对手有违约风险。当然这样买卖双方现在就对中央对手方都有违约风险，但在保证金制度下，该风险会非常小。

保证金制度意味着中央对手方要求买卖双方对所有衍生品交易都有资金担保，并且中央对手方每时每刻都在计算买卖双方交易的净现值。我们举个例子来理解，假设按交易的净值计算 A 欠 B 500 万美元，那么中央对手方会要求 A 提供 600 万美元的抵押品，要求 B 提供 100 万美元的抵押品，这样不仅可以保护当前的债务，而且可以减小市场波动。如果市场价格发生变化，那么中央对手方将要求其中一个交易对手提供额外的抵押品，并将相同的金额返还给另一方。如果交易对手无法在市场价格波动中提供足够的抵押品，中央对手方会停止交易合约，并在市场上强制平仓，而交易另一方将不受此影响。因此在完成"约务更替"后，与原买卖双方就再无任何关系（两方的新关系都分别移至中央对手方）。

"约务更替"的全过程通常也被称为清算，因此某些交易的清算意味着它们必须与中央对手方进行"约务更替"。换句话说，当某项衍生品交易需要清算时，交易的买卖双方没有直接联系，而是直接面对中央对手方。

《欧洲市场基础设施监管条例》规定大部分的交易都有进行清算的义务（第 4 条）。清算类型分为两种：第一种是对于特定类别的衍生品，需要在受官方认证的中央对手方进行清算，但并非所有被《欧洲市场基础设施监管条例》指定的合约都受清算规定的约束（第 5 条）；第二种清算类型是交易双方对手面对面直接进行清算，清算的规则略微复杂。以下两种情况不需要进行清算：

1. 集团内部的交易，包括一些有松散关联的公司之间的交易，例如德国的储蓄银行协会内的金融机构之间（第 3.3 条）。
2. 交易对手中的一方或双方是散户的交易，买卖双方中任何一方交易量都不超过一定的结算门槛，即衍生品的小额交易者

（第 4 条、第 10 条）。

《欧洲市场基础设施监管条例》对所有需要清算的衍生品进行公开登记（第 6 条）。无论是在场内还是场外从事衍生品交易，中央对手方在进行清算合约时都需要无差别对待（第 7 条）。反之，所有交易场所都应无差别地向中央对手方提供清算时需要的所有相关数据（如价格信息，第 8 条）。买卖双方和中央对手方都有责任将所有交易数据提交给交易信息数据库（第 9 条）。

如果衍生品合约没有通过中央对手方清算的方式（原因可能在于交易对手方的性质或者基础工具的差异），则需要采取某些风险缓解技术措施，或者至少必须及时确认所有的交易，并通过正式程序处理和调解可能的争议。如果涉及金融合约交易，必须按每日实时的市场价格计价，如果没有市场价格，则使用市场模型计价。就像合约在中央对手方进行清算一样，金融合约交易时必须有相应的担保品交易程序。但对于非金融合约交易只有在超过清算阈值时才允许交易抵押品。此外，许多集团内部交易（如上所述）是被豁免的（第 11 条）。

想要成为欧盟其他成员国的中央对手方，需要向本国的监管机构申请授权，即向注册地所在国的监管机构申请，随后由该监管机构组织所有其他相关的监管部门机关对申请者进行审查（第 12 条、第 18 条）。如果获得欧洲证券及市场管理局授权，在特定条件下，第三国的中央对手方也可以直接在欧盟单一市场内从事业务活动（第 25 条）。授权之前，欧盟委员会必须确认该第三国有与欧盟等效的监管框架。在某些情况下，等效性可以在 30 天通知到期后撤销（第 13 条）。一旦获得成为中央对手方的授权资格，就意味着获得了在整个欧盟单一市场内的授权资格。对无论是欧盟内部还是来自等效第三国的中央对手方都应一视同仁（第 12 条）。

中央对手方资格仍然有最低资本要求，最低限额为 750 万欧元（第 16 条）。而且必须具备健全的治理结构，并经常进行独立审计

（第 26 条）。其治理结构必须包括有效的利益冲突程序、商业应急方案（第 34 条）和风险管理程序（第 49 条）。高级管理人员、董事会成员和具有重大影响的股东必须履行一定的要求（第 27 条、第 30 条）。此外，获得中央对手方资格的金融机构需要建立风险委员会（第 28 条），并保证足够的记录（第 29 条）。监管机构必须实时处理任何重大变化，尤其是收购时的事先清算（第 31 条、第 32 条）。有中央对手方资格的金融机构可以将它们的一些事务外包给第三方，但其本身要遵守所有条例和规定（第 35 条）。

中央对手方必须无差别地对待新清算成员。并要持续核算清算业务情况，防止清算业务给自身的财务稳定性带来风险，如果不符合要求，则拒绝或终止（视情况而定）这些机构成为清算成员（第 37 条）。

中央对手方必须对其提供的服务以及相关的价格和费用保持透明（第 38 条）。

条例中还有关于资产分割以及登记资产所有权的规定。特别是，清算成员可以向客户提供个人资产分割服务，但该分割部分需要受到中央对手方的认可（第 39 条）。

必须实时测量中央对手方的风险敞口和信用情况（第 40 条）。此外，中央对手方持有的保证金需要覆盖在一段时间内 99% 的市场波动，即在一段时间内因市场波动而需要追加额外保证金时，它们可以当天执行追加保证金的通知（第 41 条）。中央对手方还需维持一笔已事先融资的中央对手违约基金用来弥补清算成员的准备金缺口。违约基金要求至少能弥补清算成员的最大违约损失（第 42 条）。中央对手方还必须拥有足够的已事先融资的资金来弥补超过利润或违约基金减少的损失（第 43 条），而且必须拥有足够的流动性（第 44 条）。条例对中央对手方可以接受什么作为抵押品，以及用资金投资什么标的都有一定的要求。对于非金融交易对手方，银行担保是可以接受的抵押品（第 45 条、第 46 条）。

在满足特定条件下，中央对手方可以与其他中央对手方签订合作协议。例如，允许衍生品交易的买卖交易双方自主选择各自的中央对手方进行交易，而不需要选择同一中央对手方（第51~54条）。

交易信息数据库

在欧盟成员国内的交易信息数据库须在欧洲证券及市场管理局，而非当地监管机构进行注册。注册成功后，便可获得在欧盟单一市场内的运营权（第55~61条）。注册的交易信息数据库受欧洲证券及市场管理局的持续监管，包括记录检查和现场访问（第62条、第63条）。欧洲证券及市场管理局可以将一些监督职责委托给当地监管机构（第74条），可以处以罚款（第64~69条）以及发布公告和撤销其注册（第73条）。

被欧盟委员会认可的其他国家交易信息数据库的可以申请欧洲证券及市场管理局的许可，一旦获得许可，便可获得欧盟交易信息数据库一样的国民待遇（第75~77条）。

交易信息数据库必须具备健全的治理架构。它们须以无差别对待的方式提供服务，并在提供服务和费用方面保持透明。如果交易信息数据库提供辅助服务，则必须独立于报告业务（第78条），必须在操作上可靠、具备业务连续性和灾难恢复计划（第79条）。必须制定健全的数据保护政策，且只有在相关方同意的情况下，才能将收集到的数据用于商业目的（第80条）。

交易信息数据库应定期以易于获取的方式，按衍生品的类别报告总头寸。它还必须向包括欧洲证券及市场管理局、欧洲系统性风险委员会以及监管交易场所和中央对手方等机构在内的许多相关机构提供数据（第81条）。

第十七章 《电子货币指令》

《电子货币指令》
欧盟规范电子货币（即非现金支付系统）的指令

概要

《电子货币指令》主要规定了对电子货币（电子现金替代品）的监管制度，适用这一指令的典型案例是电子支付卡。但该指令有刻意模糊的地方，以便涵盖未来可能出现的新型非现金支付系统模式（以不可预见的方式运作但功能性质与传统电子货币一样）。但是，该指令明确排除了商店卡或商店专用礼品卡等狭隘的网络系统。

与金融科技公司的相关性

《电子货币指令》与金融科技初创企业具有高度相关性，因为它是大量创新性支付商业模式的基础。

参考

- 第 2009/110/EC 号指令（EMD 2）。
- 第 2005/60/EC 号指令（AMLD 3）。
- 第 2006/48/EC 号指令（CRD 1）。
- 第 2007/64/EC 号指令（PSD 1）。
- 第 2000/46/EC 号指令（EMD 1）。

> 第 2009/110/EC 号即《电子货币指令》。该指令废除了第 2000/46/EC 号《电子货币指令》，并且修订了第 2005/60/EC 号《反洗钱指令》和第 2006/48/EC 号《资本要求指令》，也引用了第 2007/64/EC 号《支付服务指令》中的某些定义。

定义与范畴

《电子货币指令》涉及提供货币支付解决方案（也称电子货币）的私营企业（第6条）。这些供应商通常被称为电子货币机构，在获得豁免的情况（第1条、第9条）下有一个更狭窄的定义：电子货币发行方（第2条）。这些机构是唯一被允许发行电子货币的机构（第11条），具体定义为：

> 电子货币是发行人以进行交易支付为目的，在收受资金后，以电子方式（包括磁性的）发行的货币价值请求权，并且被除电子货币商以外的自然人或法人接收（第2条）。

电子货币的典型案例是活期账户和支付卡，但该指令故意对细节内容模糊处理，以避免扼杀创新。重要的是，钱可以被"存储"在工具和服务器上，因此终端用户并不一定需要拥有电子设备。然而，该指令明确排除了适用范围有限的网络工具，例如商店消费卡、加油卡或儿童保育券。

该指令要求电子货币供应商必须得到授权，并有审慎的监管方案，特别是要有可持续的最低资本要求。目前有多种计算资本要求的方法，比如《支付服务指令》（PSD 2）里的3种方法，以及本法令里要求资本为"所发行电子货币价值的2%"（第5条）。

电子货币不被视为存款，这意味着它不受存款保护计划的保护，相关的法规也不适用于（第6条）。除与交易支付有直接关联的业务外，电子货币供应商不得贷出资金；相反，这些资金只允许用于安全性高的投资（第7条）。电子货币发行方允许（但没有义务）支付利息，但这种利息不取决于资金的持有期限（第12条），资金不允许被锁定（因为资金必须可以在任意时间点全部或部分被赎回）。发行方只允许收取小额的、基于成本的赎回费用（第11条）。

经过欧盟授权后，电子货币可在欧盟单一市场内发行。第三国供应商也可进入欧盟市场，但其地位不得超过持有欧盟单一市场牌照运营的供应商。第三国供应商如果想要进入欧盟成员国的市场，则必须分别得到这些成员国的授权。

该指令规定必须有解决供应商与客户争端的庭外调解程序（第13条）。

第十八章 《通用数据保护条例》

《通用数据保护条例》

制定欧盟的数据保护和隐私的统一标准

概要

该条例涉及数据控制方（收集和拥有数据的一方）、数据处理方（数据使用方）以及它们与数据主体（个人数据被收集和处理的一方）的关系。

控制方和处理方的主要义务是保证数据的安全性、可访问性和准确性，并在数据处理之前充分告知数据主体，且在必要时征得他们的同意。数据主体有访问或更正其数据的权利，防止其用于某些分析或用于特定目的的权利，以及删除数据权（被遗忘的权利）。

与金融科技公司的相关性

该条例普遍适用于在欧盟开展业务的所有公司，尤其是处理个人敏感数据的金融科技公司，无论这些个人是否属于其客户，也不管公司的服务对象是否为与个人有客户关系的第三方。

公司必须了解它们是否被视为本条例中的数据控制方或数据处理方，如果答案是肯定的，那么这些公司必须确保自身遵守本条例的适用部分。违规将会面临高达 2 000 万欧元或企业全球年收入4%的罚款。

参考

- 第 2016/679/EU 号条例（GDPR）。
- 第 2002/58/EC 号指令（PrivacyECommsD）。
- 第 95/46/EC 号指令（GDPD）。

第 2016/679/EU 号条例即《通用数据保护条例》。它取代了此前的第 95/46/EC 号《通用数据保护指令》。另一个涉及电子通信中的隐私权的指令是第 2002/58/EC 号《欧洲议会及欧洲理事会2002 年 7 月 12 日关于电子通信业处理个人数据和保护隐私的指导意见（私隐及电子通信指引)》。

定义与范畴

《通用数据保护条例》旨在保护自然人数据的同时不影响数据的自由流动（第 1 条）。条例的主要目的之一是制定关于自然人数据保护的规则，其中的自然人也称为数据主体；其他关键参与方是数据控制方（收集和拥有数据的实体），以及数据处理方（进行数据分析的实体），数据处理方可以是数据控制方，也可以不是数据控制方（第4 条）。

该条例主要适用于以电子形式存在的个人数据，但有一些例外（第 2 条），也适用于在欧盟内部设立了数据控制方或者数据处理方的情况，而无论其实际数据的处理是否在欧盟内进行。即使数据控制方或处理者未在欧盟设立，如下相关活动中的个人数据处理也适用于本条例：（1）为欧盟内的数据主体供应商品或服务的，无论此商品或服务是否要求数据主体支付对价；（2）对发生在欧盟范围内的数据主体的活动进行监控的。

数据的定义

就该条例而言，个人数据的定义为（第4条）：

任何与已识别或可识别的自然人有关的信息。

定义中"可识别自然人"的概念是非常宽泛的，具体如下（第4条）：

可直接或间接识别的人，特别是通过一个标识，比如这个自然人的姓名、身份证号码、地址数据、网上标识，或自然人所特有的一项或多项身体性、生理性、遗传性、心理性、经济性、文化性、社会性因素而识别个体。

该条例还定义了"个人敏感信息"是（第9条）：

个人的种族和族裔出身、政治观点、宗教和哲学信仰、加入何种工会、基因数据、生物识别数据、健康数据、性生活或性取向信息以及犯罪记录信息。

数据收集的先决条件： 目的和同意

收集个人数据必须满足以下条件（第5条）：

1. 对于数据主体，须做到合法、公平、透明——"合法性、公平性和透明性"。
2. 为特定的、明确的、合法的目的收集，并且不符合以上目的不得以一定的方式进行进一步的处理——"目的限制"。
3. 实行时要做到充分、相关、以该个人数据处理目的之必要为限度——"数据最小化"。

4. 准确、必要、及时更新——"数据准确性"。

5. 在不超过个人数据处理目的所必需的条件下，允许以数据主体可识别的形式保存——"存储限制"。

6. 确保个人数据的安全性，防止个人数据的非法授权、非法处理、意外遗失、灭失或损毁——"完整性和机密性"。

遵守上述规则是数据控制方的责任——"数据责任"。

如果至少满足下列条件之一，则数据处理是合法的（第6条）：

1. 数据主体已同意。

2. 履行合同。

3. 遵守控制方的法律义务。

4. 保护数据主体或其他自然人的切身利益。

5. 在公共利益/官方授权下执行任务。

6. 控制方的合法权益不受数据主体利益的影响。

上述条件3~5在欧盟或成员国中以法律形式确定，并受其他法规的约束（第6条）。当数据控制方出于其他原因（非最初目的）而处理数据时，必须考虑到若干具体规定（第6.4条）。

在此背景下，"同意"一词是指（第4条）：

数据主体本人通过声明或以积极行动表示的、无偿的、充分知悉的、不含混的、表明赞成对其相关个人数据进行处理的意愿。

如果处理数据是建立在同意的基础上，则数据控制方必须能够证明已经获得同意。如果数据主体的同意是在涉及其他事项的交谈时做出的，请求获得同意应当"完全区别于其他事项，并且以一种容易理解的形式，使用清晰而直白的语言"。数据主体不能同意违反本条例的条款。他们有权"在任何时候撤回同意，而且撤回的方式如授予同意一样简便"。最后，在评估内容是否自由提供时，重要的是要考虑所请求的数据对于履行合同是否有必要（第 7 条）。16 岁以上未成年人的同意才被视为有效，否则需征得其父母的同意。

在默认情况下，禁止处理条例中规定的特殊个人数据。但有一些例外情况，例如，当数据主体明确同意，并允许根据适用的当地法律给予此类同意，或者当数据主体已经明确公开此类数据，又或者其他指定的出于公共利益考虑的原因（第 9 条）。同样，处理与刑事定罪有关的数据也受特定规则的约束（第 10 条）。

数据管理者对其客户的沟通必须是"以简洁、明显、易懂和平易近人的形式"，并且必须使用"清晰明了的语言，特别是对于任何专门针对儿童的信息"。信息需要在"提出申请的一个月以内提供"，如果管理者决定不采取行动，他不也需要在同样的时间范围内告知申请者并说明原因。如果对方的要求是无根据的或过度的，尤其是重复的，管理者可以收取合理的费用或拒绝要求。证明要求是否过度的责任在于数据的管理者。如果数据管理者对提出要求的人的身份持有疑问，可以要求其提供必要的补充信息。如果使用图标来标识数据类别，那么这些图标必须是机器可读的（第 12 条）。

信息需求

当直接面向数据主体收集数据时，数据控制方应当向数据主体提供一定的信息（第 13 条）。如果数据是从第三方收集获得，数据控制者必须向数据主体提供类似但略有不同于第 13 条规定的信息（视具体情况而定）。在这种情况下，信息最迟要在和信息主体首次接触时提供，对于第三方来说，需要在获得数据的一个月以内，或更早的时间向其提供相关信息（第 14 条）。

任何数据主体都有权知道数据控制方是否持有其个人资料，如果是个案，则有权取得有关所持有数据的特定资料以及资料复本（第 15 条）。如果数据有误或不完整，数据主体则有权要求修正（第 16 条）。在特定情况下，数据主体有"被遗忘权"（即控制者删去其所有个人信息，第 17 条）。在特定情况下，数据主体可要求控制者限制对其数据的处理，直至满足某些条件（第 18 条）。控制者必须将这些要求传达至处理者，使其得以实现（第 19 条）。

数据主体的权利

如果数据主体向数据控制方提供了数据，则他们有权获得"结构化的、常用的且为机器可读格式"的数据，并"有权将此数据给另一个数据控制方"，而不受到提供此数据的控制方的阻碍。

当数据基于条例第 5 条、第 6 条被处理时，数据主体有权反对此处理，而证明其合理性的责任则由数据控制者来承担。在数据处理直接用于营销的情况下，当数据主体抱怨时，处理必须停止。这些权利必须得到数据主体的重视（第 21 条）。

通常，数据主体有权反对会带来重大印象的全自动决策，"当数据主体和数据控制者在履行一个约定时可视为特例"（第 22 条）。如果本土法律中有规定，基于一些公共政策的原因，将限制数据主体对其个人数据处理的相关权利。

对数据控制方的要求

数据控制方必须采取并记录相关措施，以履行本法规规定的特定职责。这些措施必须定期更新（第 24 条）。特别是，数据控制方必须实施适当的技术和组织措施，所涉及的例子包括数据最小化和假名化，以履行这些职责。经批准的认证机制可用于证明合规性（第25条、第42条）。联合控制方必须全部实施必要措施。此外，它们必须有一个明确的安排，以确定各自的职责。数据主体可自主选择数据控制方来行使其权利（第26条）。通常，非欧盟的控制方和处理方必须任命一个位于数据主体所在成员国的本地代表（第27条）。每个控制者都必须在其职责范围内保留所有数据处理活动的指定日志（第30条）。

数据处理方只有在得到数据控制方的明确同意之后才能引入子处理者，而且这些被引入的子处理者受到同等约束。在任何情况下，最终数据主处理方对数据控制方和数据主体保留全部责任（第28条）。数据处理方只能在数据控制方的特定指令下处理数据（第29条）。数据处理必须采取适当的措施，例如加密、假名化、定期备份，以确保在考虑风险及其可能影响的情况下，数据的安全性和可用性水平是适当的（第30条）。数据泄露必须向监管机构报告，通常也应向受影响的客户报告（第31条）。

特别是在使用可能产生巨大影响的新技术时，如前所述要对特殊数据进行大规模处理，或对大规模公共可访问区域进行系统监测时，在进行处理前进行影响评估是必要的（第35条）。如果评估表明除非采取特殊措施，否则数据处理会导致高风险，那么控制者必须在处理之前咨询其监管机构，特别是讨论这些措施的适当性和有效性（第36条）。

数据控制方和处理方都"可以"（甚至在某些情况下是"必须"）设置一个数据保护官（data protection officer），他的角色和职责在条例中有所描述（第37~39条）。成员国和监管机构必须鼓励制定行为守则，守则的实施应由适当的机构监督（第40条、第41条）。成员国、监管机构和欧盟委员会鼓励建立数据保护认证机制和数据保护印章及标志，以证明符合本规定。这些证书是自愿的，可以通过透明的程序获得（第42条、第43条）。

转移至第三国

只有在符合特定的条件下，数据才可被转移至第三国（第44条）。当数据是转至欧盟委员会认定的第三国时，此转移被视为合法，且无须进行额外的申请（第45条）。否则，只有在满足某些特定保障措施的情况下才能转移数据（第46条、第47条）。第三国法院的判决只有在基于国际协议（例如司法协助条约）的情况下才被承认或可执行（第48条）。有一些让步规定是，即使未满足上述条件，也允许数据转移至第三国，如当数据主体明确同意、与数据主体签订必要协议或因为公共利益的理由时就是如此（第49条）。

从技术角度上讲，如果数据处理方处理个人数据的目的不需要或不再需要数据控制方对数据主体进行识别，数据处理方就不再具有为了遵循本条例而维持、获取或处理额外信息以识别数据主体的责任（第11条）。

监管机构

当被要求时，数据控制方和处理方必须与监管机构合作（第31条）。监管机构必须进行国际间合作（第51条）。成员国依据一套特定的机制，建立一个多监管机构体系（第52～59条）。当涉及多个监管机构时，它们将在主监管机构的指示下运行（第60～62条）。

欧盟成立欧洲数据保护委员会（European Data Protection Board，第68～76条），"确保该条例在整个欧盟内得到一致的实施"（第63条、第67条、第70条）。除此之外，它们通过发表意见（第64条）以及在各国监督机构之间设置解决争端的机制来实现这一点（第65条）。

数据主体有权向监督机构提出申诉。他们可以选择在居住地、工作地或是被指控侵权的所在地进行申诉（第77条）。每个法人或自然人、数据主体或他人，都有权对关乎他们的监管机构的有法律约束力的决定获得有效的司法救济。如果主管在3个月内未处理投诉，数据主体也有权向法院提起上诉（第78条）。

尽管有其他解决机制，数据主体仍有权在法院对数据控制方和处理方提起诉讼，此诉讼可以在数据主体长居地的法庭提起，除非数据控制方和处理方是成员国行使其公共权力的公共机构（第79条）。数据主体有权要求某些非营利组织在法庭上代表他们（第80条）。当多个成员国都存在对同一数据控制方和处理方就同一问题进行的诉讼时，除首先接受案件的法院之外，其他所有有权审理的法院都可以停止其法律程序，或在允许的情况下要求合并这些诉讼程序（第81条）。

责任

数据控制方和处理方应对因违反本规定而产生的损失负责，并对数据主体及他人造成的物质损失进行赔偿。如果数据控制方和处理方共同对侵权行为负责，则它们对数据主体承担连带责任，即数据主体可以向所涉及的每个数据控制方和处理方要求全额赔偿，然后这些数据控制方和处理方视情况来分配各自需支付的比例（第82条）。数据控制方和处理方会受到巨额罚款和处罚，罚款的金额取决于一些特定标准，如以前的罚款、是否涉及过失、影响是否减轻等。根据违规行为，行政罚款最高可达2 000万欧元或上年全球总营业额的4%，两者取其高的一项进行罚款（第83条、第84条）。

特定情况

该条例涵盖了在若干特定情况下保护数据的内容，特别是关于言论和信息自由（第85条）、公众对官方文件的访问（第86条）、国家身份证号码（第87条）以及在就业方面（第88条）的内容。最后，为了实现公共利益、科学或历史研究、统计目的，以及为了存档等处理，有一些安全保障和让步规定（第89条）。该条例的其余部分涉及技术细节（第90~99条）。

第十九章　《市场滥用行为监管条例》

《市场滥用行为监管条例》

涉及内幕消息、内幕交易、市场操纵和市场滥用

概要

　　该条例定义了内幕信息，即与金融工具有关的价格敏感信息；禁止非法披露此类信息用于内幕交易，也就是说禁止基于内幕消息进行的交易。条例还定义并禁止市场操纵和市场滥用，并建立了对上述情况的监管框架、权力机构和制裁措施。

与金融科技公司的相关性

　　关于内幕信息的规则只适用于那些股票被公开交易的公司，这意味着它们与大多数初创公司不相关。然而在此情况下，有趣的问题是这些规则是否适用于加密代币？当然，该条例本不适用于货币，对于商品的意义也非常有限（但是，它适用于两者的衍生品以及差价合约）。这一条例就如同本书其他部分一样，并不是法律上的建议，也不适用于比特币和其他加密代币。不过，加密数字货币交易所应该被视为多边交易设施（简称MTF），这种情况下人们可能还会考虑加密代币是否适用于这里的监管规则。

　　不管这些规定是否适用，最好的做法是遵守这些要求。一个在该领域活跃的公司可能会考虑在特定情况下遵守它，因为这可能会

使当前和未来的监管互动更加容易。

参考

- 第 2014/596/EU 号条例（MAR）。
- 第 2014/65/EU 号指令（MiFID 2）。
- 第 2014/600/EU 号条例（MiFIR）。
- 第 2003/6/EV 号指令（MAD）。

第 2014/596/EU 号条例即《市场滥用行为监管条例》，代替了此前的第 2003/6/EV 号指令《市场滥用行为监管指令》。与之相关的法令是第 2014/600/EU 号《金融工具市场条例》和第 2014/65/EU 号《金融工具市场指令（第二版）》

定义与范畴

该条例为内幕交易、内幕信息的非法披露和市场操纵建立了共同的管理框架，以及规定了防止市场滥用的措施。其目的是确保金融市场在这方面的完整性（第 1 条）。它适用于在受监管的市场，多边交易设施或有组织交易设施（简称 OTF）上交易的金融工具，所有这些都在 MiFID 2/MiFIR 中进行了定义。该条例也适用于那些价格（或价值）取决于（或受影响于）其他金融工具的金融工具（第 2 条）。"金融工具"一词也在《金融工具市场指令》中进行了界定（第 3 条），其定义如下（见 MiFID 2 的附件1C）：

- 可转让证券。
- 货币市场工具。
- 集体投资的单位。
- 承诺。
- 大多数衍生合同。

- 差异合同。
- 排放配额。

注：第 12 条和第 15 条不仅适用于上述规定的金融工具，而且也适用于现货商品合同和基准（第 2 条）。

上述所有交易场所必须向其监管机构报告其挂牌交易的各类证券情况，监管机构必须向欧洲证券与市场管理局报告，然后欧洲证券与市场管理局在其网站上公布本法规涵盖的所有金融工具清单（第 4 条）。

有一些例外情况不适用这项规定，特别是某些回购（第 5 条）和某些公共部门市场活动（第 6 条）。

内幕消息

该条例定义内幕消息为（第 7.1 条 a 部分）：

> 未公开的、直接或间接涉及一个或多个发行人，或一个或多个金融工具确切性质的信息，如果一旦公开，就可能会对这些金融工具的价格或相关衍生金融工具的价格产生重大影响。

条例中还有关于大宗商品衍生品和排放配额的定义。对于其他市场参与者中执行订单的人员或公司来说，内幕信息还有另外一个定义（第 7.1 条 d 部分）：

> 对于负责执行有关金融工具命令的人员，还指客户所传达的信息，以及与客户在金融工具中的待决命令中具有确切性质的信息，这些信息直接或间接地涉及一个或多个发行人或一个或多个金融工具，如果一旦公开，可能对这些金融工具、现货商品合同或相关衍生金融工具的价格产生重大影响。

综上所述，内幕信息是关于金融工具的某些价格敏感信息，或与金融工具有关的订单流。

内幕交易

该条例将内幕交易定义为根据内幕信息采取的行动，例如买卖票据、取消或修改指令等。只有当一个人（如管理层、股东、相关专业人士）总是认为他应该拥有内幕信息时，内幕交易才适用（第8条）。

但是，有一些例外情况不被认为是内幕交易，例如（第9条）：

- 当一家公司在实际持有内幕信息的人和那些采取交易决策的人之间已经建立起有效的防火墙时。
- 在某些情况下，该公司是做市商或者相关决策在知晓内幕消息之前就已经做出。
- 当它涉及公开收购、合并、股权建设，或内幕信息只涉及自身的交易意图。

非法披露

该条例将非法披露定义为向另一人披露内幕信息，但在进行正常工作、职业或职责的情况下披露的除外。由获得内幕信息的人向第三人披露信息，且应当知道它是内幕信息的，也被认为是非法披露（第10条）。

在市场调查的情况下，即在宣布一笔交易前进行信息交流时有具体的规则，以衡量潜在投资者的兴趣（第11条）。

市场操纵

该条例将市场操纵行为定义为"任何可能对金融工具的供应或需求发出虚假或误导性信号的行为，或可能在非正常或人为的水平上确保金融工具的价格"。如果这种做法是出于正当理由，或者是为了符合公认的市场惯例，那么这种做法就不是市场操纵。其他类型的市场操纵是下达采用欺骗或设计形式的订单以及传播可能影响市场或市场基准的信息和谣言，并且进行操作的人知道或应该知道该信息是虚假的或误导性的（第12条）。

在这一过程中，监管机构与欧洲证券与市场管理局合作，可以将某些做法确立为公认的市场惯例，在这种情况下，这些做法不被视为市场操作。公认的市场惯例一旦建立，将在欧洲证券与市场管理局的网站公开。

要求、 禁令和罚款

法人和自然人不得从事内幕交易，不得诱导他人从事内幕交易，不得非法披露内幕信息（第14条），不得从事或者企图操纵市场（第15条）。

> **罚款：**各成员国就违反第14～15条规定的最高罚款，对于自然人至少为500万欧元，对法人至少为1 500万欧元或年营业额的15%（两者取其多者，第30条）。

任何交易场所的经营者，以及任何专业从事交易或执行交易的人士，都必须建立有效的制度、系统和程序，以防止和监测内幕交易和市场操纵。任何可疑行为都须立即向监管机构报告，监管机构则根据需要做进一步报告（第16条）。

发行人必须尽快将直接涉及发行人的内幕信息告知公众，而该披露不得与其营销活动相结合。在某些情况下，特别是出于维持金融市场稳定的考虑时，在获得监管机构的同意后，可以推迟披露但须续保信息的保密性。一旦消息被泄露，就必须予以披露（第17条）。

> **罚款**：各成员国就违反第16~17条规定的最高罚款，对自然人至少为100万欧元，对法人至少为250万欧元或年营业额的2%（两者取其多者，第30条）。

发行人必须保持最新的内部人员名单，以确定哪个人可以访问从何日起开始的内幕信息（第18条）。管理者必须将自有账户交易通知发行方，发行方又必须通知监管机构。在业绩公告之前有30个日历日的关闭期，其间管理者不允许在自有账户上进行任何交易（第19条）。

制作或传播投资建议或任何类似项目的人员必须确保客观地呈现，并且必须披露利益冲突（第20条）。关于媒体披露也有具体的规则（第21条）。

> **罚款**：各成员国就违反第18~20条规定的最高罚款，对自然人至少为50万欧元，对法人至少为100万欧元（第30条）。

条例

监管机构由成员国任命（第22条），拥有多项具体权力，包括请求获取各种数据、暂停交易、进行现场检查（私人住宅除外）。在不影响现有的其他保密要求的情况下，个人必须自由地向监管机构披露这方面的信息（第23条）。

监管机构与欧洲证券和市场管理局合作（第 24 条），监管机构之间相互合作（第 25 条），也可能与第三国监管机构合作（第 26 条）。监管机构对专业保密（第 27 条）、数据保护（第 28 条）以及第三国（第 29 条）都有一定的要求。

监管机构还可以实施一系列制裁措施，包括公开警告、披露利润或避免亏损、撤销授权以及处以罚款（第 30 条）。在决定制裁时，监管机构应考虑一些具体因素（第 31 条），并且要每年向欧洲证券和市场管理局（第 33 条）及公众（第 34 条）进行报告。

监管机构制定了安全制度，允许人们举报违反本条例的行为，那些举报违规的人将作为举报人而受到保护（第 32 条）。

第二十章　《抵押贷款指令》

《抵押贷款指令》

涉及消费者抵押贷款的规定，特别是市场营销、贷款
利率计算和基于收入的信用评估要求

概要

在许多司法管辖区，抵押贷款人（这里指的是债权人）已经
受到监管，因此该指令的主要焦点是信贷中介机构及其指定的代
表。它还规定了非银行抵押贷款机构的授权和监管要求。该指令定
义了欧洲标准化信息表（European Standardised Information Sheet，
简称 ESIS），这是消费者在签订信贷协议之前必须收到的关键信息
文件。它还建立了关于签订合同前的信息、信用数据库的使用、外
汇和可变贷款以及欠款和止赎的更多规则。

与金融科技公司的相关性

该指令适用于所有在消费者抵押贷款领域经营的金融科技公
司，无论是贷款机构、中介机构还是顾问。

参考

- 第 2014/17/EU 号指令（MCD）。
- 第 2008/48/EC 号指令（CCRD）。
- 第 2003/25/EC 号指令（UCPD）。

第 2014/17/EU 号指令即《抵押贷款指令》。与之相关的指令是第 2008/48/EC 号《消费者信贷指令》。

定义与范畴

该指令涉及该领域的消费者抵押信贷监管贷方、中介机构和顾问（第 1 条），但这并不妨碍成员国实施更严格的消费者保护法规（第 2 条）。它为成员国留下了大量空间，因此在某些情况下，地方规则可能没有这里描述得那么严格。

该指令涉及的范围主要是信贷协议，这些协议"要么是通过抵押，要么是用住房不动产或土地进行担保"。这里也有一些重要的反例，例如，它并不适用于大多数股票发行产品，以及许多补贴或雇主赞助的信贷协议。根据司法管辖区的不同，它可能适用也可能不适用于购买抵押贷款和其他一些可选的案件（第 3 条）。

消费者和债权人的定义与《消费者信贷指令》中的定义完全相同，即消费者是"任何为其贸易、商业或职业之外目的的行事之自然人"，而债权人（信用中介）是"在其贸易、商业或职业过程中提供信贷的自然人或法人"。该指令承认，在某些司法管辖区，贷款人不一定是银行（也就是信用机构），非银行贷款人也被称为"非信贷机构"（第 4 条）。由于其他法规，信贷机构已经受到监管，该指令还要求非信贷机构受到授权和监管（第 35 条）。

在每个成员国中，都必须有一个监管机构负责监管这一指令。如果负责监管这一指令与负责监管银行的监管机构不同，那么这两个监管机构就必须合作。在欧洲层面，负责机构是欧洲银行业管理局（第 5 条）。非信贷机构也必须受到监督（第 35 条）。成员国还应积极推进对消费者就借贷负责和债务管理方面的教育的措施（第 6 条）。

一般要求

参与抵押过程的每个人都必须诚实、公平、透明、专业地行事，考虑到消费者的权利和利益，这些活动必须基于消费者的情况和消费者所知道的任何具体要求的信息以及在信贷协议期限内消费者所面临的风险的合理假设（第7条）。

公司的薪酬政策不应与遵守上述规定起冲突，它们必须促进健全和有效的风险管理，且不得鼓励超出债权人承受风险水平的冒险行为。薪酬政策不得具有损害消费者最佳利益而行事的能力，特别是薪酬不得取决于销售目标（第7条）。

成员国可以禁止债权人向信贷中介机构支付佣金，并且可以在协议签订之前禁止或限制消费者向债权人或中间人付款（第7条）。

向消费者提供信息必须是免费的（第8条）。

员工必须拥有并保持最新的知识水平和能力。监管机构将对这一要求提供详细的指导。就经营跨境业务的企业而言，相关的是东道国的指导方针，这意味着在多个司法管辖区经营的公司必须满足不同成员国的不同要求。在这方面的监督由分支机构的东道国监管机构负责，而跨境供应则由公司注册地的本国监管机构负责（第9条）。

除了一些明确的例外，搭售是不允许的，但是捆绑销售是可行的。这意味着，抵押贷款产品可以与其他产品一起出售，且可能有折扣，但它们必须本身也作为独立的产品销售（第12条）。

通常，消费者享有提前还款的权利。但是，在借款利率固定的时期内，在消费者方面这一权利可能受到合理限制，以避免消费者为了利用低利率而取消合同。在提前还款的情况下，债权人只得到了公平和客观赔偿的权利，当然具体的赔偿可以由成员国进一步加以限制（第25条）。

信用中介机构和委任代表

除了少数例外情况外，只有债权人、信贷中介机构或指定代表才能提供建议。顾问必须向他们的潜在客户说明他们是否有捆绑，只考虑到了市场上的一小部分产品；抑或他们的建议是否涵盖整个市场，或者至少是其中很大一部分（第22条）。

信用中介机构须经授权和监管，并要有获授权的法人和自然人的公开登记。授权要求的一个例外是，这些活动是在专业活动的过程中以偶然的方式进行的，而该活动是以另一种方式进行监管的。被授权的最低要求是专业赔偿保险、良好的声誉和无犯罪记录，以及适当的知识和能力。如果信用中介机构有注册办事处，它必须与总公司在同一成员国。如果没有注册办事处，其总部必须在其主要业务所在的成员国（第29条）。如果不使用、放弃、以不正当手段获得、不再满足要求或存在严重侵权，则可以撤销授权（第33条）。

只与一个债权人挂钩的信贷中介机构可以通过其债权人获得自动授权，在这种情况下，债权人仍然对其行为负全部责任（第30条）。类似的规则适用于信用中介机构任命代表的情况，这时指定的信用中介机构仍然对其行为负全部责任（第31条）。

虽然通过了本国监管机构短暂的申请程序，信用中介机构获得了在整个单一市场开展业务的授权。但是有一些限制是适用的，例如在不允许非信贷机构经营的成员国，它们不能就非信贷机构向消费者提供的信贷协议提供服务。同样，在不允许任命代表的会员国，被任命的代表也不能经营（第32条）。

监管主要是国内监管机构的责任。受约束的信用中介机构可以直接被监管，也可以作为受约束的债权人监管的一部分。在多个成员国提供服务的信用中介机构始终受到直接监督。类似的规定也适用于信用中介机构指定的代表。如果信用中介机构通过分支机构运营，则东道国监管机构负责监管具体方面（第34条）。

合同前要求

所有广告和营销传播必须是公平、清晰、不具误导性的，且不能对可用性或信贷成本产生错误预期（第 10 条）。每当广告包含利率指示时，它必须包含法规中定义的一组标准信息，包括年化费率（annual percentage rate charge，简称 APRC，第 11 条）。此外，债权人以及适用的信用中介，必须在他们提供给客户的产品上，无论是在纸上还是在持久媒介或电子形式上，提供一套特定的信息（第 13 条）。

年化费率根据附件 I 中给出的公式计算（贴现率使所有现金流量的净现值为零），对如何处理尚未知的现金流量也有一定的规则（第 17 条）。一旦进一步推进与客户的讨论，债权人或信用中介已获得有关客户的一些信息，他们必须向其提供附件 II 中的欧洲标准化信息表中的更详细的个人信息。欧洲标准化信息表必须"在消费者提供必要信息后和其受约束之前（通常至少 7 天）及时提供，不得无故拖延"（第 14 条）。信贷中介机构和指定代表也受特定信息要求的约束（第 15 条），债权人和中介机构必须就其核心信贷产品和辅助服务向其客户提供充分的解释（第 16 条）。如果通过电话与客户进行沟通，则适用简化规则（第 14.10 条）。

信用评估与信用数据库

在订立信用协议和大幅度增加所提供的金额之前，债权人必须"对债权人的信誉进行彻底的评估"。这种评估不能主要依赖于基础资产的价值，而必须基于客户偿还贷款的能力。评估必须是完善的、有记录的过程（第 18 条）。如果这种评估依赖于客户提供的信息，那么提供的信息必须得到验证。但是，所需信息必须限于与信用评估过程相关的数据（第 20 条）。

在使用信用参考数据库时，必须事先告知客户。当信贷决策被拒绝时，必须立即通知消费者，如果拒绝是基于自动流程的，则必须让客户知晓这一点。此外，如果拒绝是基于数据库咨询，则也必须让客户了解这一点以及所使用数据库的咨询结果和详细信息（第18条）。必须在无差别对待的基础上向整个单一市场的债权人提供当地信贷参考数据库（第21条）。

房地产估值必须遵循成员国指定的标准。评估师可以是债权人的内部评估师，也可以是外部的，但他们必须充分独立于承销过程，以便能够提供公正和客观的评估。估价过程必须记录在案并保留其文件（第19条）。

外币与附息贷款

外币贷款是指以非消费者所在国的货币，或与标的资产的货币不同的货币计价的贷款。在这种情况下，必须有一个机制来控制客户的外汇风险，例如将贷款转换为标的资产货币的权利，或者是居住国的货币。如果提供转换，必须按现行汇率提供，信用协议另有约定的除外。在办理外汇贷款之前，消费者必须得到充分的警告，以了解所发生的风险，这些告知都应在欧洲标准化信息表中找到。如果货币波动幅度达到20%或以上，必须定期以书面形式告知客户这种特殊风险的情况（第24条）。

如果贷款中使用的汇率是可变的，那么所使用的指数或参考汇率必须是"明确的、可获取的、客观的，并且可由客户和监管机构验证"，还必须保持指数或参考汇率的历史记录（第25条）。在变更生效之前，必须让消费者了解借款利率的变化。如果使用公共参考利率，债权人定期通知客户即可（第27条）。

拖欠和止赎

在止赎程序开始之前，债权人应该适当的宽容。成员国可以要求违约金"不超过因违约而对债权人进行赔偿所必需的费用",或至少对该费用施加限制。成员国可以允许无追索权协议,即通过移交抵押资产而解除全部责任的协议。应该有动机为止赎资产获得最佳价格。

其他

每个成员国必须确保有适当的制裁措施来促使各机构遵守这一规定(第38条),必须有一个客户可用来解决争端的庭外调解程序(第39条),消费者不能放弃该指令授予他们的权利(第41条)。

第二十一章 《金融工具市场指令》

《金融工具市场指令》

对金融工具在欧盟内销售、开拓市场和提供咨询的要求

概要

　　该指令对投资公司进行了定义，投资公司的业务涉及金融工具的销售、交易和咨询。这包括选择不申请银行牌照的经纪自营商和投资银行等批发商、交易所等基础机构，以及在零售领域提供执行和建议的机构。所有这些公司都需要在自己的成员国获得授权，然后它们就可以在整个单一市场通行。

　　该指令中最大的两个部分分别涉及投资者保护和市场运作。在投资者保护方面，按照复杂程度区分零售客户、专业客户和合格的交易对手方。适用的规则是非常详细的，许多重点是确保激励措施是一致的，例如禁止回扣付款。在市场方面，规则区分了为不同客户群体服务的传统交易所、多边交易设施和有组织交易设施。这里重点强调的是透明度和报告，特别是向监管机构报告具体情况，以帮助它们识别系统性风险。

与金融科技公司的相关性

　　对金融科技公司来说，与《支付服务指令》一样，该条例可能是最重要的监管之一，而且很多小众金融科技公司如果想要获得可以在欧盟范围内通行的牌照，又不想申请银行牌照的话，那么它

们要么作为支付服务供应商接受监管，要么作为投资公司接受监管，或者两者兼有，但这仍然可能还是比作为一家银行接受监管来得容易。

该指令涵盖的主要服务包括：

- 交易指令的接收、传送和执行。
- 投资组合管理和投资咨询。
- 金融证券的承销和配售。
- 经营交易设施。

更完整的清单（加上辅助服务）见附件 1A。每个提供其中至少一种服务的人都必须根据这一指令寻求监管，这意味着大多数与投资相关的金融科技模式将被发现。它可能还不适用于某些点对点领域，但可以说这只是时间问题。同样，由于货币不被视为金融工具，因此对于加密资产的应用尚不清楚。然而，即便一个企业目前没有受到这一指令的监管，它也应该知道主要条款，并在适当时候予以遵守，哪怕只是为了避免更详细监管审查的手段。

参考

- 第 2014/65/EU 号指令（MiFID 2）。
- 第 600/2014/EU 号条例（MiFIR）。
- 第 2004/39/EC 号指令（MiFID）。
- 第 2006/73/EC 号指令（MiFID Implementation）。
- 第 648/2012/EU 号条例（EMIR）。
- 第 1997/9/EC 号指令（ICSD）。
- 第 2014/49/EU 号指令（DGSD 2）。
- 第 596/2014 号条例（MAR）。

第 2014/65/EU 号即《金融工具市场指令》。最初的 MiFID 是第 2004/39/EC 号，该指令中的若干条款规定需要界定更具体的执行措施，这些措施已在第 2006/73/EC 号执行指令中公布。金融危机过后，MiFID 的许多方面都存在缺陷，因此它被废除了，取而代之的是第 2014/65/EU 号《金融工具市场指令（第二版）》，以及相关的第 600/2014/EU 号《金融工具市场条例》、第 648/2012/EU 号《欧洲市场基础设施监管条例》、第 1997/9/EC 号《投资者补偿计划指令》、第 2014/49/EU 号《存款担保计划指令》以及第 596/2014 号《市场滥用行为监管条例》。

定义和范围

技术介绍

《金融工具市场指令》与其配套条例《金融工具市场条例》一起发布（注意：它不是 MiFIR 2，因为之前的 MiFID 没有配套法规）。

由于这分为指令和规则两个部分，再加上其他法律起草原因，很难按照原来的文本结构来介绍，我已将材料重新组合成一个结构，将两个文本根据主题进行混合，使大家更容易高屋建瓴地把握监管的目的。在提供参考标记时，我区分了 MiFID 和 MiFIR。例如，"R1"指的是条例第 1 条，"D2"指的是指令的第 2 条。

金融工具市场指令的适用范围

这一指令的适用范围非常广泛：它适用于在这一领域开展业务的所有投资公司和银行，以及其他一些市场参与者。也有值得注意的不适用的地方，例如保险业务、某些自营账户的公司或个人、当地授权的一些可以为投资公司提供服务的本地经营公司、一些与生产者相关的在能源市场上经营商品的公司。而且，并不是所有部分都适用于所有人，因此，某一规定是否适用于特定实体，应依据法律语言进行检查（第 D1-2 条、第 R1 条）。

最重要的是，该指令涵盖了投资公司、受监管市场和数据报告服务供应商的授权和运营条件（D1 条）。该条例规定了整个单一市场的统一要求，例如关于公共和监管报告、衍生品交易和清算以及第三国同等待遇（第 R1 条）。

投资公司的定义

投资公司的定义本身包括许多不同的实体，它们至少应提供下列服务之一（第 D4 条、附件 D1A）：

- 交易指令的接收、传送和执行。
- 证券组合管理和投资咨询。
- 金融证券的承销及配售。
- 交易设施的运作。

它们还可以提供辅助服务，例如（附件 D1C）：

- 保管及其他监护和抵押品管理服务。
- 贷款和外汇服务，只要与该特定投资公司的金融交易有关。
- 投资银行咨询（如并购、资本结构、产业战略等）。
- 投资研究和财务分析。

它们不能只提供这些辅助服务。因此，如一家投资公司可以提供托管服务，但纯粹的托管人并不是投资公司，也不是纯粹的投资研究机构，它只是一家提供建议的并购精品店（D6 条）。

在该指令中，金融工具一词的定义如下（第 D4.15 条，附件 D-1C）：

- 可转让证券。
- 货币市场工具。
- 集体投资事业单位。

- 大多数衍生合约。
- 差价和约。
- 排放配额。

授权和一般规定

监管机构和监管制裁

成员国必须指定一个监管机构。该监管机构必须拥有一系列权力，包括实施制裁的权力。这些制裁必须包括临时或永久撤销授权和罚款。如果有制裁上限，则必须至少是 500 万欧元，或年收入的 10%，或侵权所得的两倍。制裁必须报告，并且可以公布。监管行动可以在法院系统中提出上诉（第 D67 ~ D87 条）。

授权

所有欧盟投资公司都必须得到授权，对 MTF 或 OTF 适用的授权条件稍宽松一些。授权只限于申请中所述的服务，任何服务的扩展都必须符合新的授权约束。任何授权都可以获得在欧盟整个单一市场中通行的权利（第 D6 条）。当地监管机构和欧洲证券和市场管理局保留所有授权投资公司的公共登记簿（第 D5 ~ D8 条）。

预授权要求

授权投资公司的经理和大股东必须遵循某些规定（第 D9 条、第 D10 条），任何收购或重大所有权变动都必须事先向监管机构报告（第 D11 ~ D13 条），它有 60 天的时间这样做（第 D12 条）。投资公司必须履行其作为 ICSD 投资者补偿计划成员的义务。如果他们提供结构性存款，那么该存款必须加入《存款担保计划指令》（DGSD 2）认可的存款担保计划中（第 D14 条）。因此，结构性存款被定义为本金受保护但利息与某些股票市场表现挂钩的存款（第

D4 条），对于受监管的市场，也适用非常类似的规则（第 D44 ~
D46 条）。

持续性需求

监管市场以外的投资公司必须满足一些组织要求，其中大部分是
负责任地经营公司的一般义务（第 D16 条）。然而，还是有一些值得
注意的要求：

- 制造金融工具的公司必须有批准和审查程序，这些程序必须
  确定目标市场，评估该目标市场的风险，并确保该工具的销
  售策略与达到该目标市场是一致的（第 D16.3 条）。
- 向客户推荐这些金融工具的分销商和公司必须确保制造商提
  供了上述所有相关信息（第 D16.3 条）。
- 有广泛的记录保存要求（7 年），包括电话和其他电子通信记
  录，无论这些特定通信记录是否确实导致客户订单（第
  D16.6 ~ D16.7 条）。
- 投资公司不得将客户资金与自己的资金相结合，并且只能在
  客户明确同意的情况下使用客户自己账户持有的金融工具，
  例如证券借贷交易（第 D16.89 条）。追求算法交易策略的公
  司以及那些为它们提供直接电子市场准入的投资公司必须遵
  守一些特定的规则（第 D17 条）。

单一牌照互通

如果公司想把授权转移到另一个成员国，那么它应该向本国监管
机构提出申请，然后由本国监管机构与有关的东道国监管机构协调
（第 D34 条）。公司可以通过分支机构在东道国开展业务，或者使用
绑定代理（第 D35 条）。东道国的监管机构必须确保使用牌照的公司

享有与当地公司相同的进入受监管市场和与中央对手方结算的权利。而且应作为一般规则，不能要求其满足更严格的要求（第 D35 ~ D37 条）。此外，东道国监管机构也不能要求公司使用当地的中央对手方或结算机制进行结算（第 D38 条）。

东道国监管机构可要求使用牌照在其管辖范围内运营的机构定期提交具体的活动报告。这些报告要求不能比对当地授权公司的要求更严格（第 D85 条）。在本地金融稳定存在风险，且国内监管机构已经被告知但仍反应不足的情况下，东道国监管机构可以采取措施解决这些问题（第 D86 条）。监管机构可以并且应当根据需要与第三国监管机构和其他公共实体合作（第 D87 条）。

第三国公司的地方授权

当地监管机构可以授权第三国公司在当地市场运营。然而，这项授权并不意味着允许它在其他成员国开展业务。这些业务必须通过资本充足的分支机构进行，有关的第三个国家必须与成员国就经合发组织《示范税收公约》达成协议，但是，没有必要在管制制度之间正式建立对等（第 D39 ~ D43 条）。

如果客户自行发起，由第三国公司提供投资服务，则该公司不需要授权。但是，除非获得授权，该公司不得向该客户推销其他产品或服务（第 D42 条）。

覆盖非散户投资者时的等价性

在欧盟范围内，存在一种同等认可制度，允许投资公司向符合条件的交易对手和专业投资者提供产品和服务，但不向散户投资者提供（有关定义请参阅以下有关投资者保护的部分）。在这种制度下，欧盟委员会第一步必须正式确定第三国制度被认为是等同的，欧洲证券和市场管理局必须在欧盟和第三国监管机构之间建立适当的合作机制。任何投资公司如果希望在这种等价制度下经营，必须向欧洲证券和市场管理局申请注册，该注册应在 180 个工作日内完成（第 R46 ~ R47 条）。

如欧盟没有做出对等决定，或者此类决定已被撤销，则成员国可以授权第三方投资公司向其境内合格的交易对手和专业客户提供服务。成员国不得对任何第三国公司给予比欧盟公司更优惠的待遇，也不得对根据全欧盟同等认可制度（第 R46 条）授权的公司施加额外要求。

投资者保护

投资者类型

《金融工具市场指令》承认 3 种不同类型的投资者：合格的交易对手、专业客户和零售客户。第一个是最复杂的群体，也是受到保护最少的群体，定义如下（第 D30 条）：

> 符合资格的交易对手是投资公司、信贷机构、保险公司、UCITS 及其管理人、养老基金及其管理人、根据联邦法律或成员国国家法律授权或监管的其他金融机构、国家统计局、国家政府及其相应的办公室，包括处理国家一级公共债务的公共机构，中央银行和超国家组织。

符合条件的对手方可以选择不被认为是这样的，无论是全盘交易，还是逐笔交易（第 D30 条）。

专业客户的定义如下（第 D4 条，附件 D2）：

- 须获授权或监管以在金融市场运作的机构（如银行、投资公司、保险公司等）。
- 大公司（资产负债表 > 2 000 万欧元，收入 > 4 000 万欧元，

股权 > 200 万欧元）。

- 国家或区域一级因其职责而参与市场活动的公共机构（包括中央银行）。
- 其他主要从事金融工具投资的机构投资者。

请注意，在此定义下，合格的交易对手通常也是专业客户。最后，零售客户是那些非专业的客户（第 D4 条）。专业客户可以要求被视为零售客户，反之亦然，然而后者只有在特定情况下才有可能这么做。无论如何，这些重分类都必须事先书面达成协议（第 D30 条）。

第 24 条、第 25 条、第 27 条、第 28 条下的大多数规则不适用于符合条件的交易对手（第 D30 条）。适用于它们的唯一的规则是：根据第 D24 条的规定，必须在此基础上提供信息，并在此基础上提供信息。根据第 D25 条，必须提供足够的定期报告（第 D25.6 条），而且要遵守第 D28 条关于限制令的规则（第 D28.2 条）。第 D27 条所说的最有利的执行根本不适用，而关于中间投资公司（第 D26 条）和并列代理人（第 D29 条）的规则则适用不变。

一般投资者保护规则

有许多投资者保护规则，其中一些重新制定了之前关于金融工具制造的说法（第 D24 条）。以前没有提到的一个重要的附加要求是，只有在符合客户最佳利益的情况下才能提供或推荐金融工具（第 D24.2 条），并且营销传播必须始终具有明确的可识别性（第 D24.3 条）。

客户信息要求

在提供投资建议之前，公司必须告知客户该建议是否是独立提供的，是基于对市场大范围还是小范围的调研，以及是否会定期进行适当性评估。它们还必须包括对所承担风险的适当描述，以及有关所有相关费用和收费的详细和可信的信息（第 D24.4、第 D24.5 条）。在公司提供独立建议的范围内，它们必须确保所考虑的备选方案包括金融产品提供者的范围足够广泛（第 D24.7 条）。

如果包装的产品或服务也作为其组成部分一起提供，则必须使客户了解这一事实，并且必须为每一个组成部分提供成本和风险的分解（第 D24.11 条）。

保留费用或佣金

投资公司不能保留费用或接受供应商的金钱利益（第 D24.7 条）。同样，如果公司代表客户管理投资组合，则在这方面不能从任何第三方获得金钱利益（第 24.8 条）。这些规定非常重要：传统上，咨询和全权委托的投资组合管理服务在很大程度上都依赖于第三方支付，例如来自经纪人和制造投资产品的公司，为其服务提供资金。在《金融工具市场指令》条款下，这不再被允许，这样一来这些服务必须通过客户支付的直接费用进行融资。

顾问利益的调整

投资公司必须能够证明它们雇用的投资顾问有足够的能力（第 D25.1 条）。在提供投资建议或代表客户管理投资组合之前，顾问必须评估客户的知识和经验水平，以及他们承担风险的意愿和客观能力（第 D25.2 条）。评估客户个人情况的要求也适用于许多其他情况。在这种情况下，客户在进行与其个人资料不符的交易前必须收到警告（第 D25.3 条）。如果提供的服务仅包括执行、接收或传输与一些特定的低复杂性工具（如股票、债券和 UCITS）相关的客户订单，则会员国可以免除这项要求（第 D25.4 条）。

此外，投资公司的薪酬政策不得在结构上与为客户最佳利益行事的义务产生冲突。当客户是零售客户时，薪酬政策及相关措施（如销售目标）不得鼓励员工在公司提供了不同金融工具可以更好地满足客户的需要时，推荐特定的金融工具（第 D24.10 条）。请注意，如果严格解释，这可能会让公司不能再向销售人员提供除固定报酬之外的任何东西，特别是在没有特定销售目标的情况下。

最有利的执行

投资公司有义务以对客户最有利的条件执行客户订单，客户事先有指定的除外。"最有利的做法"是了解要支付的全部代价，包括费用和佣金，而不仅仅是基于总执行价格（第 D27.1 条）。投资公司通常无法从让客户到指定交易所下单中获得任何好处（第 D27.2 条），它们必须是透明的，并且定期报告它们所在的交易所，还必须制定订单执行政策，且该政策必须提供给客户，当然客户也可以要求公司证明其遵守本政策的特定交易（第 D27.3~D27.8 条）。与其他客户相比，必须有适当程序确保客户订单获得迅速和公平的执行，即客户不能享有不公平的特权（第 D28 条）。

庭外调解程序

对于客户投诉须建立庭外调解程序，各组织应相互协调，以解决跨界争端（第 D76 条）。在某些情况下，不同司法管辖区的监管机构之间的纠纷可由欧洲证券和市场管理局进行约束性调解（第 D82 条）。

记录保存要求

必须记录投资公司同意向客户提供服务的具体条款，且公司必须向客户提供定期报告。在任何交易之前必须向客户提供关于该特定交易的适当性声明，如果在某些情况下这些声明在交易前提供是不切实际的，那么征求客户同意后，可以在交易之后提供（第 D25.6 条）。

中介投资公司的责任

与客户没有直接联系、通过另一家公司接收指示的投资公司不必独立地尝试获取该信息，可以假定与客户有联系的公司提供的信息是正确的。同样，与客户有联系的公司应负责进行适当性分析（第 D26 条）。

使用捆绑代理商

当公司雇用捆绑代理商时，这些代理商必须注册登记，公司对客户代理商的行为仍负有全部责任。捆绑代理商必须在公共注册簿中注册，并且必须在权限和名誉方面满足某些条件才能注册。投资公司有责任确保其代理人的其他活动对其在本指令下的职责没有负面影响（第 D29 条）。

在这方面，捆绑代理商的定义如下（第 D4 条）：

> "捆绑代理商"是指自然人或法人，仅由代表其行事的一家投资公司负责，为客户或潜在客户提供投资和辅助服务、接收和传递指示，或客户就投资服务及金融工具发出的命令。

在金融科技领域，这个定义可能变得非常重要，特别是依赖于非雇佣供应商的平台企业，在某些情况下可能必须被视为绑定代理商，由此带来的后果可想而知。

交易场所

交易场所类型

该法规定义了 4 类交易场所：受监管的交易所、多边交易设施、有组织交易设施和系统的内部交易（第 D4 条）。最后一个放在这里是有点奇怪的，因为它指的是一家与客户进行自营交易的公司，目的是赚取投标/报价价差，而不是与那些想与之相匹配的客户进行交易。它在我们早期的命名法中，是经销商而不是经纪人。

受监管的交易所、MTF 和 OTF 本质上是相似的，只不过交易所通常比 MTF 和 OTF 更大，监管也更严格。此外，OTF 还受限于交易

债券、结构性金融产品、排放限额和衍生品等方面，特别是它们不能
上市（第 D4 条）。

监管市场、多边交易设施和有组织交易设施

对于受监管的市场，组织要求与投资公司类似，尽管由于其业务
性质而略有不同。值得注意的是，它们必须建立包括应急安排在内的
有效技术操作，普遍建立健全风险管理安排；必须有"透明和非自
由裁量的规则和程序，以提供公平有序的交易"；必须"为有效执行
订单确立客观标准"；必须表明它们有足够的财力资源（第 D47 条）。

多边交易设施和有组织交易设施适用所有投资公司的一般程序，
以及一些类似但稍简单的适用于受监管市场的规则（第 D18 ~ D20 条）。

受监管市场的运作要求

交易系统必须经过设计和测试，以"适应高峰订单和消息量"，
并且必须确保"在严重市场压力下的有序交易"（第 D48 条）。受监
管的市场必须与一些做市商达成协议，做市商以书面形式承诺以具有
竞争力的价格发布公司报价来换取收到的回扣，因而必须监督此承诺
的遵守情况，必须有一个系统来拒绝明显错误的指令，必须有在市场
不景气的情况下停止交易的熔断机制（第 D48 条）。

运营商必须确保只有获得授权的公司才能获得电子交易 API，且
算法交易不会破坏市场。在交易数据捕获中必须能够区分算法交易，
且如果有必要，监管机构必须能够监控交易。允许运营商建立收费结
构，且考虑算法交易员产生的负荷，例如对取消的订单收费（第 D48
条）。还必须有一个适合各自的市场结构的精确制度（第 D49 条）。

受监管市场、多边交易设施和有组织交易设施的准入工具

金融工具进入监管市场的规则必须清晰透明，受监管市场的运营
者必须监督发行人遵守其上市要求，以及遵守适用法律中所规定的披

露要求（第 D51 条）。同样，MTF 和 OTF 的运营者必须确保成员、参与者和用户遵守其规则，特别是发送订单和取消订单方面的规则，以确保能够及时发现违反市场滥用规则的行为（第 D31 条）。必须立即向监管机构报告重大侵权行为，一旦认可评估结果，监管机构就必须将此事告知欧洲证券和市场管理局及其他相关监管机构（第 D31、第 D54 条）。

受监管市场、多边交易设施或有组织交易设施的运营商在不对投资者利益或市场运作造成重大损害的情况下，可以移除或暂停不再符合其规则的工具。除非移除原因是针对该场所的，否则监管机构必须确保这些文书也从其法律范围内的所有其他场所移除，一旦文书被移除，所有相关衍生产品也必须被移除（第 D32 条、第 D52 条）。

发行人同意要求

如果可转让证券被允许在一个市场上交易，则可以在任何其他市场上进行交易，无论是否经发行人同意（第 D51 条）。在某些情况下，市场可以被指定为中小企业成长市场。必须先获得中小企业发行人的同意，才能获准在另一个市场进行交易（第 33 条，比较第 D51.5 条）。

受监管市场的非歧视性成员资格要求

有关进入受监管市场或成为受监管市场成员资格的规则必须是透明和非歧视性的（第 D53 条）。不得禁止受管制市场使用设在其他会员国的有价证券交易和中央对手结算系统（第 D55 条）。监管机构制定其辖区内受监管市场的清单，欧洲证券和市场管理局则为整个单一市场收集和发布受监管市场清单（第 D56 条）。

衍生工具交易及结算义务

根据《欧洲市场基础设施监管条例》的规定，一套重要的衍生品交易必须进行人为清算（第 5 条），其中，欧洲证券和市场管理局指定了一部分衍生品必须进行强制交易，并在其网站上发布（第 R32 ~ R34 条）。这意味着，如果交易对手双方都是金融交易对手，或者在 EMIR 第 10 条所规定的清算门槛之外的非金融交易对手，那么它们必须在受监管的市场、MTF、OTF 或第三国的授权场所内进行交易（第 R28 条）。

在受监管的市场上交易的所有衍生品都必须由中央对手方进行清算，清算必须"在技术上尽可能快地使用自动化系统进行"（第 R29 条）。

投资组合压缩适用于特殊规则，即通过两个或多个交易对手方进行交易，并在对所有参与交易的对手方进行汇总时取消所有交易进行结算的过程（第 R31 条）。

无差异选择中央对手方义务

除了那些与特定交易所有密切联系的交易所外，交易中心不允许区别对待在不同交易所交易的同一种工具，最终用户必须能够自由选择进行结算的场所（第 R35 条）。同样，除了与特定中央对手方有密切联系的交易所之外，各交易所必须在非歧视性基础上向中央对手方提供贸易信息，以便中央对手方能够清算该交易所的产品（第 R36 条）。最后，基准指数的提供者（如富时 100 指数等股票市场指数）必须在非歧视的基础上为交易所和中央对手方提供这些基准指数。

所有这些都使客户能够独立于中央对手方来选择交易所，这一点很重要，因为在需要额外抵押品的情况下，将一个投资组合分散在多个中央对手方手中的代价通常高昂，当投资组合中包含部分将被分割的对冲头寸时尤是如此。

第三国交易场所和中央对手方的进入

在第三国设立的交易场所，只有在欧盟委员会根据第 R28.4 条对该交易所所在国做出了等同性决定后，才能与欧盟中央对手方进行结算（第 R38 条）。

在第三国设立的中方对手方，只有在以下情况下才可以申请进入欧盟的交易场所：

1. 在第三国授权，其等同性已由委员会根据《欧洲市场基础设施监管条例》第 25.6 条确定。
2. 根据《欧洲市场基础设施监管条例》第 25 条，该中央对手方本身已经得到了欧洲证券和市场管理局的认可，中央对手方可以根据第 R37 条的要求访问基准供应商，但前提是欧盟委员会已经确定其授权国家具有相应的互惠准入规则（第 R38 条）。

数据报告

报告要求

对于所有场所，即受监管市场、MTF 和 OTF（第 R4 ~ R7 条），类似股票的工具有许多交易前和交易后透明度的要求，以及债券等非股权工具的类似但不同的设置（第 R811 条）。交易前和交易后的数据必须以合理的商业条款分别提供（第 R12 条、第 R13 条）。

对于在系统内部人员以及场外交易的投资公司有类似但不那么严格的规则（第 R14 ~ R22 条）。系统内部人员必须在合理的商业和非歧视性基础上提供确切的报价，但也可以出于真实的商业原因否认这一点（第 R23 条）。

对于在受监管市场或 MTF 进行交易的股票（而非债券或衍生品等其他金融工具），投资公司必须在受监管市场、MTF 或系统内部客户上执行这些股票交易。除非是非系统的、特别的、非统一价格的、不频繁的交易，或者是在合格的或专业的交易对手方之间进行的交易，当这些交易对价格的发现过程没有贡献时可以不这么做（第 R23 条）。

所有执行金融交易的投资公司都有具体的报告要求，它们应尽快向其监管机构全面准确地报告，不得迟于下一个工作日结束（第 R26

条）。在开始交易之前，必须将标识参考数据传递给监管机构，以便监管机构匹配在多个交易场所交易的工具（第 R27 条）。

客户订单和 KYC 数据的保留

投资公司必须保留与所有订单和所有金融工具交易的相关数据，无论这些交易是在自有账户上还是客户账户上。在与客户有关的订单范围内，还必须保留反洗钱相关法令所要求的信息，必须保留与通过其系统公布的金融工具中所有订单的相关数据，且该数据必须与相关执行记录关联。最短保留期为 5 年（第 R25 条）。

数据报告服务

根据该条例，有 3 种类型的数据报告服务（第 D4 条）：

- 核准出版安排，根据第 R20 条、第 R21 条代表投资公司发表报告。
- 核准报告机制，代表投资公司向监管机构或欧洲证券和市场管理局报告交易详情。
- 汇总交易记录供应商，收集第 R6 条、第 R7 条、第 R10 条、第 R12 条、第 R13 条、第 R20 条、第 R21 条所列金融工具的贸易报告，从受监管的市场、MTF、OTF 和核准出版安排中收集贸易报告，合并成一个连续的电子实时数据流，提供每种金融工具的价格和数量数据。

这些服务需要在其主要成员国进行授权和监督（第 D59 条）。授权指定活动的确切范围，它在整个单一市场有效（第 D60 条）。授权在 6 个月内决定，可以撤回。对这些提供者的管理以及他们提供的服务类别的操作有一些必要的要求（第 D61～D66 条）。

第二十二章 《零售产品投资组合监管条例》

《零售产品投资组合监管条例》
向个人投资者提供关键信息文件

概要

《零售产品投资组合监管条例》处理制造商、销售商和顾问必须提供给想要投资零售产品投资组合（简称 PRIIP）的消费者的关键信息文件。它确定了形式、内容以及提供的时间和方式，还规定了各成员国设置的行政罚款最高限额：公司至少为 500 万欧元或者年营业额的 3%，以及个人至少为 70 万欧元。

与金融科技公司的相关性

对于大多数从事零售投资产品供应的金融科技公司来说，这是一项简短的规定，无论是作为卖家、顾问还是制造商。对于公司来说，潜在的罚款至少会达到 500 万欧元，个人则会达到 70 万欧元，因此，违规行为会给资源有限的初创企业带来巨大风险。

参考

- 第 2014/1286/EU 号条例（PRIIPR）。
- 第 2014/65/EU 号指令（MiFID 2）。
- 第 2011/61/EU 号指令（AIFMD）。
- 第 2009/138/EC 号指令（Solvency 2）。

- 第 2009/65/EC 号指令（UCITS 4）。
- 第 2003/71/EC 号指令（Prospectus D）。
- 第 2002/92/EC 号指令（Insurance Mediation D）。
- 第 2002/65/EC 号指令（DMFSD）。

第 2014/1286/EU 号即《零售产品投资组合监管条例》。与之有关的投资领域的其他法规有：第 2014/65/EU 号《金融工具市场指令（第二版）》、第 2011/61/EU 号《另类投资基金管理人指令》、第 2009/138/EC 号《保险与再保险偿付能力指令（第二版）》、第 2009/65/EC 号《可转让证券集合投资计划指令》、第 2003/71/EC 号《招股说明书指令》、第 2002/92/EC 号《保险调解指令》，以及第 2002/65/EC 号《金融服务远程销售指令》。

定义和范围

该指令对制造、销售或提供零售产品投资组合的公司在向个人投资者提供关键信息文件（简称 KID）时提出了要求。其中"零售"是使用了与《金融工具市场指令》或《保险调解指令》中一致的定义。它还详细描述了关键信息文件的内容和外观（第 1 条、第 2 条）。

零售产品投资组合大致被定义为一种保险或非保险的投资产品，其表现受市场波动的影响（第 4 条）。有许多重要的例外情况，包括非人寿保险产品，和仅在死亡时或因伤害、疾病、虚弱以及退休时才能支付的人寿保险产品（第 2 条）。同样也不包括一系列由国家/银行发行或担保的风险极低的投资，这其中包括储蓄存款。但是，该指令又明确排除了次级、股权挂钩或衍生品挂钩证券以及结构性存款（第 2 条，《招股说明书指令》第 1.2 条）。

在向个人投资者提供零售产品投资组合之前，必须制定符合本法规的关键信息文件并在制造商的网站上公布。一些成员国可能要求向监管机构通报在其管辖范围内销售的所有零售产品投资组合（第5条）。

形式与内容

关键信息文件必须准确、公平、清晰且不具误导性，并且必须与合同文件、报价文件、条款和条件，以及营销文件保持一致。后者尤其必须包含对关键信息文件的引用和可以在互联网上找到的链接（第6条、第9条）。关键信息文件必须是一份独立的文档，明确地与营销材料分开，且没有交叉引用。关键信息必须简短，篇幅最多3张单面A4纸，字号大小适中、字体整洁清楚。关键信息必须以易于阅读的方式放置，如果文件是彩色的，则关键信息必须是黑白的（打印或照片）。它必须关注与个人投资者相关的信息，且必须使用清晰、简洁、易懂的语言（第6条）。

除非地方监管机构同意，否则关键信息文件必须使用成员国的官方语言之一来书写。

当以某种语言进行营销时，关键信息文件也必须以相同的语言提供给消费者（第7条）。

KID的标题必须是"关键信息文件"，且必须包含具体的解释性声明、PRIIP的名称、制造商和监管机构的名称和联系方式以及日期。此外，必须出现以下章节标题，并且就这些标题下必须显示哪些信息提出了一些具体要求（第8条）：

- 这个产品是什么？
- 有哪些风险，我可以获得什么回报？
- 如果（PRIIP制造商的名称）无法支付，会发生什么？费用是多少？
- 我应该持有多长时间，我可以提早取钱吗？
- 我怎么投诉？

- 其他相关信息。

关键信息文件的内容必须经过审查，必要时还须定期修订，监管标准由欧洲监管当局（简称 ESA）的联合委员会制定（第 10 条）。

根据欧盟法律，只有在关键信息文件具有误导性、不准确或与其他关键文件不一致时，制造商才会承担民事责任，但是，会员国可以自主扩大范围。在这种情况下出现损失的投资者可以要求赔偿（第 11 条），对于保险合同，如果保单持有人与受益人不同，那么责任仅针对保单持有人，而不针对受益人（第 12 条）。

条款

必须在合同具有法律约束力之前，由卖方或顾问及时向零售投资者或代表零售投资者做投资决策的人提供关键信息文件。以下情况除外：当零售投资者通过远程通信方式主动与卖方联系，而卖方无法提供此文件时，通常情况下如果联系是通过电话（通常不通过互联网），则认为投资者已经充分了解并已经同意（第 13 条）。在上一次交易中已经提供的关键信息文件，只有在事务自那以后发生变化时才会再次提供（第 13 条）。关键信息文件是免费提供的书面文件，或如果满足某些条件，可以在另一种耐用介质上或互联网上提供。如果散户投资者提供了电子邮件地址，通过发送电子邮件的方式提供关键信息文件通常也是可以接受的（第 14 条）。

监视、干预、投诉和罚款

对于以保险为基础的投资产品，欧洲保险和职业养老金管理局和当地监管机构，无论是卖方成员国还是投资者，都必须对市场进行监督，并具有一定的干预权力，包括暂停和禁止销售产品和公开警告

（第 16~18 条、第 24 条）。成员国法律对公司的最高处罚至少为 500 万欧元或年营业额的 3%，对个人的最高处罚至少为 70 万欧元，或不论公司还是个人所获收益/损失金额的两倍（第 24 条、第 25 条）。对制裁不服者可以上诉（第 26 条），并在许多情况下公开报告（第 27~29 条）。

对于散户投资者须建立庭外调解程序，该程序须可以解决跨境销售产品争端（第 19~21 条）。

技术条件

第 30~33 条涉及技术规定。

第二十三章　《支付服务指令》

《支付服务指令》

管理在欧盟提供支付服务的机构

概要

  《支付服务指令（第二版）》（PSD 2）是 2015 年修订的欧盟支付服务指令，该指令考虑到了支付领域的最新发展，特别是与金融科技公司的关系。和《电子货币指令》一样，该指令定义了电子支付市场中所有参与主体的要求，包括现有的和新进入者。

  该指令也定义了新的角色，如支付发起服务供应商可以代表客户发起付款账户，以及账户信息服务供应商可以代表客户汇总账户信息，两者都没有实际运行任何支付账户。该指令规定了这些参与者必须遵守的行为和安全方面的最低标准。它还要求现有参与者开放它们的系统，并让这些市场新进入者可以不受歧视地访问它们的 API，从而鼓励支付领域的创新。

与金融科技公司的相关性

  许多金融科技公司的参与者在支付领域都非常活跃，对他们来说这个指令非常重要。这里的关键是银行必须向账户信息服务供应商和支付发起服务供应商授权 API，同意它们访问客户的支付账户，当然这都建立在客户同意、这些公司满足某些特别是安全方面的条件的基础上。

　　这是金融科技公司必须明白的"监管是一把双刃剑"的好例子。银行必须提供 API 访问权限，但又不允许再使用屏幕抓取（就监管而言，最终可能出台过渡性例外规则）。就算银行可能会因没有及时提供 API 而被罚款，这种情况也还是可能出现。所以这个条例并不能完全帮助金融科技公司，如果它们没有 API 访问，不能再使用屏幕抓取，它们的商业模式可能会崩溃。为了确保业务能够在 API 转换过程中正常运行，早期的监管交涉是非常重要的。

　　这一规定还详细说明了在支付链中谁对什么负责，以及如果出现问题，谁对客户和链中的其他参与者负责。同样，这个领域的每一家公司都必须详细了解这一点，以确保合规（并避免罚款），以及避免在发生违约事件时对其他人进行赔偿的意外责任。

　　最后但同样重要的是，支付领域的一些非银行公司可能突然发现自己站在了另一边，它们可能有义务为其他金融科技公司提供开放的 API。这也是在研究金融科技公司的产品和服务策略时，同样需要考虑的一些重要因素。

参考

- 第 2015/2366/EU 号指令（PSD 2）。
- EBA RTS 2017/02（strong auth）。
- 第 2009/110/EC 号指令（e-money）。
- 第 2002/65/EC 号指令（DMFSD）。
- 第 2007/64/EC 号指令（PSD 1）。

　　第 2015/2366/EU 号即《支付服务指令（第二版）》（PSD 2），它取代了之前旧的第 2007/64/EC 号指令（PSD 1），并修订了第 2009/110/EC 号《电子货币指令》，与之相关的还有第 2002/65/EC 号《金融服务远程销售指令》。EBA RTS 2017/02《基于 PSD 2 的强客户认证和安全通信技术标准》涵盖了强大的客户认证要求。

定义和范围

该指令界定了支付领域中的参与者，并规定了支付服务用户和服务提供者的权利和义务，以及围绕所提供服务的透明度和相关成本的若干条件（第1条）。该指令适用于欧盟内部的支付，并且在某些条件下的跨境支付（其中"一条腿"在欧盟内，第2条）。该指令的涵盖范围仍有许多例外情况，特别是当交易有如下情况时（第3条）：

- 使用传统的纸质系统（现金、支票、旅行支票、现金兑换外币、现金提取）。
- 支付功能是附带服务时（例如代表委托人购买货物的代理商）。
- 在有限的网络环境（例如商店卡）中，或与某些数字商品的购买相关（例如通过电话费支付的铃声）。

支付系统的使用者

该指令定义了许多重要角色。最重要的是支付服务供应商，这是一个指在支付领域提供广泛服务角色的通用术语。支付服务供应商提供的可能是账户服务，它不仅提供服务，还提供支付账户。在许多情况下，支付服务供应商将会成为银行，否则它就只是一个支付机构（简称PI）——"在支付领域内像银行一样运作的实体，但只在本指令下该实体具有授权，而不是像一家银行那样具有广泛授权"。这里定义的新角色是支付发起服务供应商和账户信息服务供应商。前者可以代表客户从支付服务供应商持有的客户付款账户发起付款，后者可以从所有客户的支付服务供应商处获取账户信息并以适当的方式汇总（第4条）。

该指令对支付工具的定义如下（第4.14条）：

"支付工具"是指支付服务用户和支付服务提供者之间商定并用于发起支付订单的一套个性化设备或一套程序。

这里的重点是"一套程序",这意味着支付工具不需要与卡或任何其他物理设备相对应。

授权和监管要求

授权和通行证

只有授权的支付机构才能提供支付服务(第 37 条)。不属于本指令范围的服务不需要授权(第 3 条,见第 1 段)。每个支付机构必须至少在一个成员国注册,并在该国申请授权(第 5 条、第 28 条)。支付机构受到持续的监督(第 29~31 条),必须在其授权国(母国)提供服务(第 11 条)。一旦在任何成员国获得授权,支付机构就能够畅通无阻地在整个单一市场中运营(第 11 条)。当地监管机构对实体监管的分歧将在欧洲银行管理局的帮助下得到解决(第 27 条)。该条例中没有同等认可的条款,这将允许在第三国合并和监管的公司在单一市场中运营。成员国和欧洲银行管理局都保留了授权支付机构的公共登记簿(第 14 条、第 15 条)。

授权可以撤销,例如当业务在获得授权后的 12 个月内没有使用,或者业务已经中断满 6 个月,或者初始条件不再满足,或者机构对稳定性构成威胁时均可撤销(第 13 条),但必须在监管机构预期的控制权变更前事先通知到位(第 6 条)。

资本需求

有一个最低初始资本要求(第 7 条),且是一项持续性要求,即要求资本(自有资金)不低于某一水平(第 8 条、第 9 条)。组织可以通过以下多种不同的方法来计算这一要求,而监管机构可以将原始数量上调或下调最多20%（第9条）：

- 方法 A：固定年度间接费用的10%。
- 方法 B：每月支付量的百分比，第一个500万欧元起为4%，而超过2.5亿欧元的项目降至0.25%。
- 方法 C：基于利息收入和支出、佣金、费用和其他收入的指标方法。

操作需求

客户资金的保护

必须保障客户的资金，确保既要在被授权接受存款的机构的单独账户中持有资金，且没有与机构自有资金混在一起，又要被可起诉的保险单所涵盖（第10条）。除非是在非常有限的情况下，否则支付机构不得从事贷款，并且不得持有保险存款（第18条）。另外还有保存记录的要求（第21条）。

框架合同

该指令区分了客户和支付服务供应商没有持续关系的单一支付交易，以及与受框架合同控制之间的关系。虽然说差异并不大，但框架合同在信息要求方面略有不同，这主要体现在时间方面，因为有一些信息必须在签订合同时提供，有些信息必须在交易发生时提供。框架合同还允许客户放弃他们原本拥有的某些权利。例如，框架合同可以让支付服务供应商有权出于安全原因阻止付款（第68.2条），在某些情况下客户可以放弃退款的权利（第76.3条），允许支付服务供应商收取某些它本不可以收取的费用，如在出于客观合理的原因拒绝付款时（第79.1条）。客户必须最多提前不超过一个月的时候通知取消，并且成本适中或零成本地达成取消事宜（第55条）。

信息需求

对于单一付款交易，必须以易于获取的方式在交易之前提供某些信息（第 38 ~ 58 条）。这些信息必须免费提供（第 40 条）。消费者已收到所需信息的举证责任在于支付服务供应商（第 41 条）。所需信息包括应付费用、适用的参考汇率、最长执行时间，以及总部、分支机构和监管机构的联系方式（第 45 条），关于谁必须向谁提供哪些信息有一个详细分类（第 46 ~ 49 条）。

框架合同（第 45 条）的同等条款是合同前信息（第 52 条）和预期交易信息（第 56 条）。与正在进行的关系相关的附加项目，所需信息或多或少地相同。交易后也有信息要求（第 57 条、第 58 条）。对某些低价值支付框架合同的信息要求有所让步：交易规模小于 30 欧元的，或总支出限额为 150 欧元的适用（第 42 条）。

资金锁定

在不知道确切金额的交易中，支付服务供应商只能在付款人明确同意被冻结金额的情况下，才能冻结资金用于以后的支付，而且必须及时解冻资金。在某些情况下，如果此类交易特别大，则客户有权退款（第 75 条、第 76 条）。此外，对于由收款人发起的授权交易，客户有权在 8 周内要求退款。服务供应商必须在 10 天内退还金额，或根据第 99 ~ 102 条的规定拒绝并解释理由（第 77 条）。

执行时间

欧元或非欧元国家的电子支付必须在收到指示后的一个工作日内到达收款人。纸张发起的交易可以延长一个工作日（第 82 条、第 83 条）。消费者在付款账户上存入的现金必须立即存入该账户，以便非消费者在第二天的营业日内获得现金（第 84 条）。会员国有权要求缩短国家付款的执行时间（第 85 条）。客户的支付服务供应商收到的资金通常必须立即可用，某些情况下可以放宽至工作日结束时（第87条）。

安全性

支付服务供应商必须建立一个框架来管理操作风险和安全风险，并维护有效的事件管理程序。它们必须每年就这个问题向监管机构至少汇报一次，如果发生事故，支付服务供应商必须及时地通知其监管机构（第96条）。每当远程访问账户并且存在支付欺诈或其他滥用的风险时，支付服务供应商都必须采用强客户身份验证，这包括在线访问账户和启动交易。认证必须针对所涉金额和受款人（第97条）。欧洲银行管理局的任务是制定这方面的具体准则（第98条），以及更普遍的安全措施（第95.3条）。

投诉和争议解决

监管者必须建立一种机制，允许客户和其他有权益的第三方就支付服务供应商涉嫌侵权问题向他们投诉（第99条、第100条）。在支付服务供应商以该国官方语言提供支付服务的每个国家/地区都必须有替代性争议解决程序。支付服务供应商必须在收到客户投诉后的15个工作日内，或在特殊情况下最多35个工作日，以书面形式解决客户提出的所有问题（第101条、第102条）。

第三方准入

该法规中的一个重要主题是现有公司以及其他所有持有客户付款账户的人，包括在支付领域运营的金融科技初创公司，必须在其他参与者满足某些条件的情况下，给予其他参与者非歧视性的准入。

第 35 条。会员国应确保关于授权或注册支付服务提供者进入支付系统，使用支付系统的规则是客观、非歧视和相称的，它们对接入的限制不会超过防范特定风险的必要限度。

第 36 条。会员国应确保支付机构能够客观、非歧视和相称地获得信贷机构的支付账户服务。这种准入应足够广泛，使支付机构能够以不受阻碍和有效的方式提供支付服务。

只有出于客观合理的理由才能阻止支付机构访问客户数据，特别是在安全、欺诈或（提供信贷时）违约风险显著增加的情况下（第 68 条）。另外还有有关账户安全的具体规则，以及处理这些规则的各种程序和义务（第 68 ~ 72 条）。

支付服务供应商不能因其与客户的框架合同中提到的其他原因拒绝执行付款（第 79 条）。支付服务供应商不允许从转移的金额中扣除费用，之前已达成协议的除外（第 81 条）。

支付发起服务供应商

无论何时在线访问支付账户，支付发起服务供应商必须能够访问账户信息（第 66 条）。支付发起服务供应商不允许持有付款人的资金，只允许询问实际需要执行交易的数据。不得修改交易金额、收款人或任何其他特征（第 66 条）。持有该账户的机构不得出于客观原因而歧视不同来源的付款，且不得要求它们与该支付发起服务供应商之间存在合同关系（第 66 条）。支付发起服务供应商被视为是提供支付服务的（第 3 条、附件 I），因此需要授权（第 37 条）。

账户信息服务供应商

同样，无论何时在线访问支付账户，账户信息服务供应商必须能够访问账户信息（第 66 条）。账户信息服务供应商仅能在客户明确同意的情况下访问信息，且不允许访问、使用或存储数据用于与其提供的账户信息服务不直接相关的任何目的。但根据《欧洲银行业管理局指南》的规定，直接访问账户（也叫屏幕抓取，即使用客户凭证通过模拟网页浏览器的方式访问客户账户）的方式不再被接受。账户信息服务供应商被视为是提供支付服务（第 3 条、附件 I），因此需要授权（第 37 条）。

责任与退款

未经授权的交易

除非涉嫌存在欺诈行为，且已经向监管机构报告，否则付款服务供应商必须立即将未经授权的交易退还付款人，且退款时间不得晚于通知后的一个工作日。此外，退款必须撤销交易的所有影响，例如价值日期、相关利息或透支等有关影响（第 73.1 条）。如果交易是由支付启动服务供应商发起的，账户付款服务供应商仍有退还义务，并在适当情况下寻求对支付启动服务供应商的追索权。支付启动服务供应商有责任举证表明其不对违约行为负责（第 73.2 条）。

尽管如此，如果由于支付工具丢失而未经授权支付，付款人应承担最高 50 欧元的损失，除非付款人不可能知道支付工具的丢失，或其损失的责任在提供方的能力范围内（第 74 条）。此外，尽管如上所述，如果付款人在第 69 条中规定的义务（如保持证件安全、在注意到损失时立即通知）方面存在欺诈性或疏忽的行为，则 50 欧元的上限不再适用（第 74.2 条）。同时，付款人不对任何损失承担责任，即使是在他通知提供者损失后，或者没有适当的方法通知提供者损失时，也不承担 50 欧元的损失（第 74.3 条）。最后，如果服务供应商没有要求强客户身份验证，那么除非付款人有欺诈行为，否则付款人永远不承担责任。在此背景下，强客户身份验证的定义如下（第 4.30 条）：

　　强客户身份验证意味着基于使用两个或多个元素进行的身份验证，这些元素如知识（仅客户知道的东西）、拥有（只有客户拥有）和内在（一些客户的特征）等应分别独立，其中任何一个元素的泄露也不会影响其他元素的可靠性，这样设计来保护认证数据的机密性。

责任归属

　　通常，付款人的支付服务供应商对交易的不执行/延迟执行/有缺陷执行负责，并且在不执行或有缺陷执行的情况下必须立即恢复账户，就好像交易从未发生过一样。例外情况是，如果可以证明收款人的支付服务供应商收到了资金，这时收款人的支付服务供应商需要在收款人的账户上相应地纠正问题（第89条）。如果这样的交易是由支付发起服务供应商发起的，那么付款人的支付服务供应商仍有责任对客户进行赔偿。支付发起服务供应商必须有证据证明错误并非来自自己，否则就将赔偿支付服务供应商（第90条）。更普遍地说，如果支付链中的另一个支付服务供应商对该错误负责，那么就应该由它负责赔偿最初对客户进行赔偿的支付服务供应商（第91条）。

　　客户有责任为预期的收件人使用正确的唯一标识符（如IBAN）。但是，支付服务供应商应尽最大努力收回由于不正确的标识符而错误发送的资金（第88条）。

　　如果支付机构依赖第三方（分支机构、代理商、外包公司），则必须建立令人满意的流程，以确保它们能够履行其义务。在任何情况下，这都不能免除支付机构及其员工的义务，它们仍然对客户承担全部责任（第19条、第20条）。

第二十四章 《评级机构监管条例》

《评级机构监管条例》

为整个单一市场的评级机构制定监管制度

概要

信用评级机构对潜在借款人的资信状况发表意见，它们的评级报告对市场的运作以及许多监管目标都很重要。因此，欧盟决定对它们的监管实施共同标准。

该条例的范围是公众评级，或通过基于订阅的信用评级。它不包括私人评级以及（通常是消费者）信用评分。

与金融科技公司的相关性

对于大多数金融科技初创企业来说，这项监管规定并不是特别重要，除非它们本身活跃于证券或评级领域。

参考

- 第 2009/1060/EC 号条例（RAR）。
- 第 2013/36/EU 号指令（CRD 4-CID）。
- BCBS 189（Basel 3）。

第 2009/1060/EC 号即《评级机构监管条例》。监管机构存在的关键原因之一是第 2013/36/EU 号《资本要求指令》等法规中的普遍存在评级，也是因为实施了《巴塞尔协议Ⅲ》框架。

注：该条例出自欧洲证券监管委员会，但欧洲证券监管委员会

现已被欧洲证券和市场管理局所取代，因此这里的出处都为欧洲证券和市场管理局。

定义

这一指令规范了整个市场的信用评级机构（credit rating agencies，简称 CRA）。理由是它有助于保持"内部市场的平稳运行，同时实现高水平的消费者和投资者保护"（第 1 条）。此外，尽管监管机构对此感到不安，评级仍在审慎监管框架中发挥重要作用，特别是对银行而言作用尤甚，当然评级机构也推波助澜加速了金融危机。

该条例包含一些附件，详细说明了评级机构的期望，特别是"独立性和避免利益冲突"（附件 I），其中包含有关"组织要求"（A 节）、"操作要求"（B 节）、"评级分析师"（C 节）、"评级介绍"（D 节）和"披露"（E 节）的部分。附件 II 详述了申请注册时所需的信息。

适用范围

该指令适用于所有人都可以获得的公众评级，或通过订阅协议获得的公众评级，它不适用于私人或公司内部评级，并且重要的是该指令也不适用于消费者领域的信用评分（第 2 条）。已注册的信用评级机构被称为外部信用评估机构（External Credit Assessment Institution，简称 ECAI）。如果信用评级被公司（如银行、保险公司等）用于监管目的范围内的用途，那么该评级必须是由外部信用评估机构发行或认可的。因此背书是外部信用评估机构必须遵循的具体流程，以确保第三方机构发布的评级具有同等的高标准（第 4 条）。它最常用于与欧盟合并的实体，该实体支持在同一保护伞下运营的非欧盟实体，例如，美国评级通常由美国实体制定，在没有得到批准的情况下就没有在欧盟监管环境中使用的资格。

注册与同等认可

在成员国注册成立的信用评级机构，以该成员国的语言以及国际金融领域的惯用语（可能是英文）向欧洲证券和市场管理局申请注册。随后，欧洲证券和市场管理局与国内监管机构一起考核该申请，可能还会与在信用评级机构计划方面积极开展业务的其他监管机构合作（第 15 ~ 18 条）。可以收取与所发生费用相称的注册费（第 19 条），如果有不当行为，或者信用评级机构在 6 个月内没有发布新的评级，则可以撤销注册（第 14 条）。更多详细信息，另见附件 Ⅱ。

在第 4 条所述的监管范围内，存在一种同等认可程序，允许使用来自第三国评级机构的评级。为此，委员会必须宣布第三国制度是等同的，信用评级机构必须在欧洲证券和市场管理局登记。重要的是，如果有关的信用评级机构在任何成员国具有系统重要性，就不能使用同等认可程序（第 5 条）。

一般操作要求

信用评级机构必须独立，避免利益冲突（第 6 条）。评级分析师必须具备适当的能力水平，并且他们不能参与被评级机构员工的商业讨论。分析师必须定期轮换（第 7 条）。信用评级机构必须公开披露其在信用评级活动中使用的方法、模型和关键评级假设，并将其分析置于历史分析和反向测试之下。必须每年定期至少一次来审查评级方法，如果方法发生变化，必须立即披露可能的影响，且所有受影响的评级必须在最多 6 个月内进行调整，同时标记为正在审查中（第 8 条）。信用评级机构不能拒绝对依赖其他机构评级的交易进行评级，如它们没有对所有底层证券进行评级的结构性融资交易（第 8 条）。有关更多详细信息，另请参见附件 Ⅰ 的 A ~ C 节。

结构性金融评级

结构性金融评级必须通过使用不同的符号与公司评级区分开来（第10.3条）。注意：这被认为是很重要的，因为尽管人们普遍认为公司和结构金融评级并不等同，但许多附例和投资委托却没有做到这一点，导致了不必要的歧义。

主动评级

信用评级机构必须明确披露其主动评级的政策，必须标记主动评级，并且必须披露公司的合作水平（第10.4～10.5条）。如果评级实体没有机会提供非公开的信息，则评级往往较低，因此可以使用主动评级来推动公司申请付费评级。

信息披露和透明度

评级披露必须以及时和非歧视的方式进行（第10条）。信用评级机构必须在欧洲证券和市场管理局建立的存储库中提供有关历史性能的数据，该存储库将公开提供信息（第11条）。它还必须编写年度透明度报告（第12条），第8～12条规定的披露必须是免费的（第13条）。有关披露的更多细节，请参见附件Ⅰ的D～E节。

欧洲银行业管理局的作用

欧洲银行业管理局正以本条例规定的方式与当地监管机构、第三国监管机构和监管者团体合作。它还不时发布指导，并建立解决争端的调解机制，适用通常的数据保护规则（第21～35条）。

第二十五章　《可转让证券集合投资计划指令》

《可转让证券集合投资计划指令》

为欧盟某一类基金类公司建立监管制度

概要

《可转让证券集合投资计划指令（第五版）》（简称 UCITS 5）是对《可转让证券集体投资计划指令》的最新修订，针对的是某一类风险相对较低的开放式基金。该指令为这一领域的关键参与者设定了规则，特别是基金管理人、托管人和中介机构，都必须得到授权才可从事该项活动。此外该指令还确认，在任一成员国获得授权的公司将有权在整个单一市场上开展业务。该指令详细定义了可转让证券集合投资计划的适用范围。列出了基金管理者和中介机构必须满足的、向客户推销可转让证券集合投资计划时的要求。该指令还特别定义了关键投资者信息文件，所有可转让证券集合投资计划必须生成相关文件，且投资者在投资前均有权查阅。

与金融科技公司的相关性

该指令的核心在于规范资产管理人和托管人的行为，尽管资产管理人与托管人均非金融科技公司的营运方向，但是，金融科技公司发挥中介作用都是围绕提供相关信息来进行的，因此关键投资者信息文件的相关法律规定就变得非常重要。

参考

- 第 2014/91/EU 号指令（UCITS 5）。
- 第 2009/65/EC 号指令（UCITS 4）。
- 第 2001/107/EC 号指令（UCITS 3 Management）。
- 第 2001/108/EC 号指令（UCITS 3 Product）。
- 第 85/611/EC 号指令（UCITS 1）。
- 第 2004/39/EC 号指令（MiFID 1）。

第 2014/91/EU 号指令即《可转让证券集合投资计划指令（第五版）》，是最新的版本，修订了第 2009/65/EC 号第四版指令，第四版是在第三版指令（UCITS 3）的基础上修订的，第三版包含关于管理的第 2001/107/EC 号指令和关于产品的第 2001/108/EC 号指令。因为没有 UCITS 2，UCITS 3 是在第 85/611/EC 号第一版指令（UCITS 1）的基础上进行修订的。

注：《可转让证券集合投资计划指令》的最新修订版 UCITS 5 是建立在 UCITS 4 基础上的，因此两者需要同时关注。就引用而言，没有特别说明的"第 1 条"指的就是 UCITS 4。类似"第 23 条（V：6）"这样的引用则表示第 23 条可以在 UCITS 5 的第一章第 6 段中找到（所有修订均发生在第一章，UCITS 5 仅三章）。

基本要素

范围

本指令的目的在于规范开放式、多元化、低杠杆或无杠杆的投资于具有典型流动性的资产的可转让证券集合投资计划的情况。"开放式"是指投资者可以在任何时候以接近净资产价值的价格投资或赎回基金份额。或者基金份额可以在交易所始终以接近净资产价值进行交易，就像交易所交易基金一样。可转让证券集合投资计划会有一系列的投资分区，大多数情况下每个区域看起来都像一个单独的可转让证券集合投资计划（第 1 条）。

许多基金类型被明确排除在本指令的适用范围之外，特别是在基金存续期间不允许赎回和投资的封闭式基金，以及不面向公众销售或只在单一市场外进行营销、资产投向或所使用的杠杆不符合条件的基金（第 3 条）。

授权及单一牌照互通

《可转让证券集合投资计划指令》设立了单一牌照互通制度，该制度允许在一成员国注册的基金管理人有权运作在单一市场中在其他国家注册的基金，还允许在一成员国注册的基金在整个单一市场上销售。在这方面成员国有权对可转让证券集合投资计划做出额外规定，但不得违背反歧视原则（第 1.6~1.7 条）。

任一可转让证券集合投资计划必须在其母国获得授权，授权在整个单一市场中有效。核准可转让证券集合投资计划的申请应在两个月内做出决定。可转让证券集合投资计划只有在其管理人和托管人都在其各自成员国获得授权的情况下才能获得许可，且托管人的董事需要在管理的可转让证券集合投资计划类型方面具有良好声誉和丰富管理经验时才可以授权。管理人和托管人只有在获得相关监管机构授权的情况下才可变更（第 5 条）。

当可转让证券集合投资计划合并时，仍须遵循保护基金份额持有人的相关规则（第 37~48 条）。可转让证券集合投资计划可以在分级结构中进行，主要可转让证券集合投资计划将投资于特定项目，在这种情况下其他特定规则也将适用（第 58~67 条）。

基金管理人

基金管理人必须在其总部或注册办事处所在的国家获得授权才能

开展相关业务。该授权在整个单一市场有效。任一授权申请需在 6 个月内做出决定。管理人不能从事其他经营活动，但管理本指令未涵盖的资金以及成员国允许的一些辅助服务除外（第 6 条，附件 II 中的活动）。管理人的资本要求为其管理资产的 0.02%，最低为 12.5 万欧元，最高为 1 000 万欧元，其中一半的资本可以由银行担保提供。基金管理人的工作人员必须"信誉良好，并具有足够的经验"来履行其职责（第 7 条）。

成员国必须使各基金管理人审慎规范经营运作，并遵循一些准则（第 12 条、第 14 条）。特别是必须制定满足某些详细要求的薪酬政策，包括部分薪酬可能以管理基金的单位支付以及延期支付的请求等［第 14 条 a～b（V：2）］。

管理人只有在其重要股东或成员为监管机构所知悉并被认为适当的情况下才能获得授权（第 8 条、第 11 条）。监管的主要责任在本国监管机构，但指令中有明确规定的地方，东道国监管机构也发挥着作用。第三方机构（包括单一市场之外的机构）也可以获得授权，但必须遵守特定的保护措施。基金管理人本身必须实质性履行自身责任，并且对所有委托工作负最终责任（第 13 条）。管理人必须为投资者设立申诉程序，必须以其所在成员国的语言提供相关服务（第 15 条）。

基金管理人的授权

在一个成员国获得授权的管理人有权通过分支机构或跨境服务在整个单一市场提供服务。如果仅在另一个成员国经营可转让证券集合投资计划的，无其他特殊要求。对于大多数其他活动，基金管理人必须通知本国监管机构，并且只能在大约一个月后才能在另一成员国提供相关服务（第 18 条，通知规定第 17～18 条）。监督责任主要由管理人所在国的监管机构承担（第 19～20 条）。但是，东道国监管机构有权以数据统计和遵守该国有关规定为由要求管理人提供定期报告。对持有牌照的基金管理人的要求不应超过注册地本地公司。东道国监管机构发现上述问题的，须报告本国监管机构并由其处理（第21条）。

第三国的基金管理人

不能给予来自第三国的基金管理人的分支机构比单一市场内的分支机构更优惠的条件（第8.2条）。尽管如此，只要满足某些条件，成员国授权的基金管理人有权将实际投资管理任务委托给欧盟外的其他管理人（第13条）。关于与第三方互惠访问的问题，适用与《金融工具市场指令》相同的升级和反馈规则（第9条，MiFID 1第15条）。

投资公司

投资公司是投资者进行投资的一种可能手段，另一种则是共同基金（第2条）。投资公司必须在成员国注册，并在成员国获得授权（第27条）。

投资公司的活动仅限于为可转让证券集合投资计划持有资产（第28条）。

如果一家投资公司没有专门的基金管理人，则适用于比管理人更严的规则［第29~30条，第30条（V：11）］。

托管人

托管人必须在成员国设立，或必须在一个成员国设立登记办事处（第23条），并且必须接受管理［第23条（V：6）］。基金管理人不能是托管人，反之亦然，托管人不能参与任何会造成利益冲突的活动［第25条（V：8）］。委员会正在就托管人必须满足的要求提供更详细的工作细则指导［第26B条（V：10）］。

基金管理人必须为其管理的每一笔资金建立单独托管账户，并且必须签订书面合同。托管人须确保基金交易（出售、发行、回购、赎回和注销单位）和估价是根据相应的国家法律进行，并协调负责所有付款工作。基金管理人应将所有管理财产进行托管。不能实现的，也应当有明确程序来维护资产的所有权。在托管人破产的情况下，须确保被托管资产的安全［第22条（V：4）］。

为了基金份额持有人的利益，除非根据《可转让证券集合投资计划指令》，且有高质量和流动性抵押品作担保，否则托管人不得重复使用托管资产（如在证券借贷或回购交易中使用资产）。

托管人可委托业务是有限制性规定的，所有委托都必须出于客观商业原因，特别是不能避免监管要求。对于再委托，同样适用上述规定［第22A条（V：5）］。对可转让证券集合投资计划和基金份额持有人产生损害的，托管人负有直接责任，且该责任不能通过协议予以免除［第24条（V：7）］。

投资政策

可转让证券集合投资计划基金和投资公司必须遵循特定的投资规则。在可转让证券集合投资计划分区的情况下，每个投资区必须独立遵守规则（第49条）。可转让证券集合投资计划只能投资于以下资产（第50条）：

1. 在受监管市场或其他一些指定场所（包括第三国证券交易所）交易的可转让证券和货币市场工具。
2. 最近发行的将在最多一年内在市场上以第1点交易的证券。
3. 其他可转让证券集合投资计划，且目标可转让证券集合投资计划中不超过10%的投资者是其他可转让证券集合投资计划的投资者（主控结构的情况除外）。
4. 存款期限少于12个月的银行存款。

5. 在市场上按照第 1 点交易的衍生品，或某些情况下的场外交易衍生品。

6. 由公共机构，受监管实体或含有第 1 点特征的证券发行的货币市场工具。

7. 对于投资公司"直接从事其业务必不可少"的房地产。

管理人或投资公司必须建立适当的风险管理制度，特别是对衍生品，其使用必须存在一定限制（第 51 条）。

集中限制条款如下：不超过5%的资产可投资于同一机构发行的证券；不超过20%的资产可存入同一银行；不超过10%的资产可投资于任何特定其他可转让证券集合投资计划；非可转让证券集合投资计划的总投资限制在 30% 以内；衍生交易对手对银行的风险敞口限制为10%或者5%。会员国可以自行决定变更上述限制（第 52 ~ 55 条）。

此外，还有一些规则旨在避免基金管理人通过可转让证券集合投资计划或多个可转让证券集合投资计划对发行机构的管理产生重大影响。此种情况下，可转让证券集合投资计划不能收购任何一个机构发行的无投票权股票、债务工具和货币市场工具的10%以上（第 56 条）。

如果可转让证券集合投资计划对其他可转让证券集合投资计划进行大量投资，披露费用将受影响（第 55 条）。如购买的证券与认购权有关，或出于可转让证券集合投资计划无法控制的原因，则不必遵守上述限制（第 57 条）。

投资者信息

问卷和报告

每个基金和投资公司都必须制作招股说明书、年度报告和半年度报告（第 68 条）。这些必须按要求免费提供给投资者，并在媒体或网站上公开。

招股说明书附件必须包含公司的管理制度，或者告知可以获取上述规章制度的地方（第71条）。招股说明书必须允许投资者能够对它们提出的投资做出知情判断，特别是对其所附带的风险，包括对基金的风险状况提供清楚易理解的解释。招股说明书必须包含附件Ⅰ附表A中规定的信息，该附录信息由《可转让证券集合投资计划指令（第五版）》在第25点（第69条）下修订。招股说明书必须包括有关基金投资政策的具体信息，特别是遵循高风险策略的，应着重披露（第70条）。招股说明书必须保持最新版（第72条）。

年度报告包括资产负债表、损益表和年度财政活动报告，以及附件Ⅰ附表B中的具体信息。半年度报告所要求的信息略少（第69条）。年度报告必须进行审计，且须全面保存审计员的陈述（第73条）。

关键投资者信息

可转让证券集合投资计划必须制作的核心文件是关键投资者信息文件。它必须包括（第78条）：

有关可转让证券集合投资计划基本特征的适当信息，该信息须提供给投资者，以便他们能够合理地了解投资产品的性质和风险，从而做出投资决策。

投资者信息文件必须包括投资目标和政策、成本和相关费用以及风险/回报概况等特定信息（第78.3条）。

在多个司法管辖区销售的基金，必须在所有司法管辖区内使用相同的关键投资者信息文件，由于翻译引起的差异应忽略不计。该文件必须以简明的方式和非技术性的语言书写，且投资者不必参考其他文件便可理解。关键投资者信息文件还必须明确说明在何处以及如何获取其他信息。该文件格式由欧洲委员会统一制作（第78条）。

主要投资者信息文件必须在投资者购买基金份额之前及时免费提

供给客户，无论他们是直接购买还是通过中间商购买。该文件必须在网站上以最新版本发布并向投资者提供（第80~81条）。

其他信息

可转让证券集合投资计划必须在每次发行、销售、回购或赎回时，公开提供基金份额的发行、销售、回购或赎回的价格，并且每月至少公布两次（第76条）。

基金营销必须遵循清晰可识别、公平、明确、不误导的原则。特别是不得与招股说明书和关键投资者信息文件中所含的重要信息相矛盾，且必须说明其他文件以何种语言以及如何获取等（第77条）。

可转让证券集合投资计划的一般义务

可转让证券集合投资计划和投资公司通常不允许借款（除非持有外币，否则必须无杠杆）。但是，各成员国允许临时借入基金额度10%的资产，再加10%（最高15%）用于购买经营业务的房地产（第83条）。

可转让证券集合投资计划必须应任何基金份额持有人的要求回购或赎回基金，除非根据当地法律或监管机构发布的命令暂时中止赎回（第84条）。发行和赎回的价格（第85条）、收入的分配、再投资（第86条）和管理人的雇佣费用（第90条）等必须根据适用的法律、基金规则或公司章程进行。只有在收到足够的现金对价后才能回购或赎回相应基金份额（第87条）。基金和投资公司不能从事贷款活动，包括担保贷款，除非这些贷款是第50~51条规定的合格投资（第88条），即便如此，其仍不能从事未经授权的销售活动（第89条）。

跨境分配和资金牌照

寻求在其主要成员国以外分发其资金的可转让证券集合投资计划

必须向其监管机构提交包括主要投资者文件的翻译副本，并在 10 天内将其转发给主监管机构。从信息流转角度来看，可转让证券集合投资计划可以自由销售基金份额（第 93 条）。成员国不得对"本指令所涉领域内"的外国资金施加任何额外要求。但是，可转让证券集合投资计划通常必须符合当地要求，并且必须能够通过远程和电子方式轻松访问 KID。必须以"国际金融领域惯用的语言、以明确的方式提供所要求的各类信息，并保持最新"（第 91 条）。

在所有销售可转让证券集合投资计划的国家/地区，关键投资者信息文件必须至少以一种当地官方语言提供。其他文件可以选择以官方语言或以监管机构批准的语言提供，重要文件以英语等国际金融领域的惯用语言提供。上述文件的提供方式取决于当地的法律法规（第 94 条）。

监管者和监管权力

该指令要求成员国设置监管机构（第 97 条），并赋予监管机构监管权力（第 98 条），各监管机构以特定方式进行合作（第 101 条、第 109 ~ 110 条）。监管机构受专业保密规则的约束（第 102 条）。这些规则仅在某些特定情况下，如清算事件中可适当放宽（第 103 条）。此外，监管机构应向中央银行和类似机构发送必要信息［第 104 条，第 104a 条（V：18）］。相关人员如发现有违反本法规情况的，必须进行报告（第 106 条）。监管机构通常须书面提供不予处罚的理由（第 107 条）。该类案件主要的制裁权力属于本国监管机构，而不论违法行为是否发生在另一成员国（第 108 条）。

对于客户纠纷，须建立庭外调解程序，且该调解程序须可以在跨境基础上开展（第 100 条）。

罚款

该指令要求，最高罚款金额至少为 500 万欧元，或违法所得的两倍，或法人年营业额的10%［第99条（V：16）］。该指令还规定了必须受到处罚的情况，例如无授权经营等［第99a条（V：17）］。与其他指令类似，该指令也规定了在判定罚款数额时应考虑的具体情形［第99c条（V：17）］。一般情况下，处罚行为应当公开，除非特定情况需要保密［第99b条（V：17）］。但所有处罚行为均须告知欧洲证券和市场管理局［第99e条（V：17）］。成员国应该建立保护举报者制度，确保举报者得到充分的保护［第99d条（V：17）］。

其他

欧盟委员会在得到欧洲证券委员会支持的情况下［第112条（V：22）］，有权对该指令进行技术性修正［第111条、第112a条（V：23）］。

该指令存在普适性不足，特别是在对丹麦抵押贷款以及不记名证书的适用性上（第113条）。目前受《金融工具市场指令》监管的某些投资公司可选择性适用《可转让证券集合投资计划指令》（第114条）。

第二十六章 《不公平商业行为指令》

《不公平商业行为指令》

涉及向消费者销售产品和服务时的不公平做法

概要

　　该指令主要规范的是，当向消费者销售商品和服务时存在的不公平的商业行为，特别是误导性和侵犯性行为。该指令为此提供了一个框架。

与金融科技公司的相关性

　　该指令包含在向消费者营销产品和服务（包括金融服务）时适用的原则，因此对在消费者领域运营的每个金融科技公司都具有高度相关性。

参考

- 第 2005/29/EC 号指令（UCPD）。

　　第 2005/29/EC 号指令即《不公平商业行为指令》。

定义和范围

　　该指令的目的是通过限制损害消费者经济利益的不公平商业行为来保护消费者权益（第 1 条）。其适用于销售行为之前、期间和之后的任何不公平的企业损害消费者权益的行为（第3条）。为此，"消费者"依然被定义为"任何为其贸易、商业、工艺或职业之外目的行事的自然人"（第2条）。

该指令禁止不公平的商业行为，如果这种行为违反专业服务的要求，则可能会被视为不公平，并且可能严重扭曲普通目标消费者。特别是如下所述的具有误导性或侵犯性的做法被认为是不公平的（第5条）。

误导性行为

在某些特定领域中，某销售宣传或其他行为包含虚假或歪曲的信息，可能会欺骗普通消费者，并导致其做出本不会采取的交易决定的，即判定该做法会产生误导。这些特定领域包括产品的性质和主要特征及其价格等。其他可被视为不公平的领域是：当客户认为他们需要特定产品时、当交易者说明其提供产品的原因时，或者当交易者谈论消费者对产品的权利时，总之使产品看起来像是竞争对手的产品等均构成不公平交易（第6条）。交易者也可以通过省略重要信息来误导，包括以不清楚、难以理解、模棱两可或不合时宜的方式提供重要信息。但是，在这种情况下，必须考虑到媒介的特征（第7条）。附件Ⅰ中列出了各种不公平做法的例子。

侵犯性行为

如果使用骚扰、胁迫或不当影响等具有攻击性的做法，严重损害普通消费者的选择自由，并导致其做出本不会采取的交易决定的均为侵犯性行为（第8条、第9条）。附件Ⅰ列出了一系列侵犯性做法的例子。

执法手段

　　成员国必须提供适当的执法手段，此外，竞争者可采取法律行动向有权实施适当制裁和惩罚的行政当局提出申诉（第 11 条、第 13 条）。提起申诉的须承担举证责任（第 12 条）。

来自欧洲法律文本的重要定义

名词	定义	来源
Accepted Market Practice 公认市场惯例	公认市场惯例是指主管机关根据本指令规定认可的具体市场惯例	MAR 第 3.1 条（9）款
Account Information Service 账户信息服务	账户信息服务是指为支付服务用户与其他支付服务提供者或与多个支付服务提供者共同持有的一个或多个支付账户提供综合信息的在线服务	PSD 2 第 4 条（16）款
Account Information Service Provider 账户信息服务提供商（AISP）	账户信息服务提供商是指从事本指令附件 I 第（8）点所述业务活动的支付服务供应商	PSD 2 第 4 条（19）款
Account Servicing Payment Service Provider 账户服务支付服务供应商	账户服务支付服务供应商是指为付款人提供和维护付款账户的支付服务供应商	PSD 2 第 4 条（17）款
Algorithmic Trading 算法交易	算法交易是指在金融工具交易中，计算机算法自动确定订单的个别参数，例如是否启动订单、订单的时间、价格或数量，以及提交订单后如何管理订单，而不需要人工干预。不包括以下系统：用于将订单路由到一个或多个交易场所，或处理不涉及确定任何交易参数的订单，或确认订单及处理已执行交易的交易后处理系统	MiFID 2 第 4.1 条（39）款

名词	定义	来源
Alternative Investment Fund 另类投资基金（AIF）	另类投资基金是指从多个投资者那里筹集资金的集体投资企业（包括企业内的投资部门），目的是按照为这些投资者的利益而制定的投资政策进行投资，且不需要根据指令2009/65/EC（UCITS）第5条获得批准	AIFMD 第 4.1 条（a）款
Alternative Investment Fund Manager 另类投资基金经理（AIFM）	另类投资基金经理是指其日常业务管理一个或多个另类投资基金的法人	AIFMD 第 4.1 条（b）款
Ancillary Services 附属服务	附属服务是指本指令附件ⅠB节所列的任何服务	MiFID 2 第 4.1 条（3）款
Annual Percentage Rate 年利率（APR）	年利率是指消费者信贷的总成本，表示为信贷总额的年百分比（如适用），包括第19条第（2）款所指的成本	CONSCD 第 2 条（i）款
Approved Publication Arrangement 核准出版安排（APA）	核准出版安排是指根据本指示获授权的人士，代表投资公司提供本指令第20条及第21条中的出版贸易报告服务	MiFID 2 第 4.1 条（52）款
Approved Reporting Mechanism 核准报告机制（ARM）	核准报告机制是指根据本指示获授权的人士，代表投资公司向主管当局或欧洲证券市场管理局提供交易详情报告服务	MiFID 2 第 4.1 条（54）款
Authentication 身份验证	身份验证是指允许支付服务提供商验证支付服务用户身份有效性或使用特定支付工具（包括使用用户的个性化安全凭据）的过程	PSD 2 第 4 条（29）款
Benchmark 基准	基准是指任何利率、指数或数字，由适用公式或根据公式定期确定一项或多项基础资产或价格，包括估计价格、实际或估计利率及其他价值或调查，并参照根据金融工具或金融工具的价值确定应付款额或价值而向公众提供的利率、指数或数字	MAR 第 3.1 条（29）款
Biometric Data 生物特征数据	生物特征数据是指对自然人的身体、生理或行为特征进行特定技术处理而产生的个人数据，这些技术处理可以证实自然人的独特身份，如面部图像或指纹数据	GDPR 第 4 条（14）款

名词	定义	来源
Central Counterparties 中央对手方（CCP）	中央对手方是指在一个或多个金融市场上交易的合同的交易对手之间进行调解，成为每个卖方的买方和每个买方的卖方的法人	EMIR 第 2 条（1）款
Certificates 凭证	凭证是指在资本市场上可以流通的证券，在发行人偿还投资时，其评级高于股票，但低于无担保债券工具和其他类似工具	MiFID 第 2.1 条（27）款
Clearing 清算	清算是指建立头寸的过程，包括净债务的计算，并确保能够获得金融工具、现金或两者兼备，以确保这些头寸产生的风险敞口	EMIR 第 2 条（3）款
Clearing Member 清算会员	清算会员是指参与中央对手方交易并负责履行因参与而产生的财务义务的企业	EMIR 第 2 条（14）款
Commodity Derivatives 大宗商品衍生品	大宗商品衍生品是指与 MiFID 附件 I C 节（10）条，或 MiFIR 附件 I C 节第（5）、（6）、（7）和（10）点所述的商品或基础产品有关的衍生品	MiFID 第 2.1 条（30）款
Consolidated Tape Provider 汇总交易记录提供商（CTP）	汇总交易记录提供商是指根据本指令授权的人员，为本指令第 6 条、第 7 条、第 10 条、第 12 条、第 13 条、第 20 条和第 21 条所列的金融工具提供收集贸易报告的服务，收集来自受监管市场、MTF、OTF 和 APA 的贸易报告，并将其合并为一个连续的电子实时数据流，提供每种金融工具的价格和数量数据	MiFID 2 第 4.1 条（53）款
Consumer 消费者	为其行业、业务或职业以外的目的而行事的自然人	CCRD 第 3 条（a）款
Consumer 消费者	在本指令所涵盖的支付服务合约中，为其贸易、业务或专业以外的目的而行事的自然人	PSD 2 第 4 条（20）款
Consumer 消费者	在本指令所涵盖的合同中，为其贸易、业务或专业以外的目的而行事的任何自然人	CONSCD 第 2 条（b）款

续表

名词	定义	来源
Controller 控制方	控制方是指决定处理个人资料目的和方法的自然人或法人、公共机构、代理机构或其他机构；如处理的目的和方法由联盟或会员国法律决定，则总监或其提名的具体准则可由联盟或会员国法律规定	GDPR 第 4 条（7）款
Counterparty Credit Risk 交易对手信用风险	交易对手信用风险是指交易对手在交易现金流最终结算前违约的风险	EMIR 第 2 条（11）款
Credit Agreement 信用协议	信用协议是指债权人以延期付款、贷款或其他类似金融安排的形式，向消费者授予或承诺授予属于第三条范围内的信用的协议	MCD 第 4 条（3）款
Credit Institution 信用机构	信用机构是指接受社会公众存款或者其他应收款项，并为自己账户授信的事业	CRR 第 4.1 条（1）款
Credit Intermediary 信用中介	信用中介是指不作为债权人的自然人或法人，在其贸易、业务或职业过程中收取费用，可以采取金钱形式或任何其他商定的金融对价形式：（1）向消费者赠送或提供信用协议；（2）协助消费者就第（1）项所述以外的信用协议进行筹备工作；（3）代表债权人与消费者订立信用协议	CONSCD 第 2 条（f）款
Credit Intermediary 信用中介	信用中介是指不作为债权人或公证人，不直接或间接向债权人或信用中介机构介绍消费者，并在其贸易、业务或职业过程中索取报酬的自然人或法人，其报酬可以采取金钱形式，也可以采取其他约定的金融代价形式：（1）向消费者赠送或提供信用协议；（2）协助消费者就（1）项所述以外的信用协议进行筹备工作或其他合同前管理；（3）代表债权人与消费者订立信用协议	MCD 第 4 条（5）款

名词	定义	来源
Credit Transfer 信用转移	信用转移是指支付服务提供者根据支付人的指示，从支付人的支付账户中，将支付交易或者一系列支付交易记入支付人的支付账户的支付服务	PSD 2 第 4 条（24）款
Creditor 债权人	债权人是指在其贸易、商业或职业过程中给予或承诺给予信贷的自然人或法人	CONSCD 第 2 条（b）款
Creditworthiness Assessment 资信评估	资信评估是指对信用协议所产生的债务履行前景的评估	MCD 第 4 条（17）款
Cross-border Payment 跨境支付	跨境支付是指由支付人或通过收款人发起的电子处理的支付交易，支付人的支付服务提供商和收款人的支付服务提供商位于不同的成员国	CBPR 第 2 条（1）款
Data Reporting Services Provider 数据报告服务提供者	数据报告服务提供者指的是核准出版安排、汇总交易记录提供商或核准报告机制	MiFID 2 第 4.1 条（63）款
Depositary 保管人	保管人是指受托履行第 22 条和第 32 条规定的职责的机构，但须遵守本指令第四章和第五章第三节的其他规定	UCITS 4 第 2.1 条（a）款
Depositary Receipts 存托凭证	存托凭证是指能够在资本市场上流通的证券，代表非住所地发行人的证券所有权，同时能够获准在受监管的市场上交易，并独立于非住所地发行人的证券进行交易	MiFID 2 第 4.1 条（45）款
Derivatives 衍生品	衍生品是指有权购买或出售可转让证券的证券，或根据可转让证券、货币、利率或收益率、商品或其他指数及措施，或根据本指令附件 I C 节 4～10 条所述的工具，做出现金结算的证券	MiFID 2 第 2.1 条（29）款
Digital Content 数字内容	数字内容是指以数字形式生产和提供的商品或服务，其使用或消费仅限于技术设备，不包括以任何方式使用或消费的实体商品或服务	PSD 2 第 4 条（43）款

名词	定义	来源
Direct Debit 直接借记	直接借记是指在付款人同意支付人、受款人的付款服务供应商或付款人自己的付款服务供应商的基础上，由受款人发起付款交易，借此借记付款人的付款户口的付款服务	CBPR 第 2 条（14）款
Direct Debit Scheme 直接借记计划	直接借记计划是指支付服务供应商之间就执行直接借记交易而达成的一套共同规则、惯例和标准	CBPR 第 2 条（15）款
Direct Electronic Access 直接电子访问	直接电子访问是指交易场所的成员或参与者或客户允许某人使用其交易代码，以便此人可以直接将与金融工具有关的订单以电子方式传送到交易场所的安排，包括涉及某人使用该成员、参与者、客户的基础设施，或该成员、参与者、客户提供的任何连接系统的安排，发送订单（直接进入市场）和此类基础设施不为个人使用的安排（赞助进入市场）	MiFID 2 第 4.1 条（41）款
Durable Medium 耐用介质	一种能够在一段时间内以一种便于将来参考的方式存储信息的手段，该方式足以达到信息的目的，并允许不加更改地复制所存储的信息	CCRD 第 3 条（m）款
Electronic Money 电子货币	电子货币是指以电子方式（包括磁方式）储存的货币价值，以向证人提出的索偿为代表，该索偿是在收到 PS-DI2007/64/EC 第 4～第 5 点所定义的用于支付交易的资金时发出的，并为电子货币开证人以外的自然人或法人所接受	EMONEYD 第 2 条（2）款
Electronic Money Institution 电子货币机构	电子货币机构是指根据 EMONEYD 第 Ⅱ 部分获授权发行电子货币的法人	EMONEYD 第 2 条（1）款
Electronic Money Issuer 电子货币发行机构	电子货币发行机构是指第 1 条第（1）项所指的实体、第 1 条第（3）项豁免的受益机构和第 9 条豁免的受益法人	EMONEYD 第 2 条（3）款

名词	定义	来源
Exchange-traded Fund 交易所交易基金（ETF）	交易所交易基金是指基金的至少一个单元或共享类交易一天中至少有一个交易场所和至少一个市场制造商采取行动以确保其单位股票价格在交易场所不发生显著的变化，在适用情况下，股票价格可用其资产净值和指示性资产净值表示	MiFID 2 第 4.1 条（46）款
Feeder AIF 支线替代投资基金	支线替代投资基金是指将至少 85% 的资产投资于另一个另类投资基金（主另类投资基金）的单位或股份的另类投资基金，将至少 85% 的资产投资于多个主另类投资基金，且这些主另类投资基金具有相同的投资策略，或以其他方式将至少 85% 的资产投资于该等主另类投资基金	AIFMD 第 4.1 条（m）款
Financial Holding Company 金融控股公司	金融控股公司是指金融机构，其子公司为专门的金融机构或主要金融机构，其中至少有一家子公司为金融机构，且不是混合金融控股公司	CRR 第 4.1 条（20）款
Financial Instrument 金融工具	金融工具是指本指令附件 I C 节规定的那些工具	MiFID 2 第 4.1 条（15）款
Funds 基金	基金是指纸币、硬币、圣经货币或电子货币	PSD 2 第 4 条（25）款
High-frequency Algorithmic Trading Technique 高频算法交易技术	高频算法交易技术是指具有以下特征的算法交易技术：（1）旨在尽量减少网络和其他类型的延迟的基础设施，包括至少一种用于算法订单输入的设施——协同定位、邻近托管或高速直接电子访问；（2）在没有人为干预的情况下，对个别交易或订单确定订单发起、生成、路由或执行的系统；（3）构成订单、报价或取消的高消息日间价格	MiFID 2 第 4.1 条（40）款
Inside Information 内部信息	未公开的与一个或多个发行人、一个或多个金融工具直接或间接有关的确切性质的资料，如果公开，很可能对这些金融工具的价格或有关衍生金融工具的价格产生重大影响	MAR 第 7.1 条（a）款

名词	定义	来源
Institution 机构	机构是指信用机构或投资公司	CRR 第 4.1 条（3）款
Insurance Undertaking 保险承保	保险承保是指依照 Solv2D 第 14 条的规定获得授权的直接人寿保险承保或非人寿保险承保	Solv2D 第 13.1 条
Interchange Fee 交换费	交换费是指支付人与收款人的支付服务提供者就每笔直接借记交易所支付的费用	CBPR 第 2 条（13）款
Interoperability Arrangement 互操作性安排	互操作性安排是指涉及跨系统执行事务的两个或多个中央对手方之间的安排	EMIR 第 2 条（12）款
Investment Advice 投资建议	投资建议是指应客户的要求或在投资公司的倡导下，就与金融工具有关的一项或多项交易，向客户提供个人建议	MiFID 2 第 4.1 条（4）款
Investment Firm 投资公司	投资公司是指以专业为基础，以向第三方提供一项或多项投资服务或从事一项或多项投资活动为固定职业或业务的法人	MiFID 2 第 4.1 条（1）款
Investment Recommendations 投资建议	投资建议是指就一项或数项金融工具或发行人，明确或含蓄地提示或建议一项投资策略的资料，包括有关该工具的现时或将来价值或价格的任何意见，以供分销渠道或公众使用	MAR 第 3.1 条（35）款
Investment Services and Activities 投资服务及活动	投资服务和活动是指本指令附件ⅠA节所列的与本指令附件ⅠC节所列任何文书有关的任何服务和活动	MiFID 2 第 4.1 条（2）款
Issuer（of a Financial Instrument）（金融工具）发行人	发行人是指受发行或拟发行金融工具的私法或公法管辖的法人实体，就代表金融工具的存托凭证而言，发行人是代表该金融工具的发行人	MAR 第 3.1 条（21）款

名词	定义	来源
Liquid Market 流动市场	流动市场是指金融工具或一类金融工具的市场，在此市场中，根据下列标准，考虑到特定金融工具或特定类别金融工具的特定市场结构，持续不断地有准备和意愿的买家和卖家：（1）考虑到金融工具类别内产品的性质和生命周期，在一系列市场条件下的平均交易频率和规模；（2）市场参与者的数量和类型，包括市场参与者与某一特定产品的交易工具的比例；（3）差价的平均数额（如有）	MiFID 2 第 4.1（25）条
Local Firm 当地公司	当地公司是指在金融期货、期权或其他衍生品市场和现金市场上为自己的账户进行交易的公司，其唯一目的是在衍生品市场上对冲头寸，或为该等市场的其他成员的账户进行交易，并由同一市场的清算成员提供担保，而确保该等公司签订的合同得以履行的责任则由该等市场的清算成员承担	CRR 第 4.1 条（4）款
Market Maker 做市商	做市商是指一个人在金融市场上持续坚持自己的立场，并愿意以自己的专有资本为抵押，以自己的价格买卖金融工具	MiFID 2 第 4.1 条（7）款
Market Operator 市场经营者	市场经营者是指管理和/或经营受规管市场业务的人士，而该人士可能就是受规管市场本身	MiFID 2 第 4.1 条（18）款
Master AIF 主另类投资基金	主另类投资基金指另一个另类投资基金根据（m）点投资或持有敞口的另类投资基金	AIFMD 第 4.1 条（y）款
Microenterprise 微型企业	微型企业是指在签订支付服务合同时，雇用人数少于 10 人，年营业额和/或年度资产负债表总额不超过 200 万欧元的企业	PSD 2 第 4 条（36）款 参考：第 2003/361/EC 号
Mixed Activity Holding Company 混合经营控股公司	混合经营控股公司是指母公司，但不包括金融控股公司、金融机构或混合金融控股公司，其子公司至少包括一家金融机构	CRR 第 4.1 条（22）款

续表

名词	定义	来源
Mixed Financial Holding Company 混合金融控股公司	混合金融控股公司是指除受监管实体外的母公司，该母公司与其子公司（至少其中一家为受监管实体）共同构成金融集团	ConglD 第 2 条（15）款
Money Remittance 汇款	汇款是指从付款人收取款项，但不以付款人或收款人的名义开设任何付款账户，而只是将相应金额转账给收款人或代表收款人的另一支付服务提供者，或代表收款人收取款项，并供收款人使用的付款服务	PSD 2 第 4 条（22）款
Money Market Instruments 货币市场工具	货币市场工具是指通常在货币市场上交易的各类工具，如国库券、定期存单和商业票据，但不包括支付工具	MiFID 2 第 4.1 条（17）款
Multilateral System 多边体系	多边体系是指多个第三方在金融工具买卖交易权益中能够在体系内相互作用的任何体系或设施	MiFID 2 第 4.1 条（19）款
Multilateral Trading Facility 多边交易设施（MTF）	多边交易设施是指一个多边系统，由投资公司或市场运营商组成，它汇集了多个第三方买卖金融工具系统，按照利益无法控制规则，导致合同须依照本指令第二章的规定	MiFID 2 第 4.1 条（22）款
National Payment 国家支付	国家支付是指支付人的支付服务提供者和受款人的支付服务提供者位于同一会员国的情况下，由支付人发起、由收款人发起或通过收款人发起的电子处理的支付交易	CBPR 第 2 条（2）款
Non-credit Institution 非信贷机构	非信贷机构是指不属于信贷机构的债权人	MCD 第 4 条（10）款
Organised Trading Facility 有组织的交易设施（OTF）	有组织的交易设施指的是一个多边体系，该体系不是一个受监管的市场或MTF，多个第三方在债券、结构性金融产品、排放额度或衍生品方面的买卖权益能够在该体系中相互作用，从而形成符合本指令标题Ⅱ的合同	MiFID 2 第 4.1 条（23）款

名词	定义	来源
Originator 发起人	发起人是指：（1）自己或通过相关实体直接或间接参与原始协议的实体，该原始协议创建了债务人或潜在债务人的义务或可能的义务，从而导致被证券化的风险；（2）为自己的账户购买第三方的风险敞口，然后将其证券化	CRR 第 4.1 条（13）款
Overdraft Facility 透支便利	透支便利是指债权人向消费者提供超过其经常账户余额的资金的明确的信贷协议	CONSCD 第 2 条（d）款
Payment Initiation Service 支付启动服务	支付启动服务是指应支付服务用户的要求，就另一个支付服务供应商持有的支付账户发起支付订单的服务	PSD 2 第 4 条（15）款
Payment Initiation Service Provider 支付启动服务供应商（PISP）	支付启动服务供应商是指从事本指令附件 I 第（7）项所指业务活动的支付服务提供者	PSD 2 第 4 条（18）款
Payment Institution 支付机构	支付机构是指依照本指令第 11 条的规定，经授权在工会范围内提供并执行支付服务的法人	PSD 2 第 4 条（4）款
Payment Instrument 支付工具	支付工具是指支付服务使用者与支付服务提供者之间为启动支付指令而议定的个人装置和/或一套程序	PSD 2 第 4 条（14）款
Payment Service 支付服务	支付服务是指本指令附件 I 所列的任何业务活动	PSD 2 第 4 条（3）款
Payment Service Provider 支付服务供应商	支付服务供应商是指第 1 条第（1）款所指的机构或根据第 32 条或第 33 条享有豁免的自然人或法人	PSD 2 第 4 条（11）款
Payment System 支付系统	支付系统是指对支付交易的处理、清算和/或结算，有正式和规范的安排和共同规则的资金转移系统	PSD 2 第 4 条（7）款
Payment Transaction 支付交易	支付交易是指支付人或者其代表、受款人发起的资金的投放、转移、提取行为，而不考虑支付人与收款人之间的任何基本义务	PSD 2 第 4 条（5）款

续表

名词	定义	来源
Personal Data 个人数据	个人数据是指与一个被识别或可识别的自然人（"资料当事人"）有关的任何信息；可识别自然人是指可以直接或间接被识别的人，特别是通过引用标识符（如姓名、识别号码、位置数据、在线标识符）或特定于该自然人的物理、生理、遗传、心理、经济、文化或社会身份的一个或多个因素	GDPR 第 4 条（1）款
Portfolio Management 投资组合管理	投资组合管理是指根据客户在可自由支配的客户基础上的授权管理投资组合，其中包括一个或多个金融工具	MiFID 2 第 4.1 条（8）款
Prime Broker 大宗经纪商	大宗经纪商是指接受审慎监管和持续监管的信贷机构、受监管的投资公司或其他实体，主要向专业投资者提供服务，以交易对手方的身份融资或执行金融工具交易，并可能提供其他服务，如交易清算和结算、托管服务、证券借贷、定制技术和运营支持设施	AIFMD 第 4.1 条（a~f）款
Processing 处理	处理是指对个人资料或个人资料集进行的任何操作或一组操作，而不论是否以自动化方式进行，例如收集、记录、组织、结构、储存、改编或更改、检索、咨询、使用、传送、发布，或以其他方式提供、排列或组合、限制、删除或销毁	GDPR 第 4 条（2）款
Processor 处理人	处理人是指代表财务总监处理个人资料的自然人或法人、公共机关、机构或其他团体	GDPR 第 4 条（8）款
Professional Client 专业客户	专业客户是指符合本指令附件Ⅱ规定标准的客户	MiFID 2 第 4.1 条（10）款
Professional Investor 专业投资者	专业投资者是指被视为专业客户的投资者，或可根据本指令附件Ⅱ要求所指的专业客户	AIFMD 第 4.1 条（ag）款
Profiling 分析	分析是指任何形式的自动处理个人资料的方法，包括使用个人资料评估与自然人有关的某些个人方面，特别是分析或预测有关自然人在工作上的表现、经济状况、健康状况、个人喜好、兴趣、可靠程度、行为、地点或行动	GDPR 第 4 条（4）款

名词	定义	来源
Pseudonymisation 个人资料私隐	个人资料私隐是指在处理个人资料时，如不使用额外资料，个人资料便不能再归于某一特定的资料当事人，但该等额外资料须分开存放，并须受技术及组织措施所规限，以确保该等个人资料并非归于已识别或可识别的自然人	GDPR 第 4 条（5）款
Public Sector Entity 公共部门实体	公共部门实体是指对中央政府、地方政府或者地方政府负有责任的非商业行政机关，或者对与地方政府、地方政府负有相同责任的机关，或者由中央政府、地方政府、地方政府所有、设立、主办，并有明确担保安排的非商业事业单位，可包括在公众监督下由法律管理的自治机构	CRR 第 4.1 条（8）款
Recognised Exchange 公认交易所	公认交易所指符合下列所有条件的交易所：（1）它是受规管的市场；（2）它有一个清算机制，根据该机制，附件Ⅱ所列合同必须遵守每日的保证金要求，主管当局认为这些规定提供了适当的保护	CRR 第 4.1 条（72）款
Regulated Market 受管制市场	受管制市场是指由市场经营者操作和/或管理的多边体系，该系统集合或促进金融工具的多个第三方买卖权益（在系统中，并按照其非自由裁量规则），从而就其规则和/或系统所承认的交易的金融工具达成一项合同，根据本指令第Ⅲ条的规定，哪些是授权的和定期运行的	MiFID 2 第 4.1 条（21）款
Reinsurance Undertaking 再保险承保	再保险承保是指按照本指令第 13 条第（4）款所界定的再保险承保	欧盟 2009/138/EC 号指令
Remote Payment Transaction 远程支付事务	远程支付事务是指通过互联网或可用于远程通信的设备发起的支付事务	PSD 2 第 4 条（6）款
Retail Client 零售客户	零售客户是指不是专业客户的客户	MiFID 2 第 4.1 条（11）款
Retail Investor 个人投资者	个人投资者是指非专业投资者	AIFMD 第 4.1 条（a~j）款

名词	定义	来源
SME Growth Market 中小企业成长市场	中小企业成长市场是指依照本指令第33条规定登记为中小企业成长市场的多边交易设施	MiFID 2 第 4.1 条（12）款
Securitisation Special Purpose Entity 证券化特殊目的实体（SSPE）	证券化特殊目的实体是指为实施证券化或证券化而组织的公司信托或机构以外的其他实体，其活动仅限于那些适合实现该目标的活动，其结构旨在将 SSPE 的义务与发起人机构的义务隔离开来，在这种情况下，实体权益的持有人有权不受限制地质押或交换这些权益	CRR 第 4.1 条（66）款
Sovereign Debt 主权债务	主权债务是指由主权发行人发行的债务工具	MiFID 2 第 4.1 条（61）款
Sponsor 发起人	发起人是指设立和管理资产支持商业票据计划或从第三方实体购买风险敞口的其他证券化计划的机构，而非发起人机构	CRR 第 4.1 条（14）款
Strong Customer Authentication 强客户身份验证	强客户身份验证是指基于使用两个或两个以上独立的元素进行的身份验证，这两个元素被划分为知识（只有用户知道的东西）、拥有（只有用户拥有的东西）和继承（即用户），其中一个元素的破坏不会损害其他元素的可靠性，其设计目的是保护身份验证数据的机密性	PSD 2 第 4 条（30）款
Structured Deposit 结构性存款	结构性存款是指存款计划指令（2014/49/EU）第 2.1c 条下的存款，到期时可按支付利息、保费或面临风险的条款全额偿还，其公式包括以下因素：（1）指数或指数组合，但不包括收益率与利率指数（如 Euribor 或 LIBOR）直接挂钩的可变利率存款；（2）金融工具或金融工具的组合；（3）商品、商品组合或其他实物或非实物不可替代资产的组合；（4）外汇汇率或外汇汇率的组合	MiFID 2 第 4.1 条（43）款
Structured Finance Products 结构性金融产品	结构性金融产品是指为证券化和转移与金融资产池相关的信贷风险而创建的证券，使证券持有人有权定期收到依赖于标的资产现金流的付款	MiFIR 第 2.1 条（28）款

名词	定义	来源
SystematicInternaliser 系统内部化	系统内部化是指投资公司在没有多边体系的情况下，在受监管的市场、MTF或OTF之外执行客户订单时，在有组织的、频繁的系统性和实质性的基础上，以自己的账户进行交易	MiFID 2 第4.1条（20）款
Tied Agent 绑定代理人	绑定代理人指自然人或法人，在其代表的唯一一家投资公司的完全和无条件责任下，向客户或潜在客户推广投资和/或辅助服务，就投资服务或金融工具接收和传递客户的指示或命令，放置金融工具，或就这些金融工具或服务向客户或潜在客户提供建议	MiFID 2 第4.1条（29）款
Tied Credit Intermediary 绑定信用中介	绑定信用中介是指代表下列债权人并承担全部和无条件责任的任何信用中介：（1）只有一个债权人；（2）只有一组；（3）不占市场多数的一些债权人或集团	MCD 第4条（7）款
Trade Repository 交易仓库	交易仓库是指集中收集和维护衍生品记录的法人	EMIR 第2条（2）款
Trading Venue 交易场所	交易场所指受监管的市场、MTF或OTF	MiFID 2 第4.1条（24）款
Transferable Securities 可转让证券	可转让证券是指除下列付款工具外，在资本市场上可以转让的证券类别：（1）公司股份和其他相当于公司、合伙企业或其他实体股份的证券，以及股票的存托凭证；（2）债券或其他形式的证券化债务，包括与此类证券有关的存托凭证；（3）有权购买或出售任何此类可转让证券的任何其他证券，或根据可转让证券、货币、利率或收益率、商品或其他指数或措施确定的现金结算	MiFID 2 第4.1条（44）款
UCITS Management Company 可转让证券集合投资计划管理公司	可转让证券集合投资计划管理公司是指以共同基金或投资公司的形式管理可转让证券集合投资计划的常规业务的公司	UCITS 4 第2.1条（b）款
Unfair Terms 不公平条款	不公平条款是指第三条规定的合同条款	CONSCD 第2条（a）款

用于法律参考的缩写

缩写	名字	文号
AIFMD	Alternative Investment Fund Manager Directive 《另类投资基金管理人指令》	第 2011/61/EU 号
AMLD 4	Anti Money Laundering Directive 《反洗钱指令（第四版）》	第 2015/849/EU 号
BRRD	Bank Recovery and Resolution Directive 《银行复苏与处置指令》	第 2014/59/EU 号
CBPR	Cross-Border Payments Regulation 《跨境支付条例》	第 EC 924/2009 号
CCOD	Consumer Contracts Directive 《消费者合同指令》	第 1993/18/EEC 号
CCD	Consumer Credit Directive 《消费者信贷指令》	第 2008/48/EC 号
CID	Credit Institutions Directive（part of CRD4） 《信贷机构指令》（CRD 4 的部分）	第 2013/36/EU 号
CRD4	Capital Requirements Directives 4 《资本要求指令（第四版）》	详见 CRR 和 CID
CRR	Capital Requirements Regulation（part of CRD4） 《资本要求条例》（CRD4 的部分）	第 575/2013 号
ConglD	Conglomerate Directive 《兼并指令》	第 2002/87/EC 号
DGSD 2	Deposit Guarantee Scheme Directive 《存款担保计划指令》	第 2014/49/EU 号

缩写	名字	文号
EBAR	Regulation establishing EBA 《确立 EBA 的监管条例》	第 EU 1093/2010 号
ECBPRUR	Regulation establishing ECB's role in prudential supervision 《确立欧洲央行审慎监管角色的监管条例》	第 EU 1024/2013 号
EIOPAR	Regulation establishing EIOPA 《确立 EIOPAR 的监管条例》	第 EU 1094/2010 号
EMIR	European Market Infrastructure Regulation 《欧洲市场基础设施监管条例》	第 EU 648/2012 号
EMONRYD 2	Electronic Money Directive 2 《电子货币指令（第二版）》	第 2009/110/EC 号
ESMAR	Regulation establishing ESMA 《确立 ESMA 的监管条例》	第 EU 1095/2010 号
ESRBR	Regulation establishing ESRB 《确立 ESRB 的监管条例》	第 EU 1092/2010 号
GDPD	General Data ProtectionDirective（superseded by GDPR） 《通用数据保护指令》(被《通用数据保护条例》替代)	第 95/46/EC 号
GDPR	General Data Protection Regulation 《通用数据保护条例》	第 EU 2016/679 号
IORPD	Institutions for Occupational Retirement Provisions Directive 《职业退休规定指令》	第 2003/41/EC 号
MAR	Market Abuse Regulation 《市场滥用行为监管条例》	第 596/2014 号
MCD	Mortgage Credit Directive 《抵押贷款指令》	第 2014/17/EU 号
MiFID	Markets in Financial Instruments Directive 《金融工具市场指令》	第 2004/39/EC 号

缩写	名字	文号
PRIIPR	Packaged Retail and Insurance-based Investment Products Regulation 《零售产品投资组合监管条例》	第 EU 1286/2014 号
PSD2	Payments Services Directive 2 《支付服务指令（第二版）》	第 2015/2366/EU 号
RAR	Rating Agencies Regulation 《评级机构监管条例》	第 EC 1060/2009 号
SOLVD 2	Solvency Directive 2 《偿付能力指令（第二版）》	第 2009/138/EC 号
UCITS 4	Undertakings for Collective Investment in Transferable Securities Directive 4 《可转让证券集合投资计划指令（第四版）》	第 2009/65/EC 号
UCITS 5	Undertakings for Collective Investment in Transferable Securities Directive 5 《可转让证券集合投资计划指令（第五版）》	第 2014/91/EU 号
UCPD	Unfair Commercial Practices Directive 《不公平商业行为指令》	第 2005/29/EC 号

感谢托马斯·巴克（Thomas Barker）、帕斯卡尔·布维尔（Pascal Bouvier）、安迪·孔杜拉凯（Andy Condurache）、马克西姆·哈珀（Maxim Harper）、乔纳森·豪伊特（Jonathan Howitt）、热罗姆·勒格拉（Jerôme Legras）、乔治·马尔基德斯（George Markides）、贾斯汀·麦卡锡（Justin McCarthy）、奥斯卡·麦卡锡（Oscar McCarthy）、菲奥娜·马伦（Fiona Mullen）、锡德·辛格（Sid Singh）和肖恩·图菲（Sean Tuffy）在本项目各个阶段提供的帮助。无须多言，本书如有任何不足之处，都是我个人的问题。

我要感谢我的家人——我出色的妻子奥克萨纳（Oksana）和我们的两个女儿索菲·亚历山德拉（Sophie Alexandra）、贝亚特丽斯·埃莱娜（Béatrice Hélène），感谢她们的支持，感谢她们在我研究和写作这本书的过程中对我的包容。我还要感谢我的父母，赫丽斯塔·勒施–戈尔德施密特（Christa Loesch-Goldschmidt）和维尔弗里德·戈尔德施密特（Wilfried Goldschmidt），感谢他们一直陪伴着我和我的家人。

斯特凡的专业是理论物理学，毕业于波恩大学，还曾在巴黎附近的巴黎理工学院（Ecole Polytechnique）学习过一段时间。他拥有欧洲工商管理学院（INSEAD）的 MBA（工商管理硕士）学位。

大学毕业后，他立即成为一名定量分析师，为衍生品开发定价软件，并管理了一支巴黎银行全球股票衍生品定量团队。MBA 毕业后，他以顾问的身份加入麦肯锡公司，从事企业金融业务，这也是他第一次正式接触金融服务监管（那时是通过《巴塞尔协议 II》的形式）。随后，他加入摩根大通，继续为客户提供《巴塞尔协议 II》的咨询服务，帮助他们调整资产负债表，以优化监管、经济资本和流动性约束。

离开摩根大通后，他为商学院建立了一个教育科技（edtech）平台，以改善其线上和线下的教学质量。他还被邀请加入了 PRMIA（国际风险管理师协会）教育委员会，并参与编辑和合著了最新修订的 PRMIA 手册，该手册是为参加专业风险管理考试（Professional Risk Manager™ exam）的学生提供的学习指南。目前，他担任了非传统贷款领域一家初创公司的首席技术官。他现在的工作重点是弥合加密技术和传统金融之间的差距，建立相关结构以让这两个领域能够在遵守适用法规的情况下共同工作。

肖飒

　　垂直"金融科技"的深度法律服务者，知名律所合伙人，中国银行法学研究会理事，中国社会科学院产业金融研究基地特约研究员，金融科技与共享金融 100 人论坛首批成员，人民创投区块链研究院委员会特聘委员，工信部信息中心《2018 年中国区块链产业白皮书》编写委员会委员。曾被评为五道口金融学院未央网最佳专栏作者，也是互金通讯社、巴比特、财新、《证券时报》、新浪财经、凤凰财经专栏作家。

许余洁

　　北京鼎诺投资管理有限公司总经理，中国人民大学经济学院、对外经贸大学金融学院和国际商学院两院校外导师。清华大学五道口金融学院和中国证监会联合培养博士后，中国人民大学数量经济学博士。曾任联合信用评级公司研究总监，2013 年 7 月至 2016 年 3 月供职于证监会研究中心（2015 年改称为中证金融研究院）。

徐坤

　　天风证券区块链研究中心负责人，联储证券区块链顾问，拥有丰富的金融市场从业经验与区块链产业资源积累。证券业协会优秀课题《区块链在我国证券市场的关键应用与监管研究》、中国财富管理 50

人论坛《金融科技实践创新与监管创新研究报告》以及《中国保险资产管理业金融科技发展报告（2018—2020)》主要参与成员。

吴飞龙

中山大学学士，复旦大学博士。现就职于中国资产证券化分析网（CNABS），担任高级研究经理，负责量化分析工作，主攻机器学习、深度学习在资产支持证券和信用债中的应用。

刘建斌

CFA（特许金融分析师）、FRM（金融风险管理师）、国家高级黄金投资分析师，银行间市场业务标准工作组成员。先后供职于美国国家仪器有限公司、浦发银行总行，现为中国人民银行系统上海黄金交易所中层。在金融市场固收、外汇、商品（FICC）领域具有 10 多年实务与市场组织经验，参与组建全国银行间黄金询价市场，入选中国货币政策大事记（2013)，参与起草《中国场外黄金衍生品交易基本术语》等法律文件，参与询价黄金期权产品获评上海市政府金融创新奖（2015)。

郝玉超

北京邮电大学计算机专业硕士。拥有 8 年云计算、大数据行业经验。历任上市公司大数据研发总监、CTO（首席技术官）等职务，在大数据金融科技、监管科技等领域服务于多家金融机构客户。

蒋莉薇

中国人民大学经济学院国际商务硕士，中国人民大学财政金融学院本科，瑞典林奈大学校际交换生。2016 年 7 月至 2018 年 7 月在成都市成华区财政局工作，主要工作内容包括债务管理与融资、政府购买服务、PPP 项目、产业基金、银行贷款、公司债券等。其间一直承担全区企业财务年报汇总工作，并参与了国企薪酬改革、产业政策编写等事项。